KB062220

상승장에서도 하락장에서도 실패하지 않는
오윤섭의 부동산 가치투자

상승장에서도 하락장에서도 실패하지 않는

오윤섭의
부동산
가치투자

오윤섭 지음

원앤원북스

부동산 가치투자에
성공하려면

평범한 사람들이 돈의 많고 적음을 떠나 4년 이상 부동산을 보유하면서 높은 투자수익률을 올릴 수 있는 방법은 무엇일까? 그건 바로 '부동산 가치투자'다. 평범한 사람도 부동산 가치투자를 통해 부동산 시장에서 최후의 승리자가 될 수 있다. 그것도 최고의 수익률을 올리면서 말이다. 하지만 많은 사람들이 실패를 경험하며 부동산 투자에 어려움을 겪는다. 그래서 이 책은 부동산 시장에서 최후의 승리자가 되기를 꿈꾸는 사람들에게 '멘토'의 역할이 됐으면 하는 마음에서 시작했다.

그때그때 시장의 변화에 따라 사고파는 식의 시장순응적인 투자로는 절대 부자가 될 수 없다. 시장의 변화에 흔들리지 않고 시장을 지배해야 부자가 될 수 있다. 시장을 지배하기 위해서는 알 수도 없고 맞지도 않는 경기 예측에 힘쓰기보다 내재가치가 있는 부동산 투자 대상에 시간과 노력을 집중하는 투자 방법, 즉 부동산 가치투자가 훨씬 현명하다.

가치투자를 하기 위해서는 기본적으로 적극적인 마음가짐을 가져야 한다. 또 내재가치가 풍부한 부동산을 남보다 먼저 발굴하기 위해 상승장이든 하락장이든 상관없이 흔들리지 않고 끈기 있게 연구하고 조사하고 분석해야 한다. 이런 가치투자를 통해 최고의 수익률을 올리기 위해서는 단타가 아닌 최소한 4년 이상의 장기투자를 해야 한다. 그러기 위해서는 항상 긍정적인 자세로 인내심과 자제력, 집중력을 발휘할 필요가 있다.

부동산 투자로 누구나 성공을 꿈꿀 수 있지만 아무나 성공하는 것은 아니다. 성공투자란 투자자가 세운 목표에 따라 보유기간과 자본차익(매매차익)을 충족한 뒤 현금화한 경우를 말한다. 부동산 성공투자를 위해선 가치투자를 해야 하고, 가치투자에 성공하기 위해선 안목(인사이트), 실행력(저지름), 돈이라는 삼박자가 필요하다. 여기에 하나 더 추가하면 운을 추가할 수 있다. 운이 노력한 자에게, 준비된 자에게 따르는 영역이라고 하지만 투자자가 어찌할 수 없는 부분이기도 하다.

부동산 개미들은 흔히 "돈이 없어 투자하고 싶어도 하지 못한다"는 말을 한다. 하지만 이는 대부분 틀린 말이다. 예를 들어 경기도 비규제지역 공공택지 A분양 아파트가 있다. 전용면적 73m²의 분양가가 3억 원이라면, 분양가의 10%인 계약금 3천만 원만 있으면 자신의 것으로 만들 수 있다. 중도금(분양가의 60%)은 전액 무이자다. 물론 분양가에 중도금 이자가 포함돼 있으니 엄밀하게 말하면 중도금 무이자는 아니다. 하지만 분양 후 입주가 2년 6개월 남았다면 잔금 납부 전까지 앞으로 2년 6개월간 필요한 돈은 계약금뿐이다.

여기서 성공투자를 위해 필요한 게 바로 부동산 가치투자자로서의 안목이다. 부동산 개미들은 대부분 입주 시점에 마이너스 프리미엄이 붙으면 어떻게 하냐고 걱정만 하기 때문이다. 그래서 선뜻 미분양 물건에 손을 대지 못한다.

당연한 말이지만 입주 시점에 마이너스 프리미엄이 붙을 미분양을 매수해선 안 된다. 오히려 웃돈이 붙는 미분양을 매수해야 한다. 그래서 안목이 절대적으로 필요한 것이다. 매수하려는 미분양 단지가 속한 공공택지의 내재가치를 따져보고, 동일 생활권 내 주택 수급을 들여다보면 해답이 나온다.

그중에서 가장 중요한 것은 공급보다 수요다. 자신이 투자한 미분양 아파트에 매매든 전세든 '누가 거주할 것인가?'를 따져보는 게 가장 중요하다. 수도권 외곽일수록 실수요층, 즉 내부수요층이 얇다. 따라서 입주 시점에 내부수요가 지금보다 늘어나는 입지가치를 지니고 있는지 판단해야 한다.

여기에 외부수요가 늘어날 호재 가능성이 있는지도 들여다봐야 한다. 가장 강력한 호재는 역시 전철망이다. 입주 전에 착공이 예정됐다면 확실한 호재다. 역세권이든 도보권이든 공공택지 내 전철망은 내부수요는 물론 외부수요까지 늘어날 여지가 큰 가장 강력한 호재다.

대규모 공공택지는 시범단지 기준으로 입주 10년 전후에 기반시설이 구축돼 아파트값이 정점에 이를 수 있는지 판단할 수 있는 안목이 필요하다. 입주 시점에 프리미엄이 최소 5천만 원 이상으로 예상된다면 망설이지 말고 저질러야 한다.

이처럼 일단 저지르려면 안목이 선행돼야 하고, 또 저지르기 위해선 가장 중요한 덕목인 현실적 낙관주의자가 돼야 한다. 무엇보다 시장에 대한 낙관주의가 필요하다. 그래야 최적의 매매 타이밍을 잡을 수 있다. 다른 부동산 개미들처럼 2018년 이후 수도권 입주물량 폭탄으로 아파트값이 폭락할 것이라고 믿는다면 미분양 아파트를 매수하긴 불가능하다.

주택 시장에서 성공투자를 하려면 안목이 가장 중요하다. 일시적으로 가격이 내린 아파트, 저평가된 아파트를 고를 수 있는 안목이 가장 중요하다. 다음으로 중요한 것이 역발상 투자로 남이 사지 않을 때, 즉 매수자 우위 시장일 때 저지를 수 있는 행동력이다. 돈은 가장 후순위다.

안목이 있다면 최소 5천만 원으로도 수도권 아파트 시장에서 투자할 기회를 잡을 수 있다. 안목으로 투자처를 선정하고 최적의 매수 타이밍으로 저질러야 투자를 시작할 수 있다. 그래야 투자의 완성, 즉 매도를 통해 성공투자라는 '열매'를 맺을 수 있다. 이제 이 책을 통해 상승장에서도 하락장에서도 실패하지 않는 부동산 가치투자 노하우를 배워보기 바란다.

끝으로 이 책이 나오기까지 옆에서 힘을 북돋아준 아내 김수연에게 고마움을 전한다. 오늘의 나를 있게 해주신 어머님에게도 감사드린다.

(주)리얼티파트너스투자자문 대표 오윤섭

차례

2장

내재가치를 알아야
부동산 가치투자가 보인다 ──────────

3장

부동산 가치투자자는
시장을 미리 내다볼 줄 안다 ————

4장

매매 타이밍을 못 잡으면
부동산 가치투자도 없다

5장

부동산 가치투자의
1막 1장 내집마련

6장

부동산 가치투자를 위한
인사이트

부동산에도 가치투자를 해야 한다

부동산 가치투자자가 되기 위한 덕목 4가지

부동산 가치투자에서 성공하기 위한 원칙 4가지

부동산 가치투자자의 투자 유망 부동산 발굴법

아파트로 돈을 못 번 사람들의 공통점 4가지

워런 버핏에게 배우는 가치투자의 지혜 5가지

1장

상승장에서도
하락장에서도
실패하지 않는
가치투자

부동산에도
가치투자를 해야 한다

아직 '부동산 가치투자'라는 용어가 익숙하지 않은 사람도 많을 것이다. 하지만 부동산 시장도 자산 시장이라는 점에서 주식 시장과 마찬가지로 얼마든지 가치투자가 가능하다.

부동산 가치투자의 목표는 평균적인 수익률이 아닌 동급 최강의 수익률이다. 즉 동일한 자금으로 투자해서 최고의 수익률을 올리는 것을 목표로 한다. 가치투자가 높은 투자수익률을 올릴 수 있는 최적의 투자기법이라는 사실은 이미 1930년대 이후 주식 시장에서 벤저민 그레이엄, 필립 피셔, 워런 버핏, 피터 린치 등의 가치투자 거장들이 입증해 보였다. 부동산에서의 가치투자를 살펴보기 전에 먼저 주식에서 비롯된 가치투자의 개념부터 자세히 알아보자.

주식에서 비롯된 가치투자의 개념

...

주식 시장에서 가치투자의 아버지로 불리는 벤저민 그레이엄은 1949년 저서 『현명한 투자자(The Intelligent Investor)』에서 저평가된 회사에 투자하는 '가치투자' 이론을 정립했다.

브루스 그린왈드 등이 공저한 『가치투자(Value Investing)』에 따르면 가치투자는 금융 시장에서 다음과 같은 3가지 주요 특성을 지닌다.

첫째, 주가는 극심한 변동성을 갖는다. 그레이엄이 주가를 결정하는 비인간적인 힘을 의인화한 '미스터 마켓(Mr. Market)'은 매일 나타나 금융자산을 사고판다. 그런데 그는 이상하게도 자신이 거래하고 싶은 가격과 관련된 예측할 수 없는 상황 변동에 영향을 받는다.

둘째, 금융 자산의 시장가격이 변덕을 부리긴 하지만 대부분의 금융자산은 본질적인 경제가치를 지닌다. 비교적 안정적이며 자제력 있는 투자자만이 그 가치를 정확하게 평가할 수 있다. 바꿔 말하면 주식의 내재가치와 실제 주식 시장에서 결정되는 주식의 시장가격은 동일할 때도 있지만, 대개는 서로 차이가 난다는 의미다.

셋째, 시장가격이 내재가치보다 크게 내려갔을 때만 주식을 사는 전략은 결과적으로 더 높은 수익을 가져온다. 그레이엄은 내재가치와 시장가격 간의 격차를 '안전 마진(margin of safety)'이라 불렀다.

안전 마진은 본질가치의 1/2 정도가 이상적이며, 적어도 1/3 이상은 돼야 한다. 즉 그레이엄은 1달러 가치가 있는 주식을 50센트에 매입하는 행위를 반복하다 보면 더 많은 이득을 얻게 되고 궁극적으로 안전 마진을 확보할 수 있다고 본 것이다. 다시 말해 시장가격이 안전 마진을 확보해줄 정도로 내재가치보다 낮은 주식을 매입하는 전략이 가치투자 이론의 핵심이다.

가치투자의 핵심 개념은 내재가치

...

부동산 내재가치란 주택이 벌어들일 미래 소득을 현재 시점에서 평가한 금액을 말한다. 예를 들어 3년 뒤 10억 원이 될 수 있는 아파트값이 현재 8억 원이라면 내재가치보다 시장가격(시세)이 낮은, 저평가된 단지다.

내재가치는 입지, 희소가치, 미래가치, 수익가치, 정책, 경기 등에 따라 결정된다. 특히 주택의 내재가치는 입지가 70%를 차지한다. 지하철 등 대중교통망, 학교·백화점·할인점 등 생활 인프라, 주거환경 쾌적성이 입지를 결정한다.

입지가 좋아지면 내·외부 유효수요가 늘어나니 내재가치가 높아진다. 대출이자가 낮아지면 수요가 늘어나 내재가치가 올라간다. 전월세를 찾는 사람이 늘어나면 수익가치가 올라가 내재가치가 커진다. 양도소득세 등 세금 부담이 늘어나면 내재가치가 작아진다. 해당 지역에 주택공급물량이 늘어나면 희소가치가 떨어져 내재가치는 내려간다.

여기서 중요한 것은 집값이 등락할 때 가격 거품의 여부다. 1997년 외환위기와 2007년 글로벌 금융위기 때 집값이 하락한 것은 가격 거품이 빠진 게 아니다. 내재가치가 떨어졌기 때문에 하락한 것이다. 글로벌 경기가 악화되고 실물경기가 침체되면서 집값 불안심리가 높아져 주택의 내재가치가 떨어진 것이다.

원리금 분할상환 의무화로 대출이자 부담이 늘어나 가격이 하락하는 경우도 거품이 빠진 게 아니라 내재가치가 일시적으로 떨어진 것뿐이다. 따라서 2013년 하반기 이후 집값이 올랐을 때 "거품이 생겼다"거나 2015년 11월 이후 일시적으로 집값이 하락했을 때 "거품이 꺼졌다"라고 말하는 것은 옳지 않다.

개포동 래미안블레스티지 20평형대 분양가가 평당 4,400만 원대라고 거품이 끼었다고 하면 안 된다. 그만큼 내재가치가 높기 때문이다. 즉 입지, 희소가치, 미래가치, 수익가치가 뛰어나단 뜻이다. 한마디로 분양가(가격)는 그저 래미안블레스티지의 내재가치를 대변한 것뿐이다. 새 아파트가 드문 강남권에서 희소가치, 미래가치 등 내재가치가 높아 주택 가격이 오르는 것은 거품이라 할 수 없다.

부동산 가치투자의 개념

...

워런 버핏은 그레이엄의 『현명한 투자자』를 통해 가치투자는 투자자가 감정도, 두려움도 없는 상태에서 어떤 경향이나 일시적인 유행을 따르지 않고 최대한 사무적으로 투자할 때 가장 좋은 성과가 나온다는 사실을 깨달았다.

버핏은 부를 쌓기 위해 내재가치를 계산할 수 있을 정도의 지식은 필수라고 말했다. 즉 투자하려는 회사가 어떻게 돈을 버는지, 수익은 얼마나 지속되고 있는지, 약점은 무엇인지, 장차 성장할 가능성은 있는지, 경쟁사들의 강점은 무엇인지, 그리고 경영진은 얼마나 정직하고 유능한지 등을 알아야 하는 것이다.

그렇다면 부동산 가치투자란 무엇인가? 한마디로 내재가치가 시장가격(실거래가)보다 높고, 가치가 꾸준히 올라갈 것으로 예상되는 부동산을 적정 매수 시점(통상 침체기)에 매입해 4년 이상 장기보유하는 것을 말한다. 이때 주택, 특히 아파트는 4년 이상 보유할 것을 권장한다.

부동산 가치투자자는 1년 미만의 단기투자를 하거나, 특정 지역의 부동산을 집중 매입해 단기적으로 가격을 끌어올리는 등의 방식으로 부동산 시장을 교란시키지 않는다. 법이 허용하는 범위 안에서 장기투자를 하며 양도세 등 각종 세금 납부 시 반드시 법을 준수한다.

가치투자자는 절대로 장세에 휘둘려 사고팔지를 결정하지 않고 오직 내재가치에 따라 매수·보유·매도를 결정한다. 또한 전문가의 말이나 경제 예측에도 의존하지 않고 자신의 생각과 조사·연구·분석을 통해서만 투자 여부를 판단한다. 그리고 이에 전적으로 책임을 진다. 특히 투자손실은 본인 탓이지만 투자수익은 자신과 주변 사람, 사회의 도움 덕택이라 생각하고 기부 등 사회 기여에 지속적으로 관심을 갖는다.

바람직한 부동산 가치투자자의 자세

...

가치투자를 하기 위해서 투자자가 가져야 할 자세에 대해 알아보자.

첫째, 자신의 능력을 현실적으로 바라보고 한계를 인정해야 한다. 즉 투자를 하기 앞서 투자 상품에 대해 얼마나 알고 있는지, 자신이 투자할 수 있는 범위는 어느 정도인지 알아야 한다. 아무리 뛰어난 투자자라도 자신의 능력 범위 안에서 투자를 해야 좋은 성과를 얻을 수 있다.

둘째, 인내심을 길러야 한다. 시장(미스터 마켓)이 적정 매수 기회를 줄 때까지, 그리고 내재가치가 시장가격에 반영될 때까지 기다릴 줄 알아야 한다.

셋째, 리스크를 낮춘다는 명목으로 분산투자를 하지 말고 내재가치를 기준으로 자신의 투자 원칙과 기준을 충족시킬 수 있는 부동산 상품에 집중투자해야 한다. 리스크는 수익을 기대하기 때문에 발생하는 것이 아니라 잘 모르는 대상에 투자하기 때문에 발생하는 것이다.

부동산 가치투자자는 단순히 돈을 많이 버는 것을 넘어 행복한 부자가 되는 것을 목적으로 한다. 돈은 경제적 자립에는 도움이 되겠지만 그렇다고 행복을 보장해주지는 않는다. 따라서 행복한 부자가 되기 위해서는 항상 가족과 사회에 애정 어린 관심을 기울여야 한다. 또 성실하고 정직한 마음가짐과 태도를 통해 어떤 상황에서도 인내심과 자제력을 잃지 않는 것이 중요하다.

부동산 가치투자자가
되기 위한 덕목 4가지

아무나 부동산 가치투자를 할 수 있다면 가치투자자들이 결코 높은 투자 수익률을 올릴 수 없었을 것이다. 부동산 가치투자로 성공하기 위해서는 투자를 시작하기 전에 반드시 일정 수준의 자질과 덕목을 갖춰야 한다.

부동산 가치투자로 성공하기 위해 반드시 갖춰야 할 덕목은 크게 4가지를 꼽을 수 있다. 첫째, 스스로 자신을 통제하는 자제력이 있어야 한다. 둘째, 적정한 때를 위해 참고 기다리는 인내심이 있어야 한다. 셋째, 투자에 힘을 모으는 집중력이 있어야 한다. 마지막으로 사물과 사건을 낙관적으로 바라보는 긍정적 사고를 가져야 한다. 이러한 덕목들은 부동산으로 성공하기 위해 필요한 덕목이자 인생에서 성공하기 위한 필수 덕목이기도 하다.

그럼 구체적으로 각각의 내용을 살펴보자.

자신의 능력 범위 안에서 뛰어난 자제력을 발휘하라

...

부동산 가치투자로 성공하기 위해 가장 우선 갖춰야 할 덕목은 자제력이다. 이는 다른 말로 절제라고 할 수 있다. 워런 버핏은 야구와 투자를 비교하며 이에 대해 명쾌하게 설명한 바 있다. 워런 버핏은 미국 프로야구에서 테드 윌리엄스가 마지막으로 타율 4할을 기록한 것은 자신의 능력 범위 안에서 뛰어난 자제력을 발휘했기 때문이라고 설명했다.

버핏은 윌리엄스의 『타격의 과학(Science of hitting)』을 읽고 윌리엄스가 스트라이크존을 야구공 크기의 77칸으로 나눈 뒤 자신이 가장 잘 치는 세 칸 반의 위치로 공이 올 때만 배트를 휘둘러 4할이라는 타율을 달성할 수 있었다고 분석했다. 이와 관련해 그는 주식을 고르는 법을 야구에서 투수가 던지는 공을 타자가 골라 치는 것에 비유했다. 버핏은 투자 시 투자자들도 야구에서의 타자와 마찬가지로 자신의 능력 범위 안으로 날아오는 좋은 공을 기다릴 필요가 있다고 말했다.

다만 야구에서와 달리 투자에서는 삼진아웃이 없기 때문에 배트를 휘두르지 않는다고 해서 아웃을 당하는 일은 없다. 따라서 어떤 투자 기회가 자신의 능력 범위 안에 있는지 살펴보면서 잘 기다리기만 하면 된다고 밀했다.

최적의 매매 순간이 올 때까지 기다려라

...

먼저 자신이 투자할 대상에 대한 철저한 사전조사를 통해 전문가 수준으로 분석능력을 끌어올려야 한다. 재건축 아파트에 투자한다면 임장(현장

조사)을 통해 해당 지역의 중개업자는 물론, 시공사 건설업체 담당자, 조합원 간부 등을 통해 많은 정보를 입수하고 조사·연구·분석해야 한다. 그런 다음 내재가치가 높다고 판단돼 투자하기로 결정했다면 부동산 시장이 안전 마진을 허용할 만큼 가격이 하락할 때까지, 즉 침체기 또는 조정세가 올 때까지 기다릴 줄 알아야 한다.

매입과 마찬가지로 매도 시기도 4년 이상 장기보유를 하면서 팔아야할 이유가 명백하지 않는 한 최적의 시기가 올 때까지 기다려야 한다.

투자할 계획이거나 이미 투자한 부동산에 집중하라

...

세계경기 전망, 거시경제 예측, 단기경기 변동 등 장세에 휘둘리지 말고 오로지 투자 대상의 내재가치에만 집중하는 것이 좋다. 특히 전문가의 말을 조심해야 한다. 전문가의 말을 참고는 하되 맹목적으로 따를 필요는 없다. 거시 및 미시경제를 이해하는 데 시간을 허비하기보다는 자신이 투자할 계획이거나 이미 투자한 부동산에 집중하는 것이 훨씬 높은 투자수익을 보장한다.

이와 관련해 버핏의 경우 하루 일과 중 대부분의 시간을 경제 관련 잡지를 읽고 전화를 하는 데 보낸다고 한다. 그는 매일 〈뉴욕타임스〉, 〈워싱턴포스트〉, 〈월스트리트저널〉을 읽고 〈밸류라인〉을 통해 기업의 연구자료를 얻고 연차보고서를 정독한다. 평균 일반 투자자들보다 5배나 많은 양의 글을 읽는다. 젊었을 때는 신문·책·자료 등을 하루 12시간 이상 읽었던 것으로 알려졌다.

그 외의 시간은 대부분 자회사나 투자 대상 기업과 하루에 7~8시간 정도 통화를 한다. 이를 통해 투자 대상에 대해 기업 내부자보다 훨씬 더 많은 정보를 알게 되므로 굳이 투자 대상 기업을 방문할 필요가 없다고 말한다. 물론 주식과 달리 부동산은 반드시 현장을 방문해야 한다.

투자를 결정하기에 앞서 혼자 생각하는 시간을 가져야 한다. 자신이 부동산에 관심을 갖는 이유와 부동산으로 성공하기 위해 필수적인 요건은 무엇인지, 발생 가능한 리스크는 무엇인지 등에 대해 독백을 하는 것이다. 그런 다음 투자하기로 결정한 부동산에 대해 가족이나 친구들에게 명확히 설명하고 이해시킨다.

긍정적 사고를 통해 현실적 낙관주의자가 돼라

...

후천적으로 긍정적 사고를 키우는 건 여간 어려운 일이 아니다. 이때 긍정적 사고를 키우는 가장 좋은 방법은 긍정적인 사고방식을 가진 사람과 친해지는 것이다. 아니면 하나의 사안에 대해 긍정적으로 생각하고 실행했을 때와 부정적으로 생각하고 실행했을 때의 차이가 얼마나 큰지를 생각해보는 것도 좋다.

긍정적 사고방식을 가진 사람은 성실하고 정직하기 마련이다. 또 과거지향적이기보나는 미래지향적이다. 다른 사람의 말을 경청하고 단점보다 장점을 보려고 노력한다. 이는 가치투자자에게도 반드시 필요한 자세다. 따라서 긍정적 사고를 통해 현실적 낙관주의자가 돼야 한다.

현실적 낙관주의자라고 해서 투자 환경에 대해 근거 없는 낙관을 펼치는 사람을 말하는 것이 아니다. 진정한 현실적 낙관주의자는 철저한 조사를 통해 투자처를 선정함으로써 현실에 뿌리를 두면서 근거 있는 낙관론을 펼치는 사람을 말한다. 이로 인해 자신감이 쌓이면서 주변 사람에게 긍정적인 영향을 미치게 될 것이고 자연스럽게 동지도 생겨날 것이다. 결과적으로 현실적 낙관주의자는 자신의 '내재가치'를 높임으로써 돈만 가진 부자가 아닌 행복한 부자가 될 수 있다.

부동산 가치투자에서
성공하기 위한 원칙 4가지

장세에 휘둘리지 않고 부동산 시장을 지배하기 위해서는 자신만의 투자 원칙이 있어야 한다. 처음에는 성공한 투자자들의 투자 원칙이나 투자 철학을 모방하는 게 도움이 되겠지만 궁극적으로는 자신만의 투자 원칙을 세워야 한다.

투자 원칙을 세운 후에는 시장 상황이나 유행에 따라 쉽게 바꾸지 말아야 한다. 투자 원칙을 세웠으면 글로 기록해두고 이를 주변 사람들에게 알리자. 그리고 자신만의 '헌법'처럼 모든 투자 과정에서 이를 지키도록 하자. 이를 통해 자신이 투자 원칙을 제대로 지키고 있는지는 침체기 때 명확히 확인할 수 있다. 물론 투자 원칙이 경험과 실수로 진화 또는 수정될 수 있음도 명심하자.

일반 투자자들에게 권할 만한 투자 원칙은 다음의 4가지로 정리할 수 있다.

모든 부문에서 전문가가 될 필요는 없다

···

첫째, 자신이 잘 아는 부동산에만 투자하라.

적극적인 투자자라고 해서 부동산 시장의 모든 부문에서 전문가가 될 수는 없다. 또한 될 필요도 없다. 무엇보다 자신의 투자 성향과 능력 범위를 파악하고 자신이 잘 아는 부동산에 투자하는 것이 중요하다. "당신이 무엇을 아는지 알고, 당신이 잘할 수 있는 범위에서 벗어나지 마라"는 가치투자의 교훈을 잊지 말아야 한다.

부동산 가치투자 시에는 아파트·단독주택·오피스텔·상가·토지 등 다양한 투자 대상 중에서 자신이 선택한 대상에만 집중해야 한다. 투자 대상에 대해 잘 알려면 직간접적으로 관련된 자료나 책을 매일 읽으며 연구하고 현장을 방문해 조사해야 한다. 그리고 단기 시장 상황이나 전문가의 말이 아닌, 자신만의 눈으로 시장을 볼 줄 아는 힘을 키워야 한다. 즉 독자적으로 생각하고 투자를 결정해야 하는 것이다.

초등학생에게 자기가 투자하고자 하는 대상에 대해 설명해보면 자신이 부동산 투자 대상에 대해 얼마나 잘 알고 있는지 알 수 있다. 초등학생도 이해할 수 있을 정도라면 투자 대상에 대해 제대로 파악하고 있는 것이다.

잦은 매도나 매수는 자제하라

···

둘째, 일생 동안 최대 5번만 투자하라.

벤저민 그레이엄이 세운 주식 가치투자 원칙에는 일생 동안 총 20회만 투자하라고 돼 있다. 이를 참고해 부동산 가치투자는 주택임대사업을 하지 않는다면 평생 총 5회 이내로 국한시키는 것이 좋다. 여기서 5회는 투자하기 전 필수적으로 보유해야 하는 내집마련(순수한 거주 대상의 주택) 횟수를 제외하고, 개인(또는 가장)이 여유자금(향후 예상되는 가족의 소비비용 제외)으로 부동산에 투자하는 횟수를 말한다.

총 횟수를 5회로 제한하는 것은 부동산의 특성상 단타로 사고파는 것 자체가 힘들뿐더러 섣부른 매도나 매수로 최대의 투자수익을 올릴 수 있는 기회를 놓치는 실수를 줄이기 위해서다.

예를 들어 40세에 여유자금 3억 원을 부동산에 투자해 4년간 평균 50%의 투자수익(세전)을 올린다고 가정해보자. 4년마다 투자를 해 20년 동안 총 5회 투자를 한다고 했을 때 20년 후, 즉 60세에는 22억 원으로 현금자산이 7배나 불어나게 된다. 20년간 4년 이상 장기투자로 경제적 자립을 이루는 것은 물론 가족과 사회를 위해 여유롭게 쓰는 것도 가능하다.

투자 대상은 신중하게 골라라

...

셋째, 평생 보유할 가치가 있는 부동산에 투자하라.

투자가치가 높은 부동산은 사실 많지 않다. 따라서 4년 이상 장기간 내다보고 투자해야 한다. 설령 4년 뒤에 팔 예정이라 해도 평생 보유할 가치가 있는 부동산에 투자해야 한다. 그렇게 하기 위해서는 배우자를 고르듯이 신중하게 투자 대상을 골라야 한다. 시장 또는 경기의 단기적인 변동에 따라 투자하는 것은 위험하다.

부동산 가치투자에서 성공하기 위해서는 내재가치가 풍부한 부동산을 찾아 안전 마진이 확보되는 시점에 매입해야 한다. 내재가치가 4년이 지나 시세에 반영될 것이라는 확신만 있다면 시장가격으로도 부동산을 매수할 수 있다. 악재에도 가격이 하락하지 않고, 침체기에도 매수세가 크게 줄지 않는다면 평생 보유할 가치가 있다.

이러한 투자 원칙은 활황기의 흥분이나 침체기의 실망과 같이 심리적인 압박으로 투자 판단을 왜곡시킬 수 있는 감정에 따른 투자를 억제시키는 데 도움이 된다. 또 매도 타이밍을 너무 빨리 잡아 높은 수익을 올릴 수 있는 기회를 놓치는 실수를 막아준다.

달걀을 모두 한 바구니에 담아라

...

넷째, 분산투자가 아닌 집중투자를 하라.

극단적으로 표현하면 분산투자는 가치투자의 적이다. 저격수의 원샷원킬(one shot one kill)이라는 철칙처럼 한 번에 하나씩 집중투자를 해야 한다. 예를 들어 40세에 마련한 여유자금 3억 원으로 전세레버리지 투자(갭투자) 등으로 2~3곳에 투자한 경우와 한 곳에 집중투자한 경우를 비교해보자. 언뜻 보면 한 곳에 올인하면 리스크 발생 가능성이 커 보이고, 2~3곳에 투자하면 리스크가 분산돼 안정적인 투자수익을 올릴 수 있을 것 같다.

하지만 평균적인 수익률이 아닌 최고의 수익률을 원하는 가치투자자라면 집중투자를 해야 한다. 리스크는 투자 대상을 잘 모르고 투자했을 때만 발생할 뿐 투자 대상을 잘 알고 있으면 안전하다는 자신 있고 적극적인 자세가 필요하다.

내재가치가 풍부한 투자 대상을 찾기 어렵다는 사실 때문에라도 집중투자를 해야 한다. 즉 달걀을 모두 한 바구니에 담아야 하는 것이다. 이때 투자자에게는 바구니마다 달걀이 얼마나 들어 있는지가 중요한 것이 아니라, 한 바구니에 썩은 달걀이 아닌 싱싱한 달걀이 얼마나 들어 있는지가 훨씬 중요하다.

분산시킬수록 투자수익은 평균 수익률에서 크게 벗어나지 못할 가능성이 높다. 다시 말해 전국의 아파트값이 연평균 10% 상승했다면 분산투자를 한 사람의 투자수익률은 10% 수준에서 크게 벗어나지 못하지만, 집중투자를 한 사람의 연간 투자수익률은 100%도 될 수 있는 것이다.

단기투자가 아닌 장기투자로 평생 보유할 가치가 있는, 내재가치가 풍부한 투자 대상을 찾기만 한다면 집중투자에 따른 리스크는 더더욱 걱정할 필요가 없다.

부동산 가치투자자의
투자 유망 부동산 발굴법

부동산에 관심 있는 사람들이 가장 궁금해하는 주제 중 하나가 바로 '어떻게 투자 유망 부동산을 발굴해내느냐' 하는 것이다. 부동산 가치투자를 통해 최고의 투자수익률을 올리기 위해서는 도대체 어떻게 해야 하는 것일까? 이 질문에 대한 답을 찾아가는 과정은 결국 부동산 가치투자자로 거듭나기 위한 험난한 여정이 될 것이다.

4년 후 대박을 터뜨릴 유망한 부동산을 발굴하려면 다음의 2가지 단계를 거쳐야 한다. 첫째, 수없이 많은 부동산 중에서 도대체 어떤 부동산을 어떤 기준에 따라 투자 대상으로 선정할 것인지 결정해야 한다. 둘째, 투자 대상 부동산을 철저히 조사한 후 투자할 것인가 말 것인가를 결정해야 한다.

투자 대상 부동산을 선정하는 방법

...

일본식 표현을 좋아하지 않지만 독고다이(특공대)는 필자가 좋아하는 표현이다. 인생도 부동산 투자도 독고다이다. 부동산 가치투자는 남이 추천해주는 물건을 매수하는 것이 아닌, 투자자 스스로 홀로 결정을 내려 내 것으로 만드는 '고독한 여행'이다.

부동산 가치투자는 심플하다. 하지만 쉽지 않다. 투자자 스스로 연구·조사·분석을 하고 저질러야 한다. 투자자 자신에게 맞는 투자처 후보리스트를 작성할 수 있도록 연구해야 한다. 이어 투자처 후보리스트에 대한 장단점을 조사해야 한다. 조사할 때 임장은 필수다. 임장은 가급적 혼자 가야 한다. 최종 확정된 투자처는 계약하기 전 임장을 한 번 더 가는 게 좋다.

연구와 조사가 끝나면 분석을 해야 한다. 분석할 땐 자신만의 부동산 가치투자 원칙이 있어야 한다. 공급보다 수요와 수요의 질에 중점을 두는 게 좋다. 수요의 질적 면에서 2018년부터 시작된 주택 시장에서 매매가 모멘텀(상승동력)은 핵심 수요층인 30~40대 직장인이다. 학군과 역세권, 직주근접(직장과 주거가 가까움), 상권 등 30~40대가 선호하는 주거 인프라가 좋아지는 곳을 십중분석해야 한다.

마지막으로 연구·조사·분석이 끝났다면 현장을 방문해 중개업소 2곳 정도에 매수 의뢰를 하고 적정 매물이 나오면 저지르면 된다.

배우자 때문에 투자 타이밍을 놓쳤다거나 아파트를 사지 못했다고 하는 사람들이 많다. 투자처를 선정했다면 배우자를 납득시키는 과정이 필요하지만 독자적인 결정을 해야 선제매수할 수 있다.

조정장세에 선제매수하는 팁을 소개한다. 투자처를 최종 결정했다면 남보다 비싸게 산다는 생각으로 매수하는 것이다. 사고 나서 가격이 떨어질지 모르니 한 푼이라도 깎아 매수하겠다는 생각은 시장 매물량이 절대 부족인 2018년 이후에는 맞지 않는 투자법이다.

남보다 조금 비싸게 사 좋은 물건을 내 것으로 만든다고 생각하라. 지금 사서 4년 보유해 5억 원이 오를 것으로 기대한다면 5천만 원 비싸게라도 로열동호수를 사는 것이 선제매수하는 비법 아닌 비법이다.

예를 들어 수도권 주택 시장은 2018년에 9월 다르고 10월 다르고 11월은 더더욱 달라진 움직임을 보인다. 무주택자, 1주택자 등 실수요가 주택 시장 성수기를 맞아 움직인다면 가격의 움직임은 활발할 수밖에 없다. 조정장세가 끝나기 전, 매수자우위 시장에서 매매계약을 해야 한다. 4년 이상 보유할 내재가치가 있다면 5천만 원 비싸게 사서라도 내 것으로 만들어야 한다.

"구슬이 서 말이라도 꿰어야 보배"가 된다. 아무리 철저히 연구·조사·분석을 해 내재가치가 높은 투자처를 찾았다고 하더라도 내 것으로 만들지 않으면 아무 소용이 없다.

선정한 대상에 투자할 것인가, 말 것인가?

...

1단계에서 투자 대상을 선정했다면 2단계에서는 투자할 것인가, 말 것인가를 결정하기 위해 먼저 자신만의 투자 원칙을 준수하고 있는지 따져봐야 한다. 이어 부동산을 고를 때 던지는 질문 6가지(2장 참조)를 자신에게 진지하게 물어봐야 한다. 만일 투자 대상이 자신의 투자 원칙에 맞고 6가지 질문에도 모두 대답할 수 있다면 사실조사에 들어간다.

사실조사 방법은 먼저 4년 이내에 투자 대상에 발생할 호재와 악재를 비롯해 각종 개발계획, 최근 실거래가와 매물 동향 등을 조사하고 분석하는 것이다. 그리고 도시기본계획, 교통망 계획, 공람자료 등 관련 자료도 읽는다. 이어 현장을 방문해 부동산을 직접 눈으로 확인하고 중개업소나 조합원 또는 조합원 간부, 세입자, 소유자를 통해 들어볼 필요가 있다. 팩트를 체크하고 의심나는 구석이 있다면 확인하고 또 확인해야 한다.

연구하고 조사하고 분석하는 시간이 끝난 뒤에는 반드시 혼자 생각하는 시간을 가져야 한다. 이를 주식의 대가인 피터 린치는 '2분간의 독백'이라고 표현했다. 이 시간에 과연 투자 원칙과 투자 기준에 부합하는 부동산인지, 그 부동산에 투자하는 이유는 무엇인지, 발생 가능한 리스크는 무엇인지 등을 자문하는 것이다.

독백이 끝나면 주변 사람에게 투자 결정 사실을 명확하게 설명하는 것이 좋다. 투자 전문가들에게 자문을 구해 참고하는 것도 좋은 방법이다.

매일 읽고 연구하고 조사하고 분석하라

...

부동산 가치투자자는 매일 읽고 연구하고 조사하고 분석하는 과정을 거쳐 하나의 부동산을 선택하고 이에 집중투자한다. 혹자는 이런 투자 유망 부동산 발굴법에 이의를 제기할 수도 있을 것이다. 먹고살기도 바쁜데 투자 대상 하나를 고르는 데 그렇게 많은 시간을 투자할 필요가 있느냐고 말이다. 차라리 부동산 전문가에게 유료 상담을 받아 투자하는 게 낫다고 말할 수도 있다.

하지만 노력 없이는 보상도 있을 수 없다. "잠자는 놈의 몫은 없어도 나간 놈의 몫은 있다"라고 하지 않는가? 남의 말에 의존해 수억 원이 왔다 갔다 하는 부동산에 투자하는 것이야말로 어리석은 행위다.

내재가치가 높은 투자 유망 부동산을 발굴해 4년 뒤 100% 이상의 투자 수익률을 올리려면 하루 일과 중 최소한 2시간 이상은 부동산 가치투자에 할애해야 한다. 또 토요일과 일요일 중 최소한 하루는 투자 대상을 연구하고 조사하고 분석하는 데 몰두해야 한다. 남보다 먼저 투자 유망 부동산을 발굴하려면 매일 읽고 연구하고 조사하고 분석해야 한다. 긍정적인 사고방식에 자제력과 인내심, 집중력을 갖추고 부단히 노력하는 투자자만이 최고의 수익을 얻을 수 있다.

아파트로 돈을 못 번
사람들의 공통점 4가지

참여정부·문재인 정부와 같은 규제정책의 시대든, MB정부·박근혜 정부처럼 규제완화의 시대든, 시대 상황과 상관없이 아파트로 부를 축적한 사람이 있는가 하면 투자손실을 입은 사람도 있다. 또 아무런 행위도 하지 않음으로써 '경제적 시민권'을 획득하지 못하고 '경제적 영세민'이 된 사람도 있다. 한마디로 계층이동의 사다리를 걷어찬 사람들이다.

아파트로 돈을 못 번 사람들을 보면 비관주의자가 많다. 감정만 앞세워 아파트로 돈을 번 사람들을 모두 투기꾼 취급하며, 이들의 성공을 무시한다. 하지만 이와 같은 태도를 보이는 사람들은 과거와 현재는 물론, 미래에도 투자에 실패할 가능성이 매우 높아 상대적 박탈감만 더욱 커질 것이 분명하다.

이들의 공통점 4가지를 반면교사 삼아 오늘의 실패를 내일의 값진 성공으로 만드는 긍정적인 자세를 배워보자.

주택정책의 겉모습만 맹신한다

...

이들이 가진 첫 번째 공통점은 주택정책의 겉모습만을 맹신했다는 것이다. 2005년 8·31대책, 2017년 8·2대책 등 규제정책에 대한 시장의 반응은 극단적으로 나뉘었다. 부자는 매도를 유보하고 사태를 지켜보면서 저점 매입 기회를 엿본 반면, 부동산 개미들은 자금 압박의 원인도 있지만 규제정책에 따른 일시적인 조정장세에 집착함으로써 매수할 기회를 잃었다.

부자들은 부동산 규제정책이 발표되면 약 3개월간은 시장을 예의주시한 후, 내재가치가 풍부한 지역을 중심으로 알짜 아파트 급매물을 적극적으로 매수했다. 이에 따라 급매물은 순식간에 사라지고 매물도 없어 '강보합세-상승세'로 전환되는 양상이 반복됐다. 반면 부동산 개미들은 주택정책에 따른 규제정책 때문에 시장은 침체되고 부동산 불패 신화는 끝났다며 장세에 휘둘렸다.

"수요와 공급은 재료에 우선한다"는 증시의 격언은 부동산에서도 철칙이다. 아무리 악재가 나타나도 수요에 비해 공급이 부족하고 유동성장세가 유지되는 한 아파트값은 오를 수밖에 없다. 부자들은 참여정부와 문재인 정부에서 이 철칙을 충실히 실행했다.

내집마련을 선택이라고 생각한다

...

두 번째 공통점은 내집마련을 필수가 아닌 선택이라고 생각하는 안일한 자세에 있다. 내집마련을 필수가 아니라 선택이라고 생각한 사람은 입주물량 폭탄 등 뉴스를 믿고 아파트를 사지 않고 가격이 내리기만을 기다리는 관망자가 대부분이다. 하지만 이는 분명히 잘못된 생각이다.

자본주의 사회에서 내집을 갖는 것은 곧 '경제적 시민권'을 획득하는 것이다. 가정을 꾸리고 교육 및 문화, 소비의 기회를 마음껏 누리기 위해 최소한 내집 한 채는 갖고 있어야 한다. 구매력을 확보하고 있다면 내집 마련은 빠를수록 좋다.

내집마련을 선택이라고 생각하는 사람 중 악재장으로 아파트값이 하락하면 아파트에 투자하는 시대는 끝났다고 속단하는 사람이 의외로 많다. 아파트 등 부동산 투자는 인간의 탐욕이 사라지지 않는 한 유효하다. 특히 한국에서 아파트는 중산층 이상의 거주지인 동시에 부의 상징이 되고 있다. 2018년부터 시작된 질적인 주택 시장에선 더욱 그렇다.

경제 변수에 취약하다

...

세 번째 공통점은 글로벌 주택 시장 동조화 시대에 경제 변수에 취약하다는 것이다. 주가와 주택 가격은 동행할까? 아니면 선행 또는 후행할까? 환율이나 금리, 통화량은 부동산 시장에 어떤 영향을 미칠까? 약달러(원화 강세)는 왜 원사재와 아파트 가격을 상승시킬까? 최저임금이 오르면 왜 아파트 분양가가 오를까? 미국의 기준금리는 어떤 과정을 거쳐 우리나라의 아파트값에 영향을 줄까?

부동산 투자를 하려면 최소한 이 정도 질문에 대해서는 대답할 수 있어야 한다. 아직 모르겠다면 많이 읽고 연구·조사해 하루빨리 독자적으로 생각하는 능력을 키워야 한다.

이제 주택 시장에서 글로벌 주택 시장 변수는 갈수록 중요해지고 있다. 경제 변수에 대한 인사이트가 부족하다면 장세에 휘둘려 아파트 투자에서 성공할 확률이 갈수록 낮아질 것이다.

과거 투자 실패 경험을 투자에 활용하지 못한다

...

네 번째 공통점으로는 과거 투자 실패 경험을 투자에 활용하는 데 실패했다는 것이다.

일본에서 처음으로 '실패학'이란 개념을 만든 하타무라 요타로에 따르면 실패란 "인간이 관여한 행위가 처음에 정해진 목적을 달성하지 못한 것"을 말한다. 실패는 크게 2가지로 나뉜다.

첫째는 실패를 거울삼아 성공의 가능성을 찾을 수 있는 실패다. 이러한 실패는 우리가 반드시 겪어야 할 '좋은 실패'다. 둘째는 단순한 부주의나 오판 때문에 반복되는 실패. 전자와 달리 이러한 실패는 아무리 사소한 것이라 해도 분명 '나쁜 실패'다. 성공하기 위해서는 나쁜 실패는 철저히 막아야 하지만 좋은 실패는 오히려 적극적이고 긍정적으로 받아들여야 한다.

나쁜 실패를 미연에 방지하고 좋은 실패를 성공의 자산으로 만들려면 실패의 원인·결과 등을 데이터베이스로 구축하고, 책임 소재를 명확히 해야 하며, 실패의 정보를 공유하고 활용해야 한다. 과거 실패한 경험 때문에 다시는 아파트 투자를 하지 않겠다고 결심하는 것은 어리석은 생각이다. 과거의 실패 경험을 받아들이고 정밀한 분석을 토대로 다시 아파트 투자를 시도해야 한다. 한마디로 '현실적인 낙관주의자'가 돼야 한다.

워런 버핏에게 배우는
가치투자의 지혜 5가지

"고수는 고수끼리 통한다"는 말이 있다. 특히 전설적인 투자의 귀재 워런 버핏의 투자 원리와 투자 방법을 보면서 이 말이 맞다는 것을 다시 한번 절감했다. 버핏의 주식 투자 원칙은 부동산 시장에도 그대로 적용된다. 하지만 엄청난 인내와 집중력을 요구하기 때문에 일반 사람이 실행하기는 쉽지 않다.

하지만 그저 남들과 같은 수준에서 생각하고 행동한다면 부자가 될 수 없다. 그래서 부자가 되고 싶다면 생각의 각도를 바꿀 필요가 있다. 아무나 실행할 수 없는 것을 실행함으로써 부자가 될 수 있다는 적극적이고 긍정적인 생각을 가져야 한다.

주식 가치투자의 대표주자인 워런 버핏으로부터 배운 부동산 가치투자의 지혜 5가지는 다음과 같다.

부자의 행동을 모방하되 사고파는 것은 스스로 결정한다

...

첫째, 부자의 눈높이에서 행동하라.

투자를 결정할 때마다 부자는 이런 상황에서 어떻게 행동할지 자문해 봐야 한다. 강남 아파트값이 오른다고 강북 주민들이 흥분해서 감정적으로 비난하는 것은 빈자의 눈높이로 주택 시장을 보는 것밖에 안 된다. 참고로 버핏은 골프의 타이거 우즈, 테니스의 마르티나 나브라틸로바, 보디빌딩의 아놀드 슈왈제네거 등 분야별 최고의 전문가를 직접 만나 성공 비결을 밝혀내고 이들의 행동을 모방했다.

둘째, 시장을 바라보는 자신만의 눈을 키워야 한다.

먼저 자신의 투자 스타일이 어떤지를 알아야 한다. 자신의 투자 스타일을 알아야 자신에게 맞는 최적의 부동산 상품을 고를 수 있기 때문이다. 투자 형태는 보통 수비형·공격형·절충형으로 나뉘며, 4년 이상의 가치투자를 선호하느냐, 단기투자를 선호하느냐로 구분된다.

그리고 자신만의 독특한 투자 원칙을 세워야 한다. 이를 위해서 부동산 시장과 상품을 끊임없이 관찰하고 분석하는 자세가 필요하다. 버핏처럼 투자 원칙을 글로 써놓고 꾸준히 갈고닦으면서 자신만의 투자 원칙을 만드는 것도 좋은 방법이다. 투자 원칙을 확고히 세워두면 언론 보도나 전문가의 의견, 주변 사람들의 말, 인터넷에 난무하는 정보 등에 현혹되지 않고 독고다이로 역발상 투자를 할 수 있다.

사고파는 것은 자신이 결정하는 것이다. 전문가나 주변 사람들의 의견은 참고만 할 뿐이다. 그러기 위해서는 스스로 결정할 수 있는 능력을 키워야 한다. 또 스스로 결정할 수 있는 능력이 있어도 행동하지 않으면 아무 소용이 없다. 실천에 옮기지 않으면 아무것도 얻을 수 없다는 사실을 명심해야 한다.

잘 아는 부동산에 투자하고 인적 네트워크를 구축하라
...

셋째, 잘 아는 부동산에만 투자하라.

부동산 투자의 실패는 주로 자신이 잘 알지 못하는 분야에 투자했을 때 발생한다. 특히 전문가나 주변 사람의 말만 믿고 투자했다가 실패하는 경우가 많다. 또 아무리 실시간 정보유통 시대라고 하더라도 거주지에서 멀리 떨어진 부산·대구·광주 등 대도시에 투자하는 것도 바람직하지 않다. 2016년 부산 아파트 시장에 들어간 전세레버리지투자자들이 역전세난을 맞아 세입자들에게 1억 원을 돌려줘야 하는 상황을 맞은 것을 명심하라. 이처럼 매매가 하락과 함께 '이중고'를 겪을 수 있다.

시장 분위기에 편승하지 말고 자신이 잘 아는 부동산에 대해 철저히 분석한 후에 합리적인 투자를 해야 한다. 그래야만 시장 상황에 신속하게 대처할 수 있어 남보다 빨리 사고팔 수 있다. 또 앞으로 다가올 투자 기회를 잡을 수 있으며, 매도와 동시에 어떤 부동산을 매수할 것인지도 적극적으로 결정할 수 있다.

넷째, 자신과 같은 투자 스타일의 인적 네트워크를 구축하라.

공감대가 형성되는 사람과 네트워크를 구축하면 정보 비대칭성으로 대표되는 부동산 시장에서 신속하게 정보를 입수할 수 있다. 또 다른 사람의 실수나 실패에 대한 정보를 통해 투자의 성공 확률을 높일 수 있다.

돈만 많은 부자가 되지는 말자

...

다섯째, 인생의 4가지 꼭짓점을 함께 안고 가라.

버핏은 부의 축적에만 매달리지 말고 균형 잡힌 삶을 살아야 한다고 강조했다. 목표를 달성하기 위해 자신이 좋아하는 일까지 포기해서는 안 된다는 말이다.

인생을 살아가는 데 4가지 꼭짓점이 있다. 그것은 바로 자신, 가족, 일, 그리고 봉사다. 나이가 들수록 자신에 대한 배려가 더욱 필요하다. 건강은 물론 노후를 어떻게 보낼 것인가에 대한 진지한 성찰이 필요한 것이다. 또 자신만의 시간을 점차 늘려가고 사람을 폭넓게 사귀는 데 관심을 가져야 한다. 가족의 중요성은 더 말할 필요도 없다. 어려울 때 가장 큰 힘이 되는 것은 가족뿐이기 때문이다. 일을 핑계로 가정에 소홀해서는 안 된다.

봉사는 쉽게 말해 개인적으로 관심 있는 분야나 지역사회에서 다른 사람을 위해 하는 공익적 활동을 말한다. 여기에는 양로원 등의 봉사나 환경 단체에 대한 활동, 자녀의 학교나 아파트 단지의 부녀회·입주자대표회의에서 활동하는 것 등이 있다.

4가지의 꼭짓점 중 어느 것 하나 희생하지 않고 함께 안고 가야 돈만 많은 부자가 아닌 행복한 부자로서의 삶을 살 수 있다는 사실을 명심해야 한다.

2장

내재가치를
알아야
부동산 가치투자가
보인다

가치투자자가 부동산을 고를 때
던지는 질문 6가지

부동산 투자 대상을 선정할 때는 먼저 자신만의 투자 원칙을 준수하고 있는지 체크하고 자신에게 질문을 던져봐야 한다. 이때 모든 질문을 충족시킬 필요는 없다. 다만 충족시키지 못하는 질문이 많으면 많을수록 수익률은 낮아지고 리스크는 높아질 수 있다는 사실을 명심해야 한다.

4년 보유해서 최고의 수익률을 목표로 한다면 다음 질문들에 모두 "예"라고 자신 있게 답할 수 있는 부동산을 매입하라. 투자 대상을 선정할 때 반드시 자신에게 물어봐야 할 질문 6가지를 주택 중심으로 살펴보자.

부자들이 매입하는 부동산에 관심을 가져라
...

첫째, 부자들이 매입하는 부동산인가? 여기서 부자란 동일 생활권 내 소득이 상위 20%인 세대를 말한다.

"돈이 몰리는 길목을 지켜야 한다", "오르는 데만 오른다"와 같은 말이 모두 이와 연관된 말이다. 부자들이 선호하는, 즉 부자들이 매입하고 싶어 하고 이미 매입한 부동산은 가격이 오를 수밖에 없다. 이유는 간단하다. 구매력이 있는 수요자가 집중적으로 매입하는데 가격이 오르지 않을 리 없다. 따라서 부자가 먼저 투자하면 중산층이 그것을 따라 하려고 안간힘을 쓴다. 서민들은 저 멀리서 이를 지켜보기만 할 뿐이다.

부자들은 대부분 투자 시 내재가치를 매우 중요하게 생각한다. 보통 사람들은 현재가치에 따라 부동산을 매입하지만 부자들은 입지가치, 미래가치 등 내재가치를 내다보고 부동산을 매입하는 것이다. 그렇다면 부자들이 생각하기에 내재가치가 풍부한 부동산은 무엇일까?

부자들은 현재의 삶에 급급하지 않고 미래의 삶에 대한 생각을 많이 한다. 예를 들어 주택에 투자하기 전 5년 뒤 한국의 대표 주거지는 어디가 될 것인가 등을 항상 생각한다. 그래서 도곡동 타워팰리스, 분당 파크뷰, 삼성동 아이파크, 대치동 센트레빌 등을 남보다 빨리 선택했던 것이다.

대개 의사, 변호사, 중소기업 사장, 대기업 임원 등이 살고 있는 아파트는 부자들이 선호하는 아파트라고 볼 수 있다. 하방경직성이 강하고 상승장에서 가장 먼저, 가장 많이 오른다. 주거용이 아닌 투자용이라도 마찬가지의 원칙이 적용되며, 상가나 땅에도 동일하게 적용된다.

세입자들이 계속 거주하고 싶어 하는 곳이 좋다

...

둘째, 세입자들이 계속 거주하고 싶어 하는 곳인가?

교육 환경을 필두로 중년 여성들이 선호하는 인프라를 갖추면 기존 집을 팔거나 아니면 전세를 주고 그곳으로 들어가려는 경우가 많다. 대치·

반포·분당·목동·광장 등이 대표적인 지역이다.

특히 30~40대 직장인 세입자들이 자금을 마련한 뒤에도 다른 지역으로 이사 가지 않고, 지금 살고 있는 주택을 사려고 한다면 신규 수요가 지속적으로 창출된다는 의미다. 따라서 수급이 가장 우선시되는 주택 시장에서는 이런 점이야말로 내재가치를 높여주는 확실한 호재다.

반면 세입자가 하루라도 빨리 이사 가고 싶어 하는 주택은 매입하지 말아야 한다. 내부수요가 정체되기 때문이다. 생활 인프라가 만족스럽지 못해 발생한다. 세입자들이 계속 살고 싶어 하는지, 아니면 떠나고 싶어 하는지는 현장에 직접 가서 보고 조사하면 알 수 있을 것이다.

공급보다 유효수요가 많은 부동산에 관심을 가져라

...

셋째, 공급보다 유효수요가 많은 부동산인가?

"수급, 즉 수요와 공급이 모든 것에 우선한다"는 말처럼 수급은 재료보다 더 중요하다. 특정 지역의 주택 시장에서 공급(재고주택 매물량·분양물량·입주물량)에 비해 수요(청약자·내부수요·외부수요 등)가 많을 때 가격은 오른다.

수요가 공급보다 지속적으로 많아야 하고 수요도 유효수요, 즉 구매력 있는 수요가 많아야 시장가격이 오른다. 쉽게 말해 자금이 마련된 뒤에 사고 싶어 하는 사람이 아니라 자금이 이미 마련돼 있어 매물이 나오는 즉시 살 수 있는 사람이 많아야 하는 것이다.

입주 시기에 일시적으로 입주물량이 많아져 매매가가 약세를 보이는 경우가 있다. 과거 택지개발지구나 엘스 등 잠실 1기 저밀도 재건축 단지가 바로 그런 경우였다. 이때 과연 2년 또는 4년 후 유효수요가 지속적으로 창출될 수 있는 지역인지를 조사·분석해야 한다.

분석 결과 지속적으로 유효수요가 발생하는, 즉 내재가치가 높은 단지라면 입주물량이 쏟아지는 시점이 저점 매수 기회이므로 놓치지 말아야 한다. 과거 분당·일산 등 1기 신도시나 판교·광교 등 2기 신도시, 목동의 입주 시점이 대표적인 사례다. 가급적 전철망·도로망으로 도심 강남 접근성이 좋은(구체적으로 4대문, 강남, 영등포·여의도 등 3도심) 안전한 투자처를 노려야 한다.

하방경직성이 강한 부동산이 좋다

...

넷째, 악재에도 불구하고 가격이 하락하지 않았는가? 즉 하방경직성이 강한가?

부동산 시장의 악재에는 부동산 규제정책을 꼽을 수 있다. 입주 아파트의 물량 급증처럼 수요에 비해 공급이 일시적으로 크게 늘어나는 경우도 악재라고 할 수 있다. 공공기관 이전이나 기업·공장의 이전도 악재에 해당된다.

보유세가 늘고 초과이익환수제나 조합원 지위 양도금지 등 재건축 악재에도 아파트 가격은 좀처럼 내려가지 않는다. 물론 일시적으로 3~6개월 하락하지만 매도자가 매물을 좀처럼 내놓지 않아 거래량을 동반하지 않은 하락이라 크게 의미부여를 할 필요가 없다. 또 호가가 빠진 시세라면 이는 가격이 내려간 것이 아니라 호가가 내려간 것으로 봐야 하기 때문이다.

악재에도 좀처럼 가격이 내려가지 않는 것은 수요초과, 즉 유효수요가 풍부하기 때문이다. 부동산을 사려고 기다리는 사람이 많다는 뜻이다. 또 매도자가 이미 보유하고 있는 부동산보다 내재가치가 더 높은 투자 대상을 찾을 수 없어 쉽게 팔지 않기 때문이다.

따라서 악재에도 지지선을 유지하고 일정기간 지나 전고점을 돌파하는 부동산이 있다면 내재가치가 높은 것이므로 투자 대상 리스트에 최우선으로 올려놓도록 하자.

침체기에도 가격이 하락하지 않는 데는 이유가 있다

...

다섯째, 침체기에도 가격이 하락하지 않았는가?

침체기에 시장가격이 하락하지 않는 이유는 우선 실수요 비중이 70% 이상으로 탄탄하기 때문이다. 또 부동산 가치투자자들이 역발상 투자로 매입하기 때문이다. 일시적인 매수자우위 시장을 저점 매입 타이밍으로 보고 적극적으로 매입에 나서기 때문이다. 보유자도 침체기를 일시적으로 보기 때문에 부동산을 서둘러 팔려는 사람이 적어지기 마련이다.

침체기에 가격이 하락하는 부동산은 시장 상황에 따라, 즉 활황기에 수요(가수요 포함)가 늘어났다가 침체기 때 수요가 감소했기 때문이다.

그렇다면 침체기에 매입하려고 대기하고 있는 부동산은 어떠한가? 이것이야말로 내재가치가 풍부한 부동산이다. 여기서 말하는 내재가치가 풍부한 부동산이란 무엇인가? 워런 버핏처럼 많이 읽고 조사·분석하고 생각하면 답이 나올 것이다.

해당 부동산의 지역 경제력을 따져봐야 한다

...

여섯째, 서울 도심 강남처럼 지역 경제력이 높은가?

지역 경제력이란 쉽게 말해 지역 주민의 소득이 얼마나 높은가 하는 것이다. 정부는 지역 간 경제력을 비교하기 위해 총량경제력이란 개념을 도입했다. 총량경제력이란 7개 지표, 즉 지역내총생산(GRDP; Gross Regional Domestic Product), 제조업 종사자 수, 도소매·음식·숙박업 종사자 수, 경제활동인구, 예금은행 예금액과 대출액, 수출액, 조세수입(국세·지방세)을 평균적으로 산출해낸 것이다.

대기업 사옥이 들어서면 하청업체가 뒤따라 들어선다. 이에 따라 일하는 사람이 늘어나며 상가·식당·숙박업소 등도 증가해 지역 경제력이 높아진다. 간단히 말해 지역 경제력은 지역별 1인당 국민소득(GNP)이라고 보면 된다. 지역 경제력이 높거나 집중되면 부동산 가격은 자연히 오르기 마련이다. 부동산을 살 수 있는 유효수요가 그만큼 늘어나기 때문이다.

지역 경제력이 취약한 곳은 활황기에 어느 정도 부동산 가격을 끌어올릴 수는 있지만 한계가 있고, 침체기에 하락폭이 클 수밖에 없다. 또 호재에도 유효수요가 적어 상승폭이 매우 제한적이다.

84타입 15억 원 클럽
도심권 아파트 특징

소득세법에서 고가주택으로 분류되는 기준금액은 9억 원이다. 고가주택의 기준은 지난 2008년 7월 7일 양도분부터 기존 6억 원에서 9억 원으로 3억 원이 상향조정됐다. 그리고 10년이 지난 2018년까지 유지되고 있다. 이제는 고가주택의 기준을 11억 원 또는 12억 원 이상으로 상향해야 하지 않을까 생각한다.

서울 도심권 신축 아파트 중에서 전용면적 84m²(이하 84타입)이 10억 원을 넘어 15억 원으로 향하는 단지들의 공통점을 살펴봤다.

비강남권 신축 84타입 중 15억 원으로 향하는 아파트

...

도심권에서는 2018년 들어 84타입이 속속 15억 원을 넘었다. 마포리버파크, 래미안마포리버웰 등 한강조망 단지들은 2018년에 상한가가 15억 원을 넘어서는 중이다. 한강비조망 라인도 14억 원을 돌파했다. 인근 종로구 경희궁자이는 2016년 11월 입주 전에 이미 10억 원을 돌파했고, 2018년 10월 기준 16억 원 이상을 호가하고 있다.

아현뉴타운의 '대장주' 마포래미안푸르지오는 2017년 5월 9억 원을 돌파한 후 2018년 8월 기준 15억 원을 기록했다. 입주한 지 2년이 지난 공덕자이도 소유권 보존 및 이전등기가 지연되는 상황에서도 2018년 10월 기준 매도호가가 13억 원을 넘어섰다. 또 대흥2구역의 신촌그랑자이 분양권도 13억 원을 넘어섰다. 염리3구역 마포프레스티지자이도 입주권이 13억 원을 호가하고 있다.

2018년 9월 입주한 염리2구역 마포자이3차도 상한가가 13억 원을 넘어섰다. 2019년 8월 입주 예정인 신수1구역 신촌숲아이파크 분양권 역시 13억 원을 넘어섰다. 서대문구에선 북아현뉴타운 e편한세상신촌이 13억 원대다. 성동구에선 2017년 11월 입주한 e편한세상옥수파크힐스가 대장주 역할을 하며 13억 원을 넘어섰다.

2016년 4월 입주한 신금호파크자이는 10월 기준 상한가가 13억 원을 향하고 있다. e편한세상신금호(금호15구역)와 힐스테이트서울숲리버(금호20구역)도 13억 원을 돌파했다. 성동구에선 옥수와 금호에 이어 왕십리가 뜨겁다. 입주 3년이 지난 왕십리뉴타운 텐즈힐1, 2단지가 2018년 9월 기준 12억 원을 넘어섰다.

동작구에선 흑석7구역의 아크로리버하임이 2018년 11월 입주를 눈앞에 두고 상한가가 16억 원(한강비조망)을 넘었다. 같은 시기 입주 예정인 흑석8구역 롯데캐슬에듀포레도 14억 원을 넘어섰다. 2011년 입주한 흑석5구역의 흑석센트레빌1차도 2018년 8월 기준 실거래가 13억 2천만 원을 기록했다.

사당1구역을 재건축하는 래미안이수역로이파크도 상한가 기준 13억 원을 넘어섰다. 입주 2년 된 상도파크자이는 상한가 12억 원을 넘어섰고, 2020년 장승배기행정타운 착공 및 노량진뉴타운 일반분양 등 개발호재로 2020년에는 14억 원을 넘어설 것으로 보인다.

새 아파트가 드문 용산구에선 효창5구역의 용산 롯데캐슬센터포레가 눈에 띈다. 2018년 10월 기준 14억 원을 넘어섰다.

강서구에선 마곡힐스테이트가 12억 원을 넘어섰다. 마곡엠밸리7단지 역시 12억 원을 돌파했다. 2018년 9월 개통한 공항철도 마곡나루역(환승역인 9호선 마곡나루역 급행역 예정), 2018년 10월 11일 개장한 서울식물원(50만㎡) 등 호재로 우상향 중이다.

공통점은 도심 접근성, 직주근접 및 정비사업지
...

15억 원으로 향하는 단지들의 공통점은 우선 서울 3도심에서 가깝다는 점이다. 대부분이 4대문(한양도성), 영등포·여의도, 강남(영동대로)을 꼭짓점으로 하는 골든트라이앵글 안팎에 자리 잡고 있다. 골든트라이앵글 안에는 대표적으로 용산이 위치하고 있다. 3도심 접근성이 뛰어나다는 점에서 당연히 미래가치도 높다.

2018년 12월 이전이 완료되는 용산 미군기지 터엔 2019년부터 10년간 용산민족공원(243만㎡)이 조성된다. 또 코엑스 면적의 5배에 달하는 용산국제업무지구가 재추진되고 있다. 이촌동 중층 재건축 사업도 본격 추진되고 있다. 한강로구역(도시환경정비), 후암특별계획구역(재개발·재건축) 등 정비사업도 다시 추진되고 있다.

골든트라이앵글 안팎에서 주목할 지역으론 한남뉴타운을 비롯해 노량진뉴타운, 흑석뉴타운, 신길뉴타운이 있다. 아현뉴타운, 북아현뉴타운, 공덕역 일대 정비사업도 물론이다. 영등포구청역 및 당산역 주변 당산센트럴아이파크 등 정비사업지도 10억 원을 돌파했다.

또 다른 공통점은 대기업 중심으로 직주근접 가치가 높다는 것이다. 마곡, 상암·수색, 청량리·왕십리 등 광역 중심은 물론 성수, 문정, 사당, 이수 등 지역 중심에 위치한 아파트가 잇달아 10억 원을 돌파하고 있다. 광화문·마포·공덕 등의 업무밀집지역 접근성이 좋은 아현 및 북아현뉴타운과 여의도·용산·강남으로의 접근성이 좋은 흑석뉴타운, 노량진뉴타운이 대표적이다. 광화문·종로·중구 등의 업무밀집지역과 가까운 왕십리뉴타운도 있다.

이들 아파트의 또 다른 공통점은 대부분 재개발·재건축 등 정비사업 아파트라는 점이다. 상향여과 현상으로 주거 인프라가 좋아지면서 시세가 한두 단계 업그레이드되고 있다.

서울 강북 59타입
10억 원 클럽을 분석하다

"공포에 사서 탐욕에 팔라"는 말이 있다. 그런데 사람 심리는 참 묘하다. 필자를 포함해 대부분의 사람들은 공포가 주택 시장에 스며들면 매수를 주저하고 관망한다. 하지만 입지가치가 갈수록 높아진다면 조정장세에는 반드시 매수를 해야 한다.

2018년 들어 서울 강북(강남4구 제외)에서 전용면적 59m²(이하 59타입) 실거래가가 10억 원을 돌파한 단지들이 늘어나고 있다.

강북 59타입 10억 원 클럽 단지들

...

매도호가를 기준으로 한다면 59타입이 10억 원을 넘어선 서울 강북 아파트는 매우 많다. 여기에서는 국토부 실거래가 기준으로 10억 원을 넘어선 아파트를 중심으로 살펴본다.

서대문구 경희궁자이 59타입이 2018년 3월 11억 8천만 원에 거래됐다. 3개월 만에 무려 2억 원이 올랐다. 10억 원 돌파를 이끄는 마포구에선 한강조망 대장주인 e편한세상마포리버파크가 2018년 8월 기준 실거래가 11억 원을 돌파했다. 매물은 13억 원대까지 나오고 있다. 래미안마포웰스트림도 2018년 9월 11억 8천만 원을 기록했다.

성동구에선 옥수금호 신축이 속속 10억 원을 넘어서고 있다. 옥수동에선 e편한세상옥수파크힐스보다 먼저 2012년 12월 입주한 래미안 옥수리버젠이 2018년 2월 10억 원으로 가장 먼저 '10억 원 클럽'에 가입했다. 금호동에선 예상을 깨고 서울숲푸르지오2차가 2월에 가장 먼저 10억 원을 찍었다.

한편 강북에서 10억 원을 돌파했거나 임박한 59타입 단지는 다음과 같다. 성동구 옥수금호에선 2018년 7월 실거래가 10억 5천만 원을 기록한 e편한세상옥수파크힐스를 비롯해 신금호파크자이, 그리고 e편한세상신금호가 10억 원을 넘었고 힐스테이트서울숲리버도 10억 원 돌파가 머지않았다.

마포구에선 아현동 마포래미안푸르지오가 2018년 2월에 10억 원을 돌파했다. 용강동 래미안마포리버웰도 2018년 9월 10억 원을 돌파했다. 아직 등기가 나지 않은 아현동 공덕자이도 2018년 8월 10억 2천만 원을 기록했다.

2018년 6월부터 입주를 시작한 행당동 서울숲리버뷰자이가 2018년 6월 10억 3천만 원에 실거래됐다. 2018년 11월 입주 예정인 흑석 아크로리버하임의 경우 2018년 4월 10억 원을 돌파했다. 마포프레스티지자이(염리3구역)도 2018년 8월 10억 원을 돌파했다.

한강변, 대로, 재개발 신축 아파트라는 공통점

...

서울 강북에서 59타입 실거래가가 10억 원을 돌파한 단지들의 공통점
은 무엇일까?

우선 지은 지 5년 안팎의 신축 재개발 아파트라는 점이다. 만일 자금
여력만 된다면 서울 도심 재개발 신축 아파트로 내집마련 또는 투자하는
게 가장 안전하다. 직주근접성과 역세권은 대부분 갖춰져 있으므로 학군
경쟁력까지 갖춘다면 거의 완벽한 입지다.

10억 원 돌파 클럽에서 2012년 8월 입주한 서울숲푸르지오2차가 가장
오래됐다. 재개발 신축 단지는 공통적으로 안목치수와 3베이를 기본으
로 바닥 슬래브 두께가 강화된 2005년 7월 이후 입주해 층간소음이 상대
적으로 적다. 또 대부분 100% 지하주차장에 커뮤니티 시설이 강화된 3세
대 아파트다. 발코니 여부는 단지마다 다르다.

두 번째로 대부분 한강변에 위치한 아파트다. 마포리버파크, 래미안
웰스트림, 래미안옥수리버젠은 59타입도 한강이 조망되는 로열동호수
가 있다. 서울에서 한강조망이 되는 신축 아파트가 거의 없는 만큼 희소
가치가 매우 높다.

세 번째로 업무밀집지역과 바로 연결되는 대로를 끼고 있다. 모든 부
동산은 길로 통한다는 말이 있다. 마포리버파크에서 공덕자이(마포대교
와 연결된 충정로에 인접한 경희궁자이 포함)까지 마포구 10억 원 클럽 단지
는 모두 왕복 8차선의 마포대로와 인접해 있다. 마포대교를 건너 서울
3대 도심 중 하나인 영등포·여의도에 바로 닿을 수 있다. 반대편으로 서
울 3대 도심 중 하나인 한양도성(서울역·서울시청·광화문 등 중구·종로구 일

대)으로 바로 연결된다.

e편한세상옥수파크힐스 등은 왕복 6차선 동호로에 인접해 동호대교를 건너면 바로 압구정이다. 동호대교와 연결되는 왕복 4차선 금호로엔 e편한세상신금호, 신금호파크자이 등 금호동 재개발 신축 아파트가 몰려 있다. 특히 신금호역 일대 금호로는 2019년까지 왕복 2차선에서 4차선으로 확장될 예정이다.

이밖에 공통점은 단지규모가 대부분 1천 가구 안팎에다 서울 업무밀집지역 접근성이 좋다는 점이다. 또 모두 메이저 브랜드다.

재개발 아파트 투자 시 주의점

...

한편 서울 재개발 아파트를 매수할 땐 앞으로 평형 조화도를 들여다봐야 한다. 전체 가구 중 60타입 이하와 84타입 비율이 엇비슷한 게 좋다. 각각 45% 안팎 수준이면 적당하다.

최근 서울 도심 신축 아파트는 84타입이 30~40대 실수요자에게 가장 선호도가 높다. 도심 외곽도 2020년 이후엔 59타입보다 84타입의 선호도가 높아 평당가가 더 높아질 것으로 예상한다. 따라서 신축이든 입주권이든 가급적 84타입을 매수하는 게 좋다. 특히 2022년 이후 매도한다면 더욱 그렇다.

e편한세상옥수파크힐스의 경우 총 1,976가구 중 임대 340가구를 제외한 1,636가구에서 59타입은 791가구로 48.3%, 84타입은 747가구로 45.6%, 나머지는 5.9%(98가구)다.

재개발 아파트나 신축 아파트 투자 시 입주 2년이 지난 아파트가 가장 좋다. 보유기간 2년이 지난 양도세 비과세 매물을 적극적으로 공략해야 한다.

조정장세에는
어떤 아파트를 사야 할까?

2015년 이후 대세상승장이 시작되고 '조정장세-상승장-조정장세-상승장'이 반복되고 있다. 2018년 4월 조정대상지역 다주택자 양도세 중과를 앞두고 2월부터 조정장세가 시작됐다. 하지만 7월부터 다시 상승랠리가 시작됐다. 9월 초까지 고공행진하던 집값은 역대급 규제책이라는 9·13대책이 발표되면서 다시 조정장세가 시작됐다.

계단식 상승장에서 찾아오는 조정장세는 일시적으로 매수자우위 시장을 만든다. 매수자우위 시장에서 꼭 매수해야 하는 아파트를 찾는 데 도움을 줄 평균회귀법칙과 모멘텀 투자법을 소개한다.

평균회귀법칙: 올라갈 아파트는 결국 올라간다

...

평균회귀법칙은 부동산 가치투자자가 꼭 명심해야 할 투자방식이다. "가격이 올라 일정 수준을 넘어서게 되면 곧 떨어지게 되고, 가격이 떨어져 일정한 수준을 넘어서게 되면 곧 오르게 되는 법이다. 따라서 가격이 올라 일정 수준을 넘어서면 물건을 마치 인분 보듯이 하여 한 점 주저함 없이 내다 팔아야 하며, 가격이 떨어져 일정 수준에 이르게 되면 물건을 마치 진주 보듯이 하여 아무런 주저함 없이 사들여야 한다." 『사마천 경제학』에 나오는 평균회귀법칙을 제대로 정의한 말이다. 야구에서 "올라갈 팀은 결국 올라간다(UTU; Up Team is Up)"라는 말과 일맥상통한다.

최근 수도권 주택 시장에서도 평균회귀법칙이 유효했다. 단기간에 지치게 많이 오른 강남3구 아파트값이 2018년 1월 중순부터 가장 먼저 조정장세가 시작됐다. 매매가가 단기간에 크게 올라 매매가와 전셋값 사이의 갭이 벌어졌고, 실투자비가 증가하면서 리스크가 높아져 투자매력이 떨어졌다. 추격매수가 끊긴 것이다. 대신 상대적으로 덜 오른 지역의 아파트값이 오르기 시작했다. 판교가 먼저 움직이고, 위례·광교·용인 등 경기 남부권 아파트값이 상승했다. 이를 갭메우기 또는 순환매라고도 한다. 실투자비가 적고 리스크 대비 수익률이 좋을 것으로 기대되는, 즉 기대수익률이 높은 덜 오른 지역의 아파트로 추격매수세가 몰렸다.

평균회귀법칙 투자방식은 결국 싸게 사서 비싸게 파는 것이다. 올라갈 아파트를 조정장세나 침체기에 싸게 사서 상승장에 어깨까지 가격이 오르면 파는 것이다. 조정장세에 적정가로 판단하는 수준까지 가격이 내려가면 결국 올라갈 아파트를 진주 보듯이 주저하지 말고 매수해야 한다.

모멘텀 투자: 실수요가 늘어나는 지역에 선제투자한다

...

그럼 결국 올라갈 아파트는 어떤 아파트일까? 한마디로 내재가치가 높은 아파트다. 내재가치가 높은 아파트란 보유기간 중 내부수요는 물론 외부수요가 지속적으로 유입되는 아파트를 말한다. 전세로 이사 와서 거주하다 구입하게 만드는 그런 아파트다.

또 펀더멘털(기초체력)이 튼튼한 아파트다. 역세권과 직주근접성을 갖춰 30~40대 직장인, 즉 에코세대(1979~1995년생)가 선호하는 아파트를 말한다. 2015년 대세상승장이 시작되면서 에코세대 중 1980년대생 기혼 직장인의 주택수요가 크게 늘어나고 있다.

예를 들어 아현뉴타운에 지금 누가 이사 오고 있는가를 들여다보면 결국 가격이 상승할 아파트를 쉽게 찾을 수 있다. 제2의 아현뉴타운 아파트를 찾아 조정장세에 떨어진 가격(실제로 많이 떨어지지도 않았지만)에 매수하는 투자자가 승자가 될 것이다.

모멘텀 투자는 조정장세에서 가장 안전한 투자법이다. 한마디로 달리는 말에 올라타는 것이다. 모멘텀이 발생해 주택수요가 늘어나기 시작하는 초기에 선제투자하는 것이다.

모멘텀 투자에 가장 안전한 투자처는 신역세권이라고 생각한다. 다만 전철망 착공 시기를 판단할 수 있는 인사이트(안목)가 필요하다. 4년 이상 보유할 생각이라면 위례신도시에 신설되는 8호선과 신안산선을 주목하자. 물론 인덕원선, 월곶판교선과 위례신사선, 동북선, 서부선 등 서울 경전철 역세권 신축 아파트가 좋은 모멘텀 투자처다. 공사 중인 9호선 3단계 연장선, 7호선 부평구청~석남역, 진접선, 하남선, 별내선, 수인선 복선전철(한대앞~수원), 소사원시선, 소사대곡선 등 역세권은 말할 것도 없다.

두 번째 모멘텀 투자처는 바로 정비사업이다. 사업단계별로 매매가가 꾸준히 우상향하기 때문이다. 신축 희소가치가 시간이 지날수록 높아지는 서울에선 더더욱 그렇다.

정비사업 투자성패는 입지보다 사업 속도에 달려 있다. '사업시행인가 – 시공사 선정(서울 외 지역에서는 조합설립인가 후 시공사 선정) – 감정평가 – 관리처분인가 – 이주철거 – 분양'까지 사업 속도가 정상적인 곳에 투자해야 한다.

또 사업성과 수익성을 향상시키는 이슈에 집중해야 한다. 입지가 뛰어나면 감정평가액이 조합원에게 통보된 직후 투자하기를 추천한다. 대세상승장에선 늦어도 이주비가 지급되기 전, 이주공고 시점에 매수하는 것이 좋다. 정비구역 주택은 물론 대체주택 양도세 비과세를 노리려면 관리처분인가 전에 매수해야 한다.

마지막으로 전세물량이 일시적으로 늘어나는 정비사업 또는 공공택지 등 핵심입지 신축도 모멘텀 투자처로 좋다.

조정장세엔 핵심입지에 위치한 입주 2년 되는 신축이나 입주 예정 분양권(입주권)을 전세레버리지투자 하면 좋다. 보유기간 중 전세물량 수급이 관건이므로 꼼꼼히 따져봐야 한다. 4년 보유기간 중 전셋값이 최소한 1억 원 이상 오를 수 있는 신축에 투자해야 한다.

추세하락으로 가격 메리트가 발생한 핵심입지 아파트 중 모멘텀 투자처를 골라 투자해야 한다. 대세상승장에서 매수 타이밍은 언제나 '지금'임을 마음에 새겨놓자.

조정장세에서 추천하는
3대 투자처

희소가치가 있는 투자처

...

부동산 시장에서 희소가치에 영향을 주는 요소는 여러 가지가 있다. 대표적인 게 신축이다. 신축 아파트의 매매가는 입주 7년에서 10년 사이에 정점을 찍는다. 입주 2년이 되는 신축 아파트를 전세레버리지투자처로 추천한다. 현재는 매매가가 가파르게 올라 갭이 대부분 3억 원 이상이다. 공격적인 투자자라면 핵심입지에 위치한 입주 예정 분양권 또는 입주권을 전세레버리지투자(잔금을 전세금으로) 할 것을 추천한다. 서울에서 핵심입지 A급이 아니더라도 B급의 신축 갭이 2억 원대라면 매수할 가치가 있다.

입주 2년 되는 신축은 조정장세에 양도세 비과세 매물이 많이 나온다. 이때가 저가매수 기회다. 역세권에 직주근접성까지 갖췄다면 4년을 보유기간으로 봤을 때 전셋값도 우상향할 것이다. 다만 매도 시점에 수급

(특히 전셋값이 영향을 미치는 동일 생활권 입주물량)을 들여다봐야 한다. 전셋값이 오를 때 파는 게 좋으니 말이다.

신축이 아니더라도 한강조망, 공원조망 등 희소가치가 있다면 매수가치가 있다. 조정장세는 조망이 좋은 로열동호수를 저가매수할 수 있는 기회다. 조정장세에 매수세가 약하지만 희소가치가 있는 40평형대도 매수를 추천한다. 84타입이 10억 원이 넘는 단지라면 말이다.

신도시도 희소가치가 높다. 판교·위례·광교 등 2기 신도시는 물론 미사강변신도시, 다산신도시처럼 100만 평 이상으로 조성된 공공택지 '미니 신도시'도 희소가치가 있다. 서울 도심으로 출퇴근이 가능한 곳이기 때문이다.

송도국제도시와 세종행복도시도 2025년 전후엔 성숙기로 접어들면서 신도시 희소가치가 더욱 높아질 것이다. 통상 분당 등 수도권 1기 신도시를 보면 신도시는 시범단지 입주 기준으로 10년에서 15년 사이에 매매가가 정점에 달한다.

재개발 투자처

...

서울 등 투기과열지구 재건축 단지는 초과이익환수제, 조합원 지위 양도 금지, 정비사업 재당첨제한 등으로 투자하기가 쉽지 않다. 또 단기 급등으로 재건축 초과이익환수제 적용을 피한 강남4구나 과천 재건축 입주권은 초기투자비(매매가-이주비)가 10억 원 이상이다. 이로 인해 실투자금 3억 원 이하 투자수요가 서울 재개발 시장으로 몰리고 있다. 조정장세에도 강보합세를 유지하며 거래가 활발하다.

신길뉴타운, 아현뉴타운, 흑석뉴타운 등은 정비사업이 막바지다. 수색 증산뉴타운, 노량진뉴타운, 용두동 청량리뉴타운의 매수세가 늘어나면서 뜨겁고, 이어 이문휘경뉴타운, 상계뉴타운, 장위뉴타운, 미아재정비촉진지구 등이 뜨거워지고 있다. 행당7구역, 북아현2구역, 흑석3구역 등 입주권 프리미엄(권리가액 대비)은 일반분양을 하기도 전에 5억 원을 넘어서고 있다. 인천·경기권에선 인천 주안산곡, 의왕 내손오전, 안양 덕현 호원, 성남 구도심, 수원 팔달권선, 광명뉴타운, 고양 능곡뉴타운이 거래량이 늘어나고 있다.

2018년 4월 기준으로 강남3구 등 서울 재고아파트 시장은 조정장세지만 재개발 시장은 강보합세를 보이며 꾸준히 거래되고 있다.

입지와 사업 속도 사이에서 고민하다면 사업 속도를 우선순위에 두고 투자해야 한다. 적어도 2020년까지 일반분양이 가능한 곳이 좋다. 입지는 서울 3도심인 4대문, 영등포·여의도, 강남(테헤란로)으로의 접근성이 좋아야 한다.

재개발 매수 타이밍은 감평가액 통보 후 관리처분총회와 관리처분인가, 이주철거를 거쳐 일반분양하기 전까지다. 하지만 늦어도 철거되기 전에 매수하는 게 좋다. 입주 시점 시세를 예측하고 실투자비(감평가액+프리미엄-이주비)를 계산해서 투자하는 것이 심플하고 안전하다.

신역세권에 위치한 투자처

...

역세권 프리미엄이 높아지거나 새로운 역세권이 되는 아파트는 언제나 안전한 투자처다. 실수요층이 두텁기 때문이다. 역세권은 내부수요는 물론 외부수요를 끌어들이는 핵심입지다. 대규모 공공택지에선 더욱 그렇다.

이미 착공한 구간 중 2022년 개통예정인 별내선(8호선 연장선)과 2019년 6월 이후 개통예정인 하남선(5호선 연장선)은 각각 다산신도시와 미사강변도시에 확실한 호재가 될 것이다. 구리와 하남 구도심에도 마찬가지다. 2018년 6월 16일 개통한 서해선 소사원시에 이어 서해선 소사대곡도 2023년 개통예정이다. 수인선 복선전철 마지막 구간(한대앞~수원)은 2019년 12월에 개통한다.

공항철도 마곡나루역이 2018년 9월에 개통했고, 9호선 3단계 연장선 (종합운동장~보훈병원)이 12월에 개통한다. 신분당선 미금역은 2018년 4월 개통됐다. 또 분당선 왕십리~청량리 연장선도 2018년 12월 이후, 김포도시철도(경전철)는 2019년 7월 개통을 앞두고 있다. 7호선 부평구청~석남 연장선은 2020년 개통예정이다. GTX A노선과 연결되는 삼성~동탄 광역급행철도는 2021년 12월 개통된다.

착공하지 않은 신역세권은 문재인 정부에서 착공이 가능한지를 확인해야 한다. 서울 경전철인 동북선, 서부선, 위례신사선은 2019~2021년 사이에 순차적으로 착공할 예정이다. 이미 착공한 신림선은 2022년 2월 개통예정이다. 광역철도 중에선 신안산선이 2019년 하반기 착공 예정이고, 월곶판교선은 2020년, 인덕원선은 2021년에 착공할 것이다. 착공 후 개통까지는 7년 안팎의 기나긴 시간이 필요하다.

GTX(수도권 광역급행철도)는 문재인 정부가 집권 기간 내 착공하겠다는 의지가 강하다. A노선(파주~삼성)은 2018년 12월, C노선(수원~양주)은 2019년 12월, B노선(송도~별내)은 2020년 12월로 착공 계획이 잡혔다.

조정장세에 투자할 때
피해야 할 곳

수도권 주택 시장 조정장세에 투자할 때 피해야 할 곳은 어디일까? 앞서 실행력을 강조했지만 갭(매매가-전셋값)이 적다고, 급매가 나왔다고 덥석 물어선 안 되는 곳이 있다.

조정장세든 상승장이든 하락장이든 수급(수요와 공급)은 금리, 경기와 함께 주택 시장에서 가장 중요한 변수다. 수급 중에서 2018년 하반기 이후엔 공급보다 수요가 중요해질 것이라고 생각한다. 2017년까지 양적인 주택 시장이 끝나고 2018년부터 질적인 주택 시장으로 패러다임이 바뀌었기 때문이다.

질적인 주택 시장이란 소득 5분위 기준으로 4, 5분위 중고소득층이 주택 시장을 주도하는 것을 말한다. 규제가 집중된 서울 등 수도권 주택 시장은 신DTI, DSR 등 고강도 대출규제에 정비사업 상향여과 현상으로 고소득층이 주택 시장을 주도할 것이다. 생활권 내 저가아파트 매매가는 정체되고 고가아파트일수록, 즉 전셋값이 비쌀수록 많이 오를 것이다.

아무리 교통망이 발달돼도 생활권 바운더리(경계)는 정해져 있다. 삼성~동탄 광역급행철도가 개통돼 동탄역에서 삼성역까지 19분 걸린다고 동탄신도시가 삼성생활권이 될 순 없는 것이다.

그리고 동일 생활권에서 수요의 양(내부수요＋외부수요)도 중요하지만 앞으론 수요의 질이 갈수록 중요해질 것이다. 생활권에서 높은 수준의 아파트값이 유지되려면(투자자 입장에서 자본차익이 극대화되려면) 소득이 높은 30~40대 기혼 직장인의 수요가 늘어나야 한다. 아현뉴타운의 경우 84타입 기준으로 15억 원을 감당할 수 있는 실수요가 유입되고 있다.

아파트 시세 유지에는 수요의 양보다 질이 더 중요하다

...

수요의 질과 관련해서 예를 들어보겠다. 흑석뉴타운 내 재고아파트 매매가는 지난 2년간 큰 폭으로 올랐다. 2년 전 84타입 갭이 1억 원이 조금 넘었는데, 지금은 매매가는 2억 5천만 원 이상 올라 갭은 4억 원 가까이 벌어졌다.

흑석뉴타운 재고아파트 매매가가 급등한 이유로는 이주수요가 가장 컸다고 본다. 흑석뉴타운 내 이주수요는 물론 방배구역과 반포·잠원 등 서초구 재건축 단지에서 이주한 구매력 있는 매매수요(이주비 모멘텀) 전세수요가 늘어났기 때문이다.

물론 신규 아파트 공급물량이 부족한 점도 한몫했다. 흑석뉴타운 일대는 정비사업으로 멸실주택은 2016년 이후 급증했지만 신축 입주물량은 없었다. 2010년 이후 입주한 흑석뉴타운 재고아파트가 신축 대접을 받을 정도다. 강남과 용산 등 도심 접근성이 좋고 9호선 3단계 연장선 개통 호재도 유효수요를 늘리는 데 한몫했다.

그렇다면 장위뉴타운도 재고아파트 매매가가 비슷하게 움직였을까? 흑석뉴타운과 장위뉴타운은 입지의 '급'이 다르다. 그렇다 해도 상승률이 크게 차이가 나는 이유가 무엇일까? 장위뉴타운 재개발 사업은 흑석뉴타운과 비슷하게 전개되고 있다. 흑석뉴타운과 장위뉴타운 모두 이미 입주한 단지가 있고 입주 예정인 단지도 있으며 이주철거 중이거나 이주를 앞둔 구역이 혼재하고 있다.

장위뉴타운 재고아파트는 장위뉴타운 내 내부수요는 물론 동일 생활권에서의 이주수요도 미미하다. 조합원은 낮은 이주비로, 세입자 역시 낮은 전셋값으로 장위뉴타운 재고아파트를 매수하거나 전세를 구할 여력이 되지 못했기 때문이다. 여기에 초기투자비가 적어 실제로 거주하지 않는, 투자수요가 상대적으로 많이 유입된 점도 컸다.

한편 2023년까지 서울 등 수도권 신규 아파트 공급물량을 살펴보면 수도권 도심 핵심입지에선 입주물량이 갈수록 늘어나고 수도권 외곽의 공공택지 입주물량은 갈수록 감소할 것이다. 상승장이 계속되는 한(건설사 입장에선 돈이 되기 때문에) 신축 물량은 늘어날 것이다. 특히 수도권 외곽에선 공공택지 공급물량이 줄어드는 반면 민간택지 공급물량은 증가할 것이다.

여기서 투자자의 인사이트가 중요하다. 공급물량이 갈수록 감소하는 수도권 외곽 공공택지 신축을 살 것인지, 아니면 2022년까지 입주물량이 늘어나지만 2023년 이후 정비사업 규제책으로 희소가치가 높아지는 정비사업 신축을 살 것인지 선택해야 할 것이다.

인프라가 부족한 역세권은 피하라

...

부동산 가치투자자라면 입지가치(내재가치)에 주력해야 한다. 4년 이상 장기보유할 생각이라면 말이다. 주거 인프라가 부족한 수도권 외곽은 신축이라도 피해야 한다. 물리적 거리론 1기 신도시에서 벗어나는 지역은 피해야 한다. 수요의 질을 감안해 자녀가 한두 명 있는 30~40대 기혼 직장인이 선호하지 않는 지역은 피해야 한다.

GTX 역세권 신축도 신중해야 한다. GTX가 수도권 외곽 주택 시장에 호재로만 작용하는 것은 아니다. 빨대효과로 상권이 위축돼 공동화(空洞化) 현상이 발생할 수 있기 때문이다. 주거 인프라가 부족한 베드타운으로 전락할 수도 있다.

수도권 외곽은 서울 도심이나 강남을 관통하는 광역철도 역세권이 아니라면 가급적 피해야 한다. 직주근접 가치가 높더라도 보유기간 중 오피스텔 등 아파트를 대체하는 공급물량이 많다면 투자에 신중해야 한다.

최근 갭메우기, 순환매로 갭이 적고 투자비가 적은 수도권 외곽 아파트를 추격매수하는 투자자들이 많다. 매우 위험한 투자다. 외부수요 유입 가능성이 낮은 베드타운이라면 특히 그렇다.

2010~2013년 수도권 주택 시장 침체기에 가장 많이 하락한 곳을 살펴보라. 그리고 2016년 하반기에 강남3구를 시작으로 전고점을 돌파할 때 가장 늦게 전고점을 돌파했거나 아직도 돌파하지 못한 곳이 어딘가를 찾아보라.

신축이 중요한 게 아니다. 신축을 사서 보유기간 중 주거 인프라(도로·전철·직장·학교·상권·공원 등)가 좋아져 입지가치가 높아져야 한다.

원금도 못 건지는
분양권의 특징

2017년 8·2대책 이후 6주 만에 시장이 반등했다. 같은 해 9월 26일 이후 투기과열지구에서 주택 실거래가액이 3억 원 이상이면 자금조달계획 및 입주계획 신고를 해야 함에 따라 9월 중순 전후 강남4구 등 투기과열지구에선 아파트 손바뀜이 활발해졌다.

8·2대책 이후 관심이 모였던 분양권 투자의 기본을 정리했다. 가격 변동폭이 큰 분양권 투자는 초보자에겐 만만치 않은 아파트 상품이다. 하지만 기본에 충실하다면 가장 안전한 투자처이기도 하다. 물론 최고의 분양권 투자는 입주 이후 입지 및 단지 가치가 높아지는 아파트를 분양받는 것이다.

실패학이라는 학문이 있다. 실패를 통해 실패하지 않는 지혜를 배우는 게 실패학의 참뜻이 아닐까? 투자를 하다 보면 실패는 누구나 한다. 하지만 실패해서는 안 될 투자가 있다. 원금도 못 건지는 분양권 투자의 실패 사례를 통해 분양권 투자에 성공하는 지혜를 배우기 바란다.

실수요층이 얇은 공급초과 지역의 분양권

...

만일 프리미엄을 주고 분양권을 샀다면 입주 시점 분양권의 본전(원금)은 분양가와 분양권 프리미엄을 더한 뒤 금융비용 등 기회비용(분양가의 3%를 곱한 것)을 합치면 된다. 예를 들어 분양가 5억 원짜리 아파트를 프리미엄 5천만 원을 더해 5억 5천만 원을 주고 샀다면 입주 프리미엄이 추가로 1,700만 원 이상(총 5억 6,700만 원 이상) 붙지 않았다면 분양권 투자에서 본전도 못 찾았다고 보면 된다.

그럼 입주 시점에 원금도 못 건지는 분양권의 특징은 무엇일까?

첫째, 공급초과 지역이다. 실수요 대비 공급물량, 즉 입주물량이 너무 많은 곳이다. 대표적인 곳이 바로 화성 동탄2신도시다. 현재 프리미엄이 없는 무피 분양권은 주로 남동탄과 중동탄에서 나오고 있다. 공급초과 상황에서 입지가 애매해 실수요자들의 외면을 받고 있다. 전셋값은 하락하고 분양권 프리미엄은 내려가는 게 2018년 동탄2신도시 분양권 시장의 현실이다. 물론 2~3년 동안 입주물량이 소진된다면 매매가는 물론 전셋값도 우상향할 것이다.

둘째, 실수요층이 얇다. 신도시를 예로 들어보겠다. 세종행복도시의 경우 분양권 프리미엄은 올라가는데 전셋값은 입주물량이 쏟아지면서 내려가고 있다. 세종시 분양권 프리미엄은 8·2대책 이후 최대 5천만 원 이상 하락하다 보합세로 돌아섰다. 세종 입주물량의 전셋값 하락(정확히는 전세가율 하락)은 실수요층이 적어 전세가율(매매가 대비 전셋값 비율)이 50%에도 못 미친다. 반면 투자수요는 수도권·대전·대구·부산 등 전국구로 풍부해 매매가는 하락하지 않고 있다.

동탄2신도시 역시 실수요보다 투자수요가 많고 전세가율 역시 50% 미만이다. 하지만 투자수요가 제한적이라 입주물량이 늘어나면서 동탄역과 북동탄을 제외하곤 매매가와 전셋값이 동반하락하고 있다.

세종행복도시와 동탄2신도시와 다른 움직임을 보이는 신도시가 인천 연수구 송도국제도시다. 8·2대책 이후에도 분양권 프리미엄이 강세다. 전세가율도 70%에 육박하고 있다. 1공구를 제외하고 대부분 신축 아파트인 송도 아파트 시장에 전세가율이 높다는 것은 실수요가 점차 늘어난다는 뜻이다. 입주물량이 소진되는 2020년 이후 기반시설과 GTX B노선이 신설되면 시세분출할 가능성이 있다.

도심 접근성이 떨어지고 직주근접 가치가 낮은 지역의 분양권
...

셋째로 대중교통으로 도심 접근성이 떨어지는 곳이다. 대표적인 대중교통 수단은 지하철·전철 등 광역철도망이다. 앞으론 GTX가 추가될 것이다. 수도권 비역세권 분양권은 입주 시점에 분양권 프리미엄이 낮게 형성되거나 무피 분양권이 되는 경우가 많다. 따라서 역세권 또는 역세권이 될 신역세권 분양권이 초보 분양권 투자자에게 안전한 투자처다.

수도권 분양권은 서울 도심 및 강남 기준으로 지하철 통근이 불편하다면 시장 상황에 따라 프리미엄 변동폭이 클 수밖에 없다. 실수요층이 두텁지 않기 때문이다. 예를 들어 수도권에서 1기 신도시 밖에 위치한다면 분양권 투자에 신중해야 한다. 외곽을 지양하고 도심을 지향해야 한다.

넷째는 직주근접 가치가 낮은 곳이다. 기반시설이 부족하고 베드타운이 될 가능성이 높다는 뜻이다. 분양권에서 직주근접성은 앞으로 입지가치를 높이는 데 매우 중요한 역할을 할 것이다.

수서·문정·장지·거여·마천·위례·판교·분당 아파트값이 왜 많이 오를까? 왜 지하철 등 기반시설이 많이 들어설까? 원금도 못 건지는 분양권은 한마디로 실수요자의 핵심 연령층인 30~40대에게 외면을 받는 분양권이다. 30~40대가 선호하는 분양권이란 서울이라면 돈의문센트레빌, 신금호파크자이, 공덕자이와 같은 재고아파트가 될 분양권이다.

사서 묻어놓겠다는
투자자를 위한 충고

2017년 10월부터 강남3구에서 시작된 아파트 시장 시세분출이 목동, 마포 공덕, 옥수, 금호, 과천, 판교 등 범강남권으로 확산됐다. 정부는 부동산 중개업소 단속이라는 미봉책으로 급한 '불'을 끄고자 했다. 답답한 일이다. 이에 앞서 2017년도엔 여름휴가철에 갑자기 8·2대책을 발표해 수요 많은 서울 아파트 시장에 매물을 급감시키고 시장의 역습을 자초했었는데 말이다.

추격매수 고민하는 대기 매수자를 위한 조언

...

부동산 가치투자는 주식 가치투자의 아버지라는 벤저민 그레이엄의 책 『현명한 투자자』에서 차용한 것이다. 주식과 마찬가지로 부동산에서도 가치투자란 시장가격보다 내재가치가 높은 부동산을 골라 매수하고 4년 이상 장기보유하고 매도하는 것을 말한다.

부동산 상승장이든 하락장이든 변함없이 가치투자를 할 자신이 있는지 자문해보자. 과연 대세상승장이 멈추고 하락세로 돌아서서 1년 이상 조정장세가 지속되더라도 가치투자를 하겠다는 원칙을 고수할 수 있을까? 앞으로 다가올 조정장세에서 초심을 잃지 않을 자신이 없다면 추격매수를 해선 안 된다.

　최근 매수했거나 매수하려는 사람들은 대부분 장기보유할 생각을 갖고 있다. 문재인 정부의 정책이 바뀔 때까지(다주택자 양도세 중과가 계속되는 한) 팔지 않겠다는 사람들이 많다. 'BUY&HOLD', 즉 매수 후 보유하겠다는 것이다.

　특히 강도 높은 8·2대책에도 불구하고 2017년 10월 이후 시세가 분출되면서 팔면 손해라는 심리가 팽배했다. 지금은 파는 사람도 십중팔구 똘똘한 아파트로 갈아타고 있다. 즉 갈아타려고 팔고 있다. 예를 들어 개포·대치나 반포·잠원을 팔고 압구정으로 갈아타는 것이다. 서울 도심에서 먼 아파트를 팔고 도심에서 가까운 아파트로 갈아타고 있다.

　하지만 문제는 앞에 언급했듯이 조정장세로 돌아설 때다. 장기보유 투자자라 하더라도 조정장세가 1년 이상 지속된다면 조바심으로 인해 매수 후 보유 전략을 포기할 가능성이 높다. 시세차익을 남기겠다는 단기보유 매도전략을 구사할 것이다. 불안심리가 커져 쌀 때 사서 비쌀 때 파는 시점선택(Market Timing) 전략으로 돌아설 수 있다. 대부분 실패하지만 말이다.

　결과적으로 이번 2010년대 상승장에서 2018년 이후 조정장세를 예측하고 지난 2015~2016년에 매도한 시점선택 투자자들은 실패했다. 상승장이든 조정장세든 장세에 휘둘려선 안 된다. 문재인 정부의 의도대로(가능성은 희박하지만) 2018년 4월 이후 다주택자 양도세 중과가 시행돼 수도권 아파트 시장이 조정장세로 돌아서고 그 기간이 길어지면 매수 후 보유 투자자들은 매도하게 될 것이다.

핵심은 상승장이든 조정장세든 매수 후 보유 전략을 포기해선 안 된다는 것이다. 즉 부동산 가치투자를 고수해야 한다. 2010년대 수도권 주택 시장에서 2007년 시작돼 2023년까지 지속될 것이라는 한센사이클(17년 주기로 상승장과 하락장이 반복된다는 이론)이 유효하다면 최소한 2021년까지는 매수 후 보유 전략을 고수해야 한다.

다가올 조정장세에서도 매수 후 보유 전략을 고수할 자신이 없다면 지금 추격매수를 해서는 안 된다. 남이 가지 않은 길을 혼자 걸어갈 자신(인내)이 없다면 추격매수를 지양해야 한다.

조정장세에서도 매수 후 보유 전략을 고수할 수 있어야

...

문재인 정부에서도 부동산 정책에 따라 조정장세가 올 가능성이 있다. 규제책이 아닌 완화책으로 말이다. 참여정부의 2004년처럼 다주택 양도세 중과 제도의 한시적 유예가 시행된다면 서울 아파트 시장은 조정장세가 올 수 있다.

다만 양도세 중과 한시적 유예로 매물이 늘어난다는 전제조건을 갖춰야 한다. 매물량이 늘고 거래량도 늘어나면서 매매가는 보합세를 보일 것이다. 상승장에서 공급은 일시적으로 늘었지만 대출규제 등으로 수요는 제한적일 수밖에 없어 약보합세를 보일 것이다.

이때가 바로 똑똑한 아파트로 갈아타는 최적의 매매 타이밍이다. 이미 추격매수를 한 사람은 조바심에 똘똘한 아파트를 팔면 안 된다. 덜 똘똘한 아파트를 똘똘한 아파트로 갈아타기 좋은 타이밍이다. 똘똘한 아파트로 갈아타고 매수 후 보유 전략을 펴고 있는 투자자들은 다주택자라는 이유로 섣불리 팔아선 안 된다.

아파트값이 지금처럼 계속해서 오를 수는 없다. 오를 때도 있고 내릴 때도 있다. 하지만 땅값이 내리지 않는 한, 건축비와 직결된 인건비와 원자재값이 내리지 않는 한 15년 이상 장기적으로 보면 아파트값은 우상향할 것이다.

지금 추격매수를 하고 장기보유하겠다는 투자자들은 전세수요나 매매수요 등 실수요층이 두터운, 하방경직성(下方硬直性)이 강한 아파트를 사야 한다. 하방경직성이 강한 아파트란 품질(지하주차장·커뮤니티시설 등)을 기본으로 역세권·직주근접성·학군·상권·공원 등 주거 인프라가 뛰어난 곳이다. 재건축 호재만으로(특히 조합설립인가 전 재건축 초기 사업장) 추격매수를 하는 것은 바람직하지 않다.

벤자민 그레이엄의 격언으로 마무리한다.

"투자의 모든 것은 평균보다 많은 돈을 버는 것이 아니라, 자신의 필요를 충족하는 만큼 돈을 버는 것이다."

"투자 성공을 판단하는 최고의 방법은 시장을 이기고 있는지가 아니라 자신이 가고자 하는 곳에 도달할 수 있는 투자 계획과 투자 원칙을 제대로 세우고 있는지 여부다."

"마지막으로 중요한 것은 다른 사람보다 먼저 결승점을 통과하는 것이 아니고 단지 결승점을 통과할 것을 확신하는 것이다."

부자벨트가 집값
양극화·차별화를 결정한다

2016년 11월부터 시작된 일시적 조정장세가 끝나고 2017년 1월부터 바닥 다지기가 시작됐다. 강남 재건축 단지부터 저가매수세가 활발했다. 2017년 초 강남의 투자자들은 왜 아파트 시장에 현금을 투입하고 있었을까?

  2017년 이후 강북권 84타입 실거래가가 10억 원을 넘어서는 단지들을 통해 지역별 양극화와 입지별 차별화를 살펴보려고 한다.

지역별 양극화
...

강북에서 10억 원이 넘는 아파트를 들여다보면 지역별로 편중돼 있다. e편한세상옥수파크힐스, 래미안옥수리버젠, 마포리버파크, 래미안마포리버웰, 래미안마포웰스트림, 경희궁자이, 마곡엠밸리7단지 등이다.

  e편한세상옥수파크힐스, 래미안옥수리버젠은 동호로변에 위치해 있

다. 마포리버파크, 래미안마포리버웰, 래미안마포웰스트림, 경희궁자이는 마포대로변에 자리 잡고 있다.

동호로는 3호선 금호역과 옥수역(경의중앙선 환승)이 있다. 마포대로는 5호선 마포역, 공덕역(6호선·경의중앙선·공항철도 환승), 애오개역, 서대문역이 있다. 마곡엠밸리7단지는 '황금노선'이라고 불리는 9호선 마곡나루역(공항철도 환승)이 있다. 이들 아파트는 정비사업, 역세권, 직주근접, 2010년 전후 신축 아파트라는 공통점이 있다. 또 월세시장이 발달돼 있고, 30~40대 인구 유입이 많다. 30~40대 인구는 지역경제력 및 학군과 밀접한 관계가 있다.

지역을 먼저 선정하고 입지를 따져봐야 한다. 부자벨트 지역을 먼저 골라야 한다는 말이다. 부자벨트란 정비사업 등으로 주거수준이 높아지는 곳을 말한다. 직주근접 가치가 높아지는 곳이다. 뉴타운에선 아현뉴타운, 흑석뉴타운, 왕십리뉴타운, 전농답십리뉴타운, 노량진뉴타운이 대표적이다.

신규 주택공급의 중심인 재개발·재건축 등 정비사업지를 우선 선정해야 한다. 이문휘경뉴타운보다는 전농답십리뉴타운을 사야 하고, 신길뉴타운보다는 노량진뉴타운을 사야 한다. 은평구에선 연신내역, 녹번역, 불광역의 역세권 아파트를 사야 한다. 고양시에선 삼송역 도보권·역세권인 삼송지구와 KTX 킨텍스역 아파트를 사야 한다. 1기 신도시에선 분당 아니면 평촌을 사야 한다. 서초구에선 반포잠원 아파트를 사야 한다. 강남구에선 개포대치권을, 강동구에선 둔촌고덕 9호선 연장선 역세권 아파트를 사야 한다. 송파구에선 잠실권은 물론 '가락-문정-거여마천-위례'로 이어지는 부자벨트 아파트를 사야 한다.

입지별 차별화

...

입지에는 교통·학군·직주근접이 대표적이다. 최근에 실질소득이 정체되면서 직주근접이 중요해지고 있다. 앞에 언급한 10억 원 돌파 단지들도 모두 직주근접성이 뛰어난 곳이다.

서울외곽순환도로를 사이에 두고 남양주 다산신도시와 구리 갈매지구가 있다. 하지만 청약 결과는 물론 분양권 프리미엄도 크게 차이가 난다. 서울에서 가까운 갈매지구보다 먼 다산신도시가 왜 실수요나 투자자들에게 인기가 있을까?

그것은 서울지하철 8호선 연장선(별내선) 때문이다. 다산 진건지구에는 다산역(가칭, 2023년 개통 예정)이 들어선다. 강남(잠실·테헤란로) 접근성이 좋아 직주근접성이 좋다.

별내선은 암사역에서 구리역과 농수산물도매시장, 다산신도시를 지나 별내역까지 운행된다. 늦어도 2023년에 개통할 예정이다. 개통되면 다산역에서 잠실역까지 30분이면 도착한다. 잠실에서 2호선으로 환승하면 테헤란로 등 서울 전역으로 쉽게 이동할 수 있다. 별내선은 또 하나의 '신분당선'이라고 보면 된다. 여기에 100% 지하철이라는 점도 매력적이다. 따라서 다산신도시에서도 지금지구보다는 진건지구 아파트를 사야 한다. 역세권 분양권을 사야 한다.

양극화 시대에는
하방경직성 강한 아파트를 사라

주식 시장에서 상승장에 일시적으로 조정을 받고 거래량이 줄어드는 시기를 눌림목 구간이라고 한다. 상승기간이 길어져 모멘텀이 떨어지면서 상승할 힘을 보충하는 구간을 말한다.

대세상승장 후반기를 맞아 원금을 잃지 않는 부동산 가치투자를 위해선 '기본'이 중요하다. 2017년 12월 이후 많이 오른 단지를 추격매수하는 투자자들에게 필요한 말이다. 2018년 3월 기준 강남3구 아파트 시장은 눌림목 구간을 통과하는 중이다. 수도권 아파트 시장은 갭메우기 과정을 거치고 있다. 갭메우기 대신 필자는 순환매라는 표현을 더 좋아한다.

부동산 가격의 이중성

...

부동산 가격(가치)은 부동산의 효용성과 상대적 희소성, 유효수요의 상호결합에 따라 결정된다. 부동산 가격이 결정되면 그 가격은 다시 부동산 시장에 영향을 미쳐 부동산 수요와 공급을 조절하게 된다. 이처럼 부동산 가격은 피드백 원리가 적용된다.

효용과 유효수요는 수요를 결정하는 요인이다. 반면에 상대적 희소성은 공급을 결정하는 요인이다. 효용(유용성)이란 수익성과 쾌적성 등을 통해 인간의 욕구를 만족시키는 정도를 말한다. 또 유효수요란 살 의사가 있고 구매력을 갖추고 있는 수요를 일컫는다.

참여정부 시절 2000년대 상승장에서 노도강(노원구·도봉구·강북구) 급등락은 부동산 가격의 이중성의 대표적인 사례다. 2006년 노도강 아파트값의 급등은 DTI 등 대출규제로 유효수요가 늘어났기 때문이다. 하지만 2008년에 노도강은 몰락한 반면, 강남권 재건축 단지는 반등했다. 2008년 DTI 규제완화로 노도강에 몰렸던 유효수요가 다시 강남으로 이동했기 때문이다. 대출규제를 피했다는 상대적 희소성이 떨어지면서 유효수요가 급감해 노도강 아파트값은 급락했다.

2018년 10월 기준 비규제지역인 수원·용인·의왕·안양(만안구)·군포·산본·인천·송도·부천·시흥 등이 조정대상지역 또는 투기과열지구로 지정돼 유효수요를 위축시켜도 추세상승이 계속될까? 부동산 가격의 이중성을 주목해야 한다.

심화되고 있는 부동산 양극화

...

8·2대책 등 부동산 규제정책에도 불구하고 지역별 아파트값 양극화는 심화되고 있다. 서울 도심과 강남 아파트값은 갈수록 상승폭이 커져 문재인 정부는 8·2대책, 신DTI 등 규제책을 잇따라 발표했다. 하지만 규제에

도 불구하고 양극화 심화라는 결과로 이어졌다. 특히 서울 동남권(서초구·강남구·송파구·강동구)과 인접한 경기 남부권(분당·판교·위례·광교·용인 수지 등)과 서남권(안양평촌·의왕·과천 등)이 다른 지역보다 상승폭이 컸다.

다주택자 양도세 중과 시행 이후에도 양극화는 더욱 심해질 것이다. 공급에 있어 서울 등 수도권 핵심지역 정비사업을 규제하고 수도권 외곽지역 그린벨트를 해제해 공공주택을 확대하는 문재인 정부의 주택정책은 양극화를 부추길 뿐이다.

양극화란 유효수요가 선호하는 지역, 서울 도심 및 강남처럼 공급보다 수요가 많은 지역, 인지도가 높고 돈과 사람이 몰리는 지역일수록 아파트값 상승폭이 커진다는 것이다. 또 기업 등 자족시설과 도로·철도 등 기반시설이 들어서 지역 경제력이 높아지는 지역, 30~40대 인구유입이 늘어나고 상대적으로 이탈이 적은 지역, 백화점·할인점 등 대형 쇼핑센터, 호텔, 병원, 공원 등 주거 인프라가 풍부한 지역일수록 매매가가 큰 폭으로 우상향한다는 것이다.

양극화 시대에 10년 만에 찾아온 부동산 상승장에선 자본이 집중적으로 투입되는 개발중심축을 주목해야 한다. 단순히 장기플랜이 아니라 1~3년 안에 기본계획안을 고시하고 실시계획을 거쳐 착공이 예정된 개발호재에 초점을 맞춰야 한다.

서울 동남권에선 영동대로 지하공간 및 잠실종합운동장 개발, 수서역세권 공공주택지구, 위례신사선 착공, 신분당선 연장선을, 도심권에선 용산국제업무지구와 서울역(남영동 숙대 주변) 일대 개발에 주목해야 한다.

서북권에선 수색역세권 개발과 마포·공덕 업무시설, 신분당선 서북부 연장을, 동북권에선 뚝섬·성수를 비롯해 청량리·왕십리·광운대 역세권

개발을 주목해야 한다. 서남권에선 마곡지구와 영등포·여의도 개발호재를 주목해야 한다.

주거지역에선 성장기·성숙기에 접어들어 유효수요가 선호하는 지역이 투자처다. 아현뉴타운과 흑석뉴타운이 성숙기에 접어들었다면 북아현뉴타운, 신길뉴타운, 수색증산뉴타운, 가재울뉴타운은 성장기 한가운데에 있다. 한남뉴타운, 성수전략정비구역, 노량진뉴타운은 이제 성장기에 진입 중이다.

수도권 2기 신도시에선 판교와 광교가 성숙기고, 위례와 동탄2신도시는 성장기로 볼수 있다. 분당, 평촌, 일산 등 1기 신도시는 천이기(遷移期) 단계로 볼 수 있다. 리모델링 재건축이 추진되면 또다시 성장기를 맞을 것이다.

대세상승장 후반기엔 하방경직성이 강한 아파트에 투자하라

...

투자비가 상대적으로 적다고 추세상승 중이라 판단하고 추격매수하는 것은 매우 위험하다. 특히 2017년 12월 이후 상승폭이 커진 수도권 외곽 단지는 더욱더 그렇다. 규제책에 따른 풍선효과로 투자수요가 늘어난 수도권 외곽 아파트는 앞으로 규제완화에 따라(다음 정권에서나 가능하겠지만) 하락할 가능성이 높다.

지난 2010~2012년 수도권에서 하락폭이 큰 곳은 도심에서 30~40km 떨어져 있어 분당 등 1기 신도시보다 멀다는 점에서 입지적으로 열위에 있다. 또 대규모 택지개발로 신규 아파트 공급물량, 특히 중대형 아파트의 공급 물량이 지속적으로 늘어났다. 이에 따라 미분양물량이 급증했다.

또 광역 인프라가 미흡해 외부수요 유입이 제한됐다.

추격매수를 하더라도 이젠 대세상승장 후반기를 맞아 하방경직성이 강한 아파트를 사야 한다. 하방경직성이 강한 아파트는 집주인의 실거주 비율이 높은 아파트다. 2018년 4월 다주택자 양도세 중과 이후 유효수요의 주축이 될 무주택자나 1주택자(일시적 2주택자)가 매수하는 아파트다. 역세권을 기본으로 학군과 직주근접성에 있어 입지적 장점을 갖춘 아파트다. 2008년 이후 입주해 안목치수는 물론 100% 지하주차장과 저소음으로 리모델링을 해서 가치가 높아진 아파트다.

아파트 시세분출의 3대 조건은?

아파트값은 과연 어떤 조건을 갖춰야 폭등할까? 최근 개인적으로 관심 있게 지켜보고 있는 주제, 아파트 시세분출의 조건을 살펴봤다. 아파트 값 폭등이 오려면 3가지 요건을 갖춰야 한다. 차례로 가격, 펀더멘털, 시장 심리상태가 우상향해야 한다.

첫 번째 조건, 가격

...

실거래가 추세가 중요하다. 가격 추세를 간파할 수 있어야 한다. 아파트값은 상승추세가 자리 잡으면 추세를 지속하고자 하는 습성이 강하다. 따라서 추세에 올라타면 수익률이 높아지고 추세를 거스르면 손실이 커진다.

추세를 알아보기 위해서는 최근 매물이 얼마에 거래됐는지를 추적하면 된다. 거래량보다 지금 거래되고 있는(거래 가능한) 가격이 중요하다. 1년 또는 6개월간 실거래가 추세를 들여다봐야 한다.

　수도권 아파트에 투자한다고 수도권 전체 주택 시장을 세밀하게 알 필요는 없다. 안목을 갖고 선택한 투자처(투자 지역)만 꼼꼼히 들여다보면 된다. 실거래가 추세를 통해 가격 모멘텀(상승동력)이 얼마나 강해지고 있는지를 분석하는 것이다.

　또 하나는 8·2대책과 같은 고강도 규제책 이후 가격이 어떻게 움직이는지를 들여다봐야 한다. 역시 거래량보다 실제 거래된 가격이 중요하다. 예를 들어 재고아파트가 규제책에도 매매가가 하방경직성을 띠고 전세 수요가 꾸준하다면 시세분출의 가격 조건은 갖췄다고 본다.

두 번째 조건, 펀더멘털

...

아파트의 펀더멘털, 즉 기초체력은 아파트 내재가치라고 보면 된다. 내재가치 중에선 입지가 가장 중요하다. 입지는 직주근접성, 역세권(도심 접근성), 학군, 주거환경(공원·문화시설·도서관 등)으로 나뉜다. 입지가 뛰어나고 희소가치·미래가치·수익가치(임대수익률)가 높으면 내재가치가 높은 아파트다.

　펀더멘털이 강하다는 것은 입지를 기본으로 수요의 확장성이 강하다는 의미다. 즉 실수요층이 두텁다. 정주권(지역생활권)이 좋아져 계속 살고 싶어 하는 사람(외부 유입인구)이 늘어난다는 의미이기도 하다.

　특히 직주근접성은 펀더멘털을 강하게 해주는 핵심입지다. 직주근접성이 좋아진다는 것은 30~40대 직장인이 지속적으로 유입된다는 것을 의미한다. 30~40대는 가장 소득이 많은(많이 늘어나는) 나이다. 초중고등 자녀 학군에 가장 예민하다. 또한 생활 인프라를 개선시키려는 에너지가 강한 연령대다. 직주근접성이 좋아질수록 도로·전철 등 인프라가 개선된다. 인프라가 좋아지면 상권이 확대된다. 스타필드 효과가 대표적인 예다. 대형 쇼핑몰이 속속 입점한다.

인구가 늘어난다고 집값이 오르는 것이 아니다. 30~40대 인구가 늘어나야 한다. 광화문 종로나 마곡지구처럼 연봉이 높은 대기업 직장인 30~40대가 늘어나야 집값이 오른다.

앞으로 수도권에선 2018년 입주가 마무리되는 문정비즈밸리(2018년 말)와 판교제2테크노밸리(2019년)를 비롯해 마곡지구(LG사이언스파크 등), 과천지식정보타운, 광명시흥테크노밸리, 고양일산테크노밸리, 고덕상업업무복합단지 등에서 2020~2022년 기업 입주가 마무리될 예정이다. 이들 지역에 기업이 입주하면서 펀더멘털이 강해지는 아파트는 어디일까?

세 번째 조건, 시장 심리상태
...

시세분출을 하려면 시장참여자들의 심리가 위로 향해야 한다. 즉 시장에 대해 낙관적이고, 집값 상승 기대심리가 높아야 한다. 매도자든 매수자든 시상참여자들의 심리는 변화무쌍하다. 일희일비하며 히스테릭하다.

상승장에선 반복되는 상승 후 조정장세가 갈수록 짧아지는 특성이 있다. 반면 하락장에선 하락 후 반등장이 짧다. 따라서 상승장에선 가격이 하락한다고 매도 타이밍을 너무 빨리 잡으면 안 된다. 반대로 하락장이 길어질 때는 손실회피심리로 너무 오래 보유하다 하락이 멈춰서는 시기(매수세가 붙기 시작하는 시기)에 매도하는 실수를 저지르면 안 된다.

시장은 언제나 중립적이다. 탐욕이 치솟고 공포에 떠는 것은 시장참여자들이다. 시장은 일시적으로 혼돈스러울 수 있지만 언제 그랬냐는 듯이 회복하고 제자리로 찾아가기 마련이다.

아크로리버하임 vs.
서울숲리버뷰자이 미래가치

2018년 1월 중순 이후 강남은 일시적으로 조정장세를 맞았다. 4월 다주택 양도세 중과 이후 급매물이 쏟아질 정도는 아니지만 예상보다 많이 나왔다. 이때가 입지는 물론 한강조망·공원조망 등 희소가치가 있는 매물을 저가매수할 수 있는 기회다.

흑석동의 랜드마크인 흑석7구역 아크로리버하임(이하 아리하)과 행당 6구역 서울숲리버뷰자이(이하 서리자)는 한강이 조망되고 강남과 가까운, 입지와 입주 시기와 단지규모가 모두 비슷한 곳이다. 모두 재개발 입주 예정단지인 데다 84타입 입주권 매매가도 비슷한 시기에 13억 원을 넘어섰다. 아리하와 서리자의 현재가치를 비교해보고, 미래가치에 따른 시세예측을 해보자.

아리하와 서리자의 현재가치

...

똑같은 입지라면 입주가 5개월 빠른 서리자(2018년 6월)가 아리하(2018년 11월)보다 매매가가 더 높아야 정상이다. 최근 실거래가로 보면 서리자 84타입이 2018년 3월 13억 8천만 원에 거래됐다. 10월 기준 15억 원을 호가하고 있다. 아리하 84타입의 경우 2018년 9월에 실거래가 15억 8,500만 원을 기록했다. 분양가는 아리하가 7억 6천만 원대, 서리자가 7억 4천만 원대로 거의 비슷했다. 두 단지는 강북에서 분양권 프리미엄 6억 원 시대를 열었다.

현재가치의 대표적인 지표인 전셋값은 서리자 84타입이 7억 원 이상으로 거래됐다. 반면 11월 입주하는 아리하는 8억 원 안팎이다. 한강조망의 경우 9억 원을 호가한다.

이렇게 전셋값이 차이 나는 이유는 단기 수급 때문으로 보인다. 아리하의 경우 전세수요가 많은 9호선 초역세권인 데다 반포·잠원·방배의 재건축 등 이주수요로 인해 전셋값이 강세다. 반면 서리자는 왕십리뉴타운 센트라스 등이 입주 2년 재계약이 만기되면서 전세물량이 늘어난 데다 e편한세상신금호, 힐스테이트서울숲리버 등 입주 중인 전세물량이 여유 있는 상황이다. 정비사업 이주수요도 당분간 없다.

미래가치의 핵심인 입지가치

...

입지가치는 막상막하다. 한강변(물론 아리하가 더 가깝지만)에 가깝다. 한강변이라 도로 소음이 불가피하고, 서리자는 일부 동에서 지상철인 경의

중앙선 소음도 있다. 서리자는 재개발구역 중 평지로 유명하고, 아리하는 일부 경사가 있지만 테라스하우스를 배치해 흑석뉴타운에선 평지라고 보면 된다.

학군은 별 차이가 없다. 한마디로 학군 프리미엄이 없다. 특히 아리하(흑석초·중대부초·동양중·중대부중) 등 흑석뉴타운 내에는 고등학교가 없어 흑석9구역에 신설될 예정이다. 현재는 경문고(남), 세화여고, 서문여고로 통학하고 있다. 서리자 학군은 행당초, 한양초, 무악중, 행당중, 무학고, 덕수고다.

아리하의 입지가치는 무엇보다도 강남 접근성이 뛰어나다는 것이다. 현충로를 통해 1km만 가면 신반포대로와 사평대로로 반포잠원에 도착한다. 다만 현충로 교통체증이 심한 편이다. 영등포·여의도와 용산 등 3대 도심과 가깝고, 전철망은 황금노선인 9호선 흑석역이 위치해 있어 초역세권이라는 강점을 갖추고 있다.

서리자도 강남 접근성이 좋다. 성동교와 응봉교를 통해 영동대교를 건너면 삼성동으로 쉽게 진입할 수 있다. 또 성수대교와 동호대교를 건너면 바로 압구정이다. 다만 아리하와 달리 지하철 접근성이 떨어진다. 2호선 한양대역이나 2·5호선, 분당선, 경의중앙선 환승역인 왕십리역이 걸어서 10분 이상이다. 역세권이라기보다는 도보권에 가깝다. 개인적으로 도보 거리 600m 이내를 역세권으로 본다. 서리자의 지하철 접근성이 아리하보다 떨어져 전셋값이 낮은 데 한몫했다고 생각한다.

아리하는 흑석뉴타운에 갇혀 있는 느낌이다. 흑석뉴타운 부지 자체가 경사가 있는 데다 현충원 서달산 중앙대캠퍼스, 흑석10구역(해제) 및 존치관리지역으로 인해 확장성이 떨어진다.

쇼핑몰 등 주거 인프라도 서리자가 앞선다. 아리하는 한강대교를 건너 아이파크 쇼핑몰, 이마트 용산점을 이용할 수 있다. 아니면 차를 타고 센트럴시티(신세계백화점) 등으로 가야 한다. 서리자는 에코브릿지를 통해 서울숲더샵 엔터식스와 왕십리뉴타운 비트플렉스를 걸어서 이용할 수 있다. 성동구립도서관, 소월아트홀, 서울성동청소년수련관(수영장)이 모두 도보권이다.

부자동네 생활 인프라 중에서 갈수록 중요해지는 종합병원으로는 중앙대병원과 한양대병원이 있다. 아리하는 병세권이란 말이 어울릴 정도로 중앙대병원이 가깝다.

녹지공간은 서리자가 비교우위에 있다. 아리하도 현충원, 서달산근린공원(33만 평), 효사정공원 등이 있지만 서리자는 도보권에 서울숲이 있다. 또 기부채납으로 조성된 근린공원(4천 평)이 행당7구역 사이에 들어선다. 응봉체육공원도 있다.

미래가치에 따른 모멘텀

...

마감재, 조경, 단지설계, 커뮤니티시설 등 입주 후 시세에 반영될 신축가치 역시 용호상박이라고 본다.

아리하는 '아크로'란 대림산업 고급 아파트 브랜드를 사용해 마감재는 물론 층간소음에 강하다. 경량 및 중량 충격음 차단성능 1등급을 받았다. 시공사가 교체된 행당6구역의 서리자도 자이안센터에 들어선 커뮤니티시설이 뛰어나다. 일반적으로 2.3m로 적용하던 층고를 2.4m로 높이고 마감재를 고급화해 고분양가를 책정했다. 분양 초기엔 미계약이 발생했으나 입주 시점엔 미래가치 호재로 작용했다. 두 단지 모두 발코니 삭제가 적용됐다.

서리자 매매가 모멘텀은 서울숲 마스터플랜이 대표적이다. 삼표레미콘 공장 부지를 포함해 서울숲 61만m²에 대한 마스터플랜이 2018년 3월 발표됐다. 2022년 6월 이후에 레미콘 부지 2만 7천m²에 중랑천 둔치와 이어지는 수변문화공원이 조성된다. 레미콘 공장 이전을 계기로 보행과 과학문화콘텐츠가 연결되는 도시재생을 완성할 계획이다. 또 부영호텔 등 뚝섬상업용지, 성수전략정비구역 재개발 등이 있다. 행당동 일대 재개발이 마무리되면서 상향여과 현상과 신축 희소가치도 모멘텀이 될 것이다.

아리하의 대표적인 모멘텀은 앞에 언급한 반포주공1단지 등 반포잠원, 방배 재건축 등 이주수요, 그리고 흑석뉴타운 상향여과 현상이다. 또 한강대교 건너편 용산국제업무지구 개발호재도 서리자의 서울숲 마스터플랜만큼은 아니겠지만 큰 모멘텀이 될 것이다.

아직 한강변 흑석1, 2구역이 남아 있지만 성숙기로 들어선 흑석뉴타운은 오는 2022년(흑석뉴타운 중앙에 위치한 흑석9구역 입주 시점)이면 아현뉴타운처럼 서울 도심 '미니 신도시'로 거듭날 것이다. 인근 낡은 주택이 몰려 있는 반포잠원, 방배, 사당, 이수 지역의 대체 주거지가 될 것이다.

재개발 투자가치를
분석하라

2016년 11·3대책 이후 얼마 지속되지는 않았지만 주택 시장에 일시적 조정장세가 찾아왔다. 이후 2017년에는 시공사가 선정되는 정비사업지가 다수 있었다. 재개발 등 정비사업의 투자가치를 시공사 수주전을 통해 살펴보자. 투자가치 분석에 도움이 될 것이다.

시공사 수주전으로 살펴본 투자가치
...

반포주공1단지나 잠실주공5단지와 같은 특급 입지는 아니지만 사업성과 수익성을 갖춘 재개발구역에서 시공사 선정이 다수 이루어졌다.

우선 동작구 흑석9구역이다. 단지규모나 입지에 있어 손색이 없는 곳이다. 강남 접근성이 좋고, 황금노선인 9호선 역세권에, 초중고가 걸어서 5분 이내인 학세권이다. GS건설과 롯데건설이 적극적으로 수주전에 나서 롯데건설이 수주했다.

이어서 마포구 공덕1구역이다. 쿼드러플 역세권이라는 입지는 말할 것도 없고 업무밀집지역과 가까운 직주근접 아파트다. 메이저 브랜드가 탐을 내는 랜드마크 단지. GS건설과 현대건설이 치열한 수주전을 벌이다 최종적으로는 GS건설·현대건설 컨소시엄으로 수주했다.

마지막으로 성동구 행당7구역이다. 입지는 옥수동과 금호동에 비해 떨어지나 1천 가구 단지규모에 최근 핫한 '서울숲-뚝섬-성수' 라인이 가까워 도심권 직주근접 아파트가 될 것이다. 대우건설과 두산건설이 2파전을 벌여 대우건설이 수주했다.

먼저 정비사업지의 시공사 선정방식을 눈여겨볼 필요가 있다. 도급제라고 하더라도 건설사가 시공사로 선정되면 책임과 리스크가 따른다. 시공사가 계약상 의무(완공)를 이행하지 못할 경우 주택도시보증공사(HUG) 등 보증기관이 시공사를 대신해 계약이행 의무를 부담하거나 일정 금액을 납부한다. 또 시공사는 조합과 지자체에 시공보증서를 제출해야 한다.

미분양관리지역을 도입한 2016년 8·25대책 이후 정비사업 대출보증이 더 깐깐해졌다. 주택도시보증공사가 이주비 분담금 등 사업비 대출을 보증하는 대출보증을 까다롭게 하면서 이주철거가 늦어지는 정비사업지가 늘어났다. 더불어 이주비 대출 금융기관 선정도 힘들어졌다.

시공사가 리스크를 최소화하려면 정비사업이 사업성과 수익성이 좋아야 한다. 이를 위해선 일반분양 시기가 가장 중요하다. 마진이 포함된 공사비를 제때 받기 위해선 분양물량이 완판돼야 한다. 조합 수입의 대부분을 차지하는 분양 수입은 조합원에게도 추가분담금을 줄여준다.

건설사 입장에서 사업성과 수익성을 따져 투자하라

...

2017년 시공사를 선정하는 서울 재개발구역의 경우 사업시행인가 단계로 관리처분인가를 받고 이주철거, 착공을 거쳐 일반분양하는 시점은 최소한 3년 안팎이 될 것이다. 즉 2020년 전후 일반분양을 하게 된다. 2020년 전후 분양 시장이 어떨지는 아무도 모른다. 따라서 건설사 입장에서도 권역별 A급 입지를 대상으로 사업성과 수익성을 따져보고 선별적으로 수주에 나서고 있다.

사업성이 좋으려면 단지규모가 일정 수준 이상 돼야 한다. 메이저 건설사는 서울 기준으로 500가구가 마지노선이다. 착공하기 전까지 사업속도도 중요하니 단지규모는 매머드급(2천 가구 이상)보다 1천~2천 가구를 선호한다.

수익성이 좋으려면 마감재와 평면설계, 단지설계, 커뮤니티설계를 고급화해 마진이 높아야 한다. 입지도 지역별 랜드마크 단지가 될 수 있는 3종 일반주거지역의 역세권에 위치해야 한다. 그러려면 무엇보다 해당 권역에서 땅값이 비싸야 한다. 비싸야 고급으로 짓고 분양가를 높게 책정할 수 있기 때문이다.

또 조합원 대비 일반분양물량이 많아야 한다. 조합원 분양가와 일반분양 분양가는 다르다. 또 무상으로 지급되는 품목이나 마감재도 다르다. 따라서 수익성이 좋으려면 일반분양물량이 많아야 한다. 분양물량은 서울 재개발 기준 전체 가구 수의 30% 이상은 돼야 하며, 50% 안팎이면 수익성이 크게 좋아진다.

따라서 재개발 등 정비사업에 투자하려면 건설사 입장에서 사업성과 수익성이 있는지를 따져봐야 한다. 수주에 나서는 건설사와 일반분양 시기, 완판 가능성 등을 종합적으로 고려해 투자해야 한다.

갭투자처럼 실투자비를 최소화하는 재개발 투자전략은 위험하다. "싼 게 비지떡이다"라는 말이 있다. 특히 2020년 이후 분양할 때는 미분양 가능성이 높다. 일반분양에 실패하면 추가분담금이 늘어나고 시공사와 다툼 가능성이 높아진다.

이처럼 사업성과 수익성이 좋아 메이저 건설사가 적극 수주에 나서는 정비사업에 투자해야 한다. 나아가 이주대출 금융기관 선정이나 주택도시보증공사의 대출보증을 쉽게 받을 수 있는 정비사업지인가도 확인해야 한다.

모멘텀 강한
미완성 신도시에 투자하라

요즘 입에 많이 오르내리는 게 입지다. 신도시도, 신도시 아파트도 입지가 중요하다. 하지만 입지가치는 변수가 생기면 변하기 마련이다. 시범단지부터 입주를 시작하고 10년간 입지가치가 갈수록 높아지거나 낮아지는 곳이 있다. 또 입주한 지 10년이 지나면서 입지가치가 뒤바뀌는 경우도 있다.

1990년대 분당 등 1기 신도시 입주와 2000년대 판교 등 2기 신도시 분양 및 입주를 지켜보면서 체득한 신도시 투자법을 소개해본다. 신도시는 광범위하기 때문에 현재 개발 중인 미완성 신도시 투자법을 살펴보겠다. 투자자가 주목해야 할 미완성 신도시로는 위례신도시, 송도국제도시, 세종행복도시, 다산신도시 등이 있다.

투자가치 높은 위례·송도·세종 등 미완성 신도시

...

위례신도시는 정부(국토교통부, LH)가 개발하는 택지개발지구다. 세종행복도시는 대한민국 정부가 행정수도로 건설하는 신도시다. 2007년부터 개발이 시작됐다. 다산신도시는 경기도시공사가 개발하는 보금자리지구다. 송도국제도시는 개발 주체가 인천경제자유구역청과 한국의 포스코건설, 그리고 미국의 게일인터내셔널사의 합자 법인인 송도국제업무단지(Songdo IBD)다. 2005년부터 개발을 시작했다.

중요한 건 신도시 개발이 '언제 시작됐느냐'가 아니라 '언제 완성형 신도시가 되느냐'다. 지금 판교신도시에 투자하면 모멘텀이 약할 수밖에 없다. 완성형 신도시이기 때문이다. 아직 GTX A노선 성남역, 판교창조경제밸리, 월곶판교선 서판교역 등 호재가 대기하고 있지만 말이다.

신도시 아파트 투자는 완성형 신도시의 틀이 잡히는 시점에 해야 한다. 쉽게 말해 시범단지가 입주한 이후 매수 타이밍을 잡아야 한다는 것이다. 그리고 후발 입주 아파트가 입주한 지 5년이 지나야 신도시 아파트의 가치(새 아파트로서의 가치)는 정점에 이른다.

위례신도시는 2025년 전후에 완성형 신도시가 될 것이다. 다산신도시는 별내선(8호선 연장선)이 개통하는 2022년 전후가 될 것이다. 세종시는 2018년 2월 국토연구원 입주를 끝으로 공공기관 이전이 마무리됐다. 인구가 현재 25만 명에서 40만 명이 되는 2020년이 지나면 완성형 신도시의 틀이 잡히고, 이어 서울세종고속도로가 개통되는 2025년 전후 완성형 신도시가 될 것이다. 기업·학교 등 자족시설이 최대 변수지만 말이다.

송도의 경우 바다를 매립하고 민간투자로 개발되는 신도시라 시간이 많이 필요하다. 20년 이상 걸릴 것으로 예상된다. 송도6·8공구 개발사업이 마무리되면 완성형 신도시가 될 것으로 내다본다. 송도6·8공구는 부지 128만m²를 송도 랜드마크 도시로 개발하는 것이다. 개발 진척도가 50%를 넘어선 송도국제도시는 2025년 이후 완성형 신도시가 될 것이다. GTX B노선 송도역 신설 여부도 눈여겨봐야 할 호재다.

중심상권이 자리 잡은 역세권 신도시 아파트

...

본론으로 들어가 그럼 어떤 신도시에 투자해야 할까? 1기 신도시에서 분당과 같은 신도시에 투자해야 한다. 분당에서는 과거 '수내-정자' 라인과 같은 입지를 갖출 것으로 기대되는 아파트에 투자해야 한다.

2기 신도시에선 위례, 판교, 광교와 같은 신도시에 투자해야 한다. 위례 중에서 중심상권인 트랜짓몰, 휴먼링 내에서 자리 잡거나, 판교 중에서 동판교, 판교역 중심상권 또는 서판교 역세권에 자리 잡은 아파트에 투자해야 한다. 광교 중에선 광교중앙역, 광교역(경기대입구역) 역세권 아파트에 투자해야 한다.

2018년 이후 완성형의 틀이 잡히기 시작하는 신도시가 있다. 분당, 판교와 같은 입지를 갖춘 신도시를 찾아야 한다. 그런 신도시에서 모멘텀이 강한 입지를 갖춘 아파트에 투자하면 된다.

모멘텀이 강한 입지란 신도시별로 다르다. 광역급행버스(BRT) 접근성, 역세권, 학군, 조망권(호수·공원·산·천 등), 중심상권, 생활 인프라 등 입지가치에 따라 모멘텀의 정도도 달라지기 때문이다.

위례에는 있고
동탄에는 없는 것

위례, 분당, 판교는 모두 성남에 위치하고 있는 신도시다. 물론 위례는 송파구와 하남시에도 속하지만 말이다. 지난 2015년, 10년 만에 찾아온 수도권 주택 시장 상승장에서 위례, 분당, 판교는 다르게 움직였다.

먼저 판교부터 살펴보면 2015년 8월 현대백화점 오픈 전후부터 2016년 상반기까지 상승세를 보이던 매매가가 그해 하반기부터 보합세로 돌아섰다. 소음과 미세먼지를 차단하는 분당수서간도시고속화도로 상부 공원화 공사 완료(2019년 예정)와 봇들마을 9단지, 백현마을 2단지 앞에 위지한 GTX A노선 성남역 개통(2021년 예정) 등 대형 호재가 대기하고 있음에도 말이다.

보합세의 가장 큰 요인은 위례 입주물량이었다. 2016년 하반기부터 2017년 4월까지 입주물량이 쏟아지기 시작했다. 판교 전세입자가 위례 아파트에 입주하거나 전세로 이주했다. 또 분당의 중대형 아파트를 사서 이주하기도 했다. 판교 전세수요 감소는 매매수요 감소로 이어졌다. 대출규제, 탄핵정국도 매매수요를 위축시켰다.

판교 아파트는 대부분 2009년 전후에 입주해 지은 지 9년이 넘은 구축 아파트다. 이제 새 아파트로서의 가치보다는 다른 요인으로 인해 매매가가 오르는 시기로 돌입한 것이다.

위례 입주물량 확대로 촉발된 판교 전세 및 매매수요 감소

...

반면 분당과 위례 매매 시장은 판교와 다르게 움직였다. 먼저 분당의 경우 2015년 상승장이 시작되고 강남 재건축 시장이 달아오르면서 리모델링 또는 재건축 기대감으로 갭투자가 크게 늘어났다. 분당에서 중고등학교를 다니고 결혼 후 다시 소형으로 내집마련을 해 분당에 돌아오는 30대도 많아지다 보니 20평형대의 상승폭이 컸다. 많이 오른 곳은 1년간 1억 원까지 올랐다.

분당 아파트값은 지난 1992년 입주가 시작돼 2006년 평당 2천만 원을 돌파하며 정점을 찍었다. 하지만 2008년 글로벌 금융위기에 판교 분양 및 입주로 지은 지 20년이 된 2012년에는 1,500만 원대까지 하락했다. 2016년부터 2017년 5월까지 분당 시세를 주도하는 이매역과 미금역 부근 24평형 매매가는 평당 1,800만 원에 육박했다. 이마저 매물이 거의 없다.

위례의 경우 입주 프리미엄이 평균 1억 원을 넘어섰으며, 남위례 입주가 마무리됐다. 휴먼링 내 중대형 아파트는 2억 원 안팎이다. 2016년 입주한 휴먼링 내 아파트는 2017년 5월 현재 분양가 대비 프리미엄이 3억 원을 넘어서고 있다. 위례자이 38평형의 경우 분양가 대비 평당 1천만 원이 올라 프리미엄이 4억 원에 육박했다.

2016년 11·3대책과 위례신사선 지연으로 일시적으로 조정장세를 보이던 위례신도시는 2017년 들어 남위례 입주가 막바지에 이르면서 추격 매수에 나서는 매수세로 인해 4월까지 손바뀜이 활발했다. 실수요에 투자수요가 가세했기 때문이다.

수요와 공급에 따라 결정되는 아파트값

...

중장기로 보면 아파트값은 수급에 따라 결정된다. 질적인 주택 시장에선 공급보다 수요가 중요하다. 30~40대 아파트 구매력이 떨어지는 상황에서 아파트 수요는 제한적이다. 소득 수준이 높은 30~40대 실수요와 실탄이 두둑한 50~60대 투자수요가 2020년까지 주택 시장을 주도할 것이다. 2016년 대구 달성군의 교훈을 잊지 말아야 한다.

왜 위례는 입주 아파트 전셋값은 낮은데 매매가는 오르는 걸까? 왜 세종은 전셋값은 하락하는데 매매가는 오르는 걸까? 왜 송도국제도시는 매매가와 전셋값이 동반상승하는 걸까? 반면 동탄2신도시는 왜 매매가와 전셋값이 동반약세를 보이는 걸까?

신도시는 입주 시점 또는 입주 2~4년차에 입주해 살려는 실수요층이 중요하다. 입주물량이 쏟아질 때 입주해 살려는 실수요자가 최소한 50% 이상 돼야 한다. 실수요가 두터우려면 직주근접성이 중요하다. 위치, 역세권, 직주근접으로 인해 내부수요가 두터워지고 외부수요가 빠르게 유입되는 곳이어야 한다. 이런 신도시가 미래가치가 높다.

신분당선 역세권 프리미엄은
왜 높을까?

역세권 프리미엄은 왜 높을까?

...

역세권은 통상 아파트에서 지하철역까지 걸어서 10분 이내를 말한다. 도보 거리가 600m 이내여야 하는데, 필자의 경우 600m를 넘으면 역세권이 아니라 도보권이라고 표현한다.

역세권 단지라고 모두 역세권 프리미엄이 높게 붙지는 않는다. 전세수요와 매매수요가 꾸준히 발생하는 우량 역세권인지를 따져봐야 한다. 지상철이 200m 이내에 있을 경우 철도 소음으로 역세권 마이너스 프리미엄이 발생한다.

역세권 프리미엄이 많이 붙는 단지는 우량 역세권이다. 우량 역세권이 되려면 우선 상주인구, 즉 주거인구가 많아야 한다. 쉽게 말해 역을 이용하는 고정인구가 많거나 시간이 지날수록 많아져야 한다. 상주인구가 많은 주거지역으론 신도시나 공공택지가 있다. 신분당선에선 판교신도시의 동판교 판교역이 대표적이다. 성복역이나 미금역도 우량 역세권이다. 서울지하철에선 공덕역, 아현역, 디지털미디어시티역, 청량리역, 마곡나루역 등이 주거인구가 늘어나고 있는 우량 역세권이다.

또 우량 역세권은 직주근접 가치가 높은(높아지는) 역세권을 말한다. 한마디로 업무밀집지역을 많이 통과하는 노선의 역세권이 우량 역세권이다. 서울지하철에선 3호선과 9호선이 대표적이다. 최근엔 5호선과 6호선도 직주근접 가치가 높아지고 있다. 4호선도 인덕원 역세권 복합환승센터 및 과천지식정보타운 개발, 과천역 GTX C노선, 월곶판교선, 인덕원선, 위례과천선 등으로 인해 직주근접 가치가 높아질 것으로 기대된다.

수도권 광역철도에선 공항철도와 신분당선이 직주근접 가치가 높다. 미래가치로 보면 확장성이 높은 9호선과 신분당선이 역세권 프리미엄이 높을 것으로 기대된다.

우선 9호선은 2018년 12월 강동구 둔촌동 보훈병원역까지 연결되고 향후 고덕 강일을 거쳐 미사까지 이어질 계획이다. 신분당선도 현재 '광교~강남'에서 2022년 '강남~신사'까지 연장 개통될 예정이다. 이어 '신사~용산' 구간이 미군기지 철수 완료 후 2019년 착공되면 2025년 개통이 가능할 것이다. 그리고 서북부 연장선(용산~삼송)이 기획재정부의 예비타당성 조사에 선정됐다. 서울시가 제출한 노선안에 따르면 용산에서 서울역, 시청을 지나 '상명대(세검정)~독바위(6호선)~은평뉴타운(진관중·신도중·기자촌)~삼송'까지 18.4km다.

우량 역세권이 될 가능성이 높은 수도권 광역철도는 수인선과 분당선(향후 급행열차 직결 운행 예정), 별내선(8호선 연장선), 신안산선, 월곶판교선이 있다. 서울 경전철에선 위례신사선을 비롯해 신림선(서울대~신림~샛강),

동북선(왕십리~상계), 서부선(장승배기~새절)이 후보 노선이다.

이들 광역철도 및 경전철로 인해 수원 정비사업과 위례신도시, 다산신
도시, 신길뉴타운, 노량진뉴타운, 상계뉴타운에서 소득 수준이 높은 상
주인구가 늘어날 것이다. 여의도, 왕십리, 삼성, 잠실, 판교, 인덕원 등
광역철도 및 경전철로 인해 업무밀집지역 접근성이 좋아지기 때문이다.

신분당선 역세권의 미래가치

...

앞에서도 언급했지만 신분당선은 상주인구가 많고 직주근접 가치가 높
은 황금노선이다. 앞으로 2~4단계(강남~신사~용산~삼송)가 개통되면 직
주근접 가치는 더욱더 높아질 것이다.

신분당선은 우선 서울 3대 도심 중 4대문(서울역·시청)과 강남 등 2곳을
관통한다. 또 핫한 광역중심인 용산을 지나며 판교, 광교 등 경기 남부권
업무밀집지역을 관통한다.

또 상주인구가 두텁다. 1기 신도시인 분당과 2기 신도시인 판교와 광
교로 대표되는 대규모 주거지가 있다. 또 삼송지구, 은평뉴타운 등 공공
택지와 성복역, 수지구청역 민간택지도 있다. 앞으로 2~4단계 연장선이
개통될수록 환승역이 늘어나고 개발호재로 상권이 커져 유동인구도 크
게 늘어날 것이다.

개발호재론 용산(용산국제업무지구, 용산민족공원, 한남뉴타운), 서울역(북
부역세권), 판교(판교2, 3테크노밸리), 분당(두산사옥, 현대중공업 R&D센터),
광교(경기융합타운, 법조타운, 컨벤션 등) 등이 있다. 또 판교 인근에 성남
대장지구, 금토지구 등 공공택지와 백현지구 마이스(MICE) 개발이 예정

돼 있다.

신분당선에서 대표적인 역세권 상권은 기존 강남역, 양재역, 정자역, 판교역 외에 용산역, 서울역, 미금역, 성복역, 광교중앙역, 삼송역 등이 확장될 것이다.

이처럼 역세권 아파트에 투자할 때는 우량 역세권인지를 따져봐야 한다. 상주인구와 직주근접성에 중점을 둬서 말이다. 상주인구가 늘어나고 직주근접 가치가 늘어나면 상권은 자연스럽게 확장될 것이다.

실투자비 적고
시세차익 많은 아파트 찾는 법

스시야(초밥집)에도 등급이 있다. 저가 엔트리급(런치 기준 1만~2만 원대), 중저가 라이트미들급(3만~5만 원), 중고가 헤비미들급(5만~10만 원), 고가 하이엔드급(10만 원 이상)으로 나뉜다. 간단하게는 라이트, 미들, 하이엔드로 구분하기도 한다. 미들급 스시야는 적당한 가격에 맛도 기본 이상인 곳을 말한다. 한마디로 가격 대비 성능, 가성비가 좋은 초밥집이다.

주택 시장에도 미들급 스시야처럼 가격 대비 성능(투자수익률)이 좋은 아파트가 있다. 하지만 부동산 개미들은 쉽게 찾지 못한다. 가성비 좋은, 즉 실투자비 대비 시세차익이 많은(투자수익률이 높은) 아파트는 어떻게 찾을 수 있을까?

가성비 좋은 아파트를 찾기 위해선 다음과 같은 과정을 거쳐야 한다. 우선 권역별로 소득 수준이 높은 거주자들이 선호하는 아파트(재개발·재건축·분양권 등)가 몰려 있는 부자벨트를 선정해야 한다. 소득 수준이 높은 거주자란 누구일까? 나이로 치면 30대 후반에서 50대 초반으로 볼 수 있다. 대기업 직장인이거나 전문직 공무원 또는 자영업자로 경제활동을 활발하게 하는 사람들을 말한다. 소득으로 치면 연봉이 최소한 6천만 원 이상인 사람들이다.

이들은 지은 지 15년 이상 된 구 아파트보다는 새 아파트를 선호한다. 쾌적한 주거환경을 중요하게 생각하기 때문이다. 학군과 역세권을 기본으로 공원, 도서관을 비롯해 병원, 영화관, 백화점, 은행 등 생활 인프라가 늘어나는 곳을 선호한다. 도심, 부도심, 중심상권 접근성이 좋은 것을 선호한다. 단지 주변에는 술집, 여관, 모텔 등 비선호 시설이 최대한 없어야 한다.

경제활동이 활발한 만큼 직주근접에 대한 선호도가 높다. 그래서 자가용이나 지하철로 업무밀집지역에 30분 이내에 접근할 수 있는 아파트값이 고공행진하는 것이다.

가성비 좋은 아파트를 찾는 과정

···

가성비 좋은 아파트를 찾는 과정은 다음과 같다.

1단계 소득 수준이 높은 거주자가 몰리는 부자벨트 지역을 찾는다. 예를 들어 마포구 부자벨트로는 마포대로가 대표적이다. 성동구에선 동호로와 금호로가 부자벨트 지역이다.

2단계 부자벨트를 찾았다면 대장주, 랜드마크 아파트를 찾는다. 부자벨트 지역의 아파트값을 선도하는 랜드마크 단지의 가격 움직임이 중요하다.

3단계 랜드마크 아파트값 추세를 따라갈 옐로칩(중저가 우량주) 단지를 찾
으라. 옐로칩이 바로 가성비가 좋은 아파트다.

재건축 호재가 없다고 가정했을 때 가성비가 좋은 아파트는 새 아파트
여야 한다. 지은 지 5년 이내가 좋다. 강서구 마곡지구에선 엠밸리7단지
가, 양천구 목동신시가지에선 7단지가 랜드마크 단지다.

재개발 시장의 경우 동작구에선 흑석7구역 아크로리버하임이 랜드마크
구역이다. 2018년 10월 기준으로 권리가액(감정평가액×비례율) 프리미엄이
10억 원을 넘어섰다. 마포구 랜드마크 구역은 마포프레스티지자이(염리3구
역)다. 프리미엄이 7억 5천만 원을 넘어섰다. 강동구에선 고덕주공2단지를
재건축 중인 고덕그라시움과 둔촌주공이 랜드마크 단지다.

관리처분인가 전이라면 랜드마크 정비사업지를 매수할 가치가 있다.
하지만 가격 부담이 크다. 가격에 미래가치(입주 후 시세)가 많이 반영돼
비쌀 수밖에 없다. 그럴 때 바로 가성비 좋은 옐로칩 아파트(지분)를 찾는
것이다. 물론 찾기가 만만치 않다. 아직 부동산 개미들에게 알려지지 않
은 숨어 있는 저평가 아파트기 때문이다. 맛집으로 치면 언론이나 블로
그에 알려지지 않은 숨은 맛집이다.

안동에는 맛집이 없다고 한다. 하지만 역설적이게도 필자는 안동만큼
맛집이 많은 곳이 없다고 생각한다. 문제는 보통 사람들이 현지인이 단
골인 숨은 맛집을 찾기 쉽지 않다는 것이다. 마찬가지로 부동산 개미들
은 아파트값이 이미 오를 대로 올라 투자할 만한 곳이 없다고 한다. 그렇
지 않다. 현재도 수도권에선 실투자비 3억 원 안팎으로 가성비 좋은 투
자처가 적지 않다.

최고의
전세레버리지투자처는?

2018년 1월 말에도 추격매수는 계속됐다. 강남3구 시세분출에 따른 후폭풍은 경기 남부권으로도 확산됐다. 분당, 판교에 이어 광교와 위례의 상승폭이 커졌다. 2017년 10월 이후 강남3구 아파트 시장 장세와 유사한 모습이다. 오늘의 최고가가 내일의 최저가가 됐다.

2018년에 들어서도 전세레버리지투자가 늘어나고 있다. 전세레버리지투자는 상승장에서 전세를 끼고 전셋값을 레버리지 삼아 아파트를 사두는 것이다. 은행 이자나 다른 대체 투자처보다 높은 수익률을 기대하고 있기 때문에 전세를 끼고 사두는 경우다. 이제는 한때 유행했던 1천만~2천만 원으로 여러 채를 사두는 갭투자가 저물어가고 똘똘한 신축 아파트를 한두 채 사두는 전세레버리지투자 시대가 활짝 열렸다.

2017년엔 1억 5천만 원으로 서울 아파트에 전세레버리지투자를 해 1년 만에 1억 5천만 원이 올라 연 수익률(세전)이 100%를 넘어선 경우가 많았다. 하지만 문제는 2018년이다. 지난 2015년 이후 2017년까지 매매가는 가파르게 상승했지만 전셋값은 보합세를 보였다. 그래서 2016년부터 전세우위 시장이 끝나고 매매우위 시장이 시작됐다. 즉 매매가가 전셋값을 끌어올리기 시작했다.

2018년에도 역시 매매우위 시장이다. 매매가가 전셋값을 끌어올리는 곳이라면 전세레버리지투자는 유효할 것이다. 대출규제시대엔 더욱 그렇다. 그럼 전세레버리지투자 전략은 어떻게 세워야 할까?

전세레버리지투자는 안전성과 환금성에 중점을 두라

...

2018년은 수도권 아파트 시장이 대세상승장에 접어든 지 후반기가 되는 해다. 따라서 전세레버리지투자도 안전성과 환금성에 무게중심을 두고 투자에 나서야 할 것이다.

전세레버리지투자에서 안전성과 환금성을 확보하려면 무엇보다 기본에 충실한 투자를 해야 한다. 전세레버리지투자는 기본적으로 전세수요가 지속적이고 꾸준히 늘어나는 지역의 아파트를 사야 한다. 전세가율에 집착하기보다는 다소 갭이 크더라도 전세수요가 꾸준해 전세레버리지가 튼튼한 곳에 투자해야 한다. 낮은 전세가율이 오히려 전셋값이 오를 가능성이 높은 요소라는 역발상 투자가 필요하다. 평형은 59타입을 기본으로 생활권 내 구매력(지역 경제력)에 따라 84타입도 고려해볼 만하다.

상승장 매도우위 시장에선 일반적으로 전세가율이 낮아지는 곳에 투자해야 한다. 매매가 상승폭이 전셋값 상승폭보다 커서 전세가율이 낮아지는 곳이다. 일시적으로 입주물량 등으로 전셋값이 하락하는 것은 무시해도 좋다. 매도 타이밍과 겹치지 않으면 말이다.

다시 강조하지만 전세레버리지투자는 전세수요가 탄탄한 곳에 집중해야 한다. 전세가율 등락에 상관없이 보유기간 동안 전셋값이 꾸준히 우상향하는 아파트에 투자해야 한다. 상승장에서 전세수요는 결국 매매수요로 옮겨가기 때문에 30~40대 기혼 직장인의 전세수요가 늘어나는 아파트를 노려야 한다.

안전한 전세레버리지투자처의 특징

…

30~40대 직장인 실수요가 늘어나 안전성과 환금성을 갖춘 전세레버리지투자처는 다음과 같은 곳이라고 생각한다.

첫 번째 정비사업 이주수요가 늘어나는(늘어날) 곳이다. 더욱이 이주비로 인해 유동성장세가 강해지는 곳이라면 더욱 그렇다. 정비사업 주변 전세레버리지투자(정비사업 간접투자)는 우선 세입자의 동선(이주지역 및 아파트)을 파악해야 한다.

2~3년 전부터 고덕주공, 둔촌주공 등이 이주하면서 고덕, 암사의 신축·구축 아파트값이 많이 올랐다. 전셋값은 미사강변도시 입주물량으로 일시적으로 하락했지만 곧바로 회복하고 꾸준히 우상향했다. 흑석뉴타운 이주가 활발했던 지난 1~2년간 동작구 흑석동, 상도동 신축 아파트 중심으로 매매가와 전세값이 가파르게 상승했다. 과천과 안양 재건축 등 정비사업 이주로 인해 의왕, 안양, 평촌이 우상향했다.

최근 2~3년간 이주수요로 인해 매매가와 전세값이 오른 지역과 아파트를 분석하면 전세레버리지투자처는 의외로 쉽게 찾을 수 있다. 2018년 하반기부터 이주가 시작되는, 재건축 초과이익환수제를 피한 반포잠원 집주인과 세입자는 어디로 이사갈까? 역시 재건축 초과이익환수제를 피한 잠실권 재건축 아파트 세입자는 어디로 향할까? 또 2018년 4월 이후 시작된 방배동 재건축의 중심 5구역과 6구역의 이주수요는 어디로 몰릴까? 또 2019년 이후 6, 7구역부터 이주가 시작되는 노량진뉴타운의 집주인과 세입자는 어디로 갈까?

두 번째는 상향여과가 뚜렷한 곳이다. 특히 재개발로 저소득층 주택이 고소득층 주택으로 바뀌는 현상을 말한다. 최근 사례로는 경희궁자이가 대표적이다. 변호사·의사 등 고소득 전문직이 이주하면서 상향여과가 뚜렷하게 나타났다.

옥수, 금호나 왕십리뉴타운처럼 상향여과에다 직주근접 가치까지 높아진다면 금상첨화다. 특히 옥수, 금호는 e편한세상신금호(금호15구역)와 힐스테이트서울숲리버(금호20구역)를 사실상 마지막으로(금호16구역이 남아 있지만) 재개발 아파트 입주가 마무리되면서 상향여과 현상이 뚜렷하다. 학군도 좋아지면서 강남구에서도 꾸준히 유입되고 있다.

마포구도 마찬가지다. 아현뉴타운을 마지막으로 공덕동, 용강동, 염리동 일대 재개발이 마무리되면서 종로, 광화문, 공덕 등 도심 업무밀집지역에 통근하는 30~40대 직장인 실수요가 2016년부터 크게 늘어났다. 이에 따라 역세권·학군·상권·공원 등 주거 인프라도 빠르게 좋아지고 있다.

셋째로 희소가치가 높아지는 신도시다. 앞으로 분당, 판교, 위례, 광교보다 비교우위를 갖춘 신도시가 나오기는 힘들다고 본다. 20만 평 안팎의 공공택지 개발이 수도권 1, 2기 신도시를 대체하긴 어렵다.

이제 2기 신도시 중 서울 출퇴근이 가능한(외곽순환도로 안쪽 또는 대중교통으로 30분 안팎) 신도시 중 남아 있는 분양물량은 북위례가 유일하다. 주거 인프라가 뛰어나고 재건축 리모델링 가능성이 높은 분당, 평촌 등 1기 신도시를 제외하고 신도시 전세레버리지투자처는 제한돼 있다.

신도시 투자처론 우선 역세권으로 서울 도심 또는 강남 접근성이 좋아야 한다. 성장기에서 성숙기로 넘어가면서 정주권이 좋아져야 한다. 그리고 무엇보다 직주근접 가치가 높아져야 한다. 전세값도 꾸준히 올라야 한다. 수도권에선 위례, 광교, 송도국제도시가 대표적이다.

최근 핫한 광교신도시의 경우 수원 재개발 이주수요까지 가세하면서 2017년 11월부터 시세분출이 시작됐다. 중소형 단지의 대장주인 자연앤힐스테이트 84타입 판상형은 2018년 9월 기준으로 10억 2천만 원을 넘어섰다.

상승세가 광교의 중심 단지인 에듀타운과 센트럴타운 중소형에서 중대형으로 확산되고 있다. 가람마을과 웰빙타운으로도 번지고 있다. 이에 앞서 움직인 판교도 동판교에서 서판교로, 중소형에서 중대형으로 상승세가 확산됐다. 송파구 등 강남권과 분당 판교의 '대체재'인 위례도 2017년 12월부터 휴먼링 내 중소형 단지인 24단지, 22단지부터 시세분출이 시작됐다. 84타입 실거래가가 2017년 12월에 9억 원을 넘어섰고, 2018년 8월에 11억 6천만 원을 기록했다. 2018년 하반기부터 위례의 주력 평형인 38평형으로 매수세가 옮겨갔다.

성공적인 부동산 가치투자를 위해 수도권에서 위와 같은 조건을 갖춘 아파트를 전세레버리지투자로 매입해 4년 이상 보유하면서 매도 타이밍을 잡으면 된다.

3장

부동산 가치투자자는 시장을 미리 내다볼 줄 안다

부동산 시장을 예측하기 위해 매일 해야 할 일

부자 되기 열풍이 한창이지만, 부자는 되고 싶다고 해서 하루아침에 되는 것이 아니다. 부자가 되기 위해서는 인내심과 자제력을 갖춰야 한다. 또 근사한 일만 할 수도 없다. 아무리 작고 하찮은 일이라도 매일 포기하지 않고 하다 보면 부자의 길에 한 발짝씩 다가가고 있는 자신을 발견할 수 있을 것이다.

너무 어렵게 생각할 필요 없다. 관심 있는 부동산 뉴스에 대해 스스로 한번 생각해보면 되는 것이다. '이 시점에 왜 이런 기사가 나왔을까?', '이 기사는 나한테 어떤 영향을 미칠까?', '이 기사대로 정책이 시행된다면 주택 시장은 어떻게 바뀔까?' 등 가볍게 분석해보라는 의미다.

또 부동산 정책에 대해 궁금한 점이 있으면 국토교통부 등의 관계 부처 담당자와 통화를 해보는 것도 좋은 방법이다. 지금 당장 이를 실행한다면 스스로 시장을 지배할 수 있는 힘을 키울 수 있을 것이다. 부동산 투자자가 시장을 예측하기 위해 매일 해야 할 일 3가지를 살펴보자.

부동산 기사를 정독한다

...

첫째, 부동산 기사를 매일 정독하는 것이 좋다. 100% 시장을 반영하는 기사는 아니지만 정독하면서 기사의 이면을 들여다보는 게 중요하다. 신뢰할 수 있는 블로거라면 부동산 뉴스를 정리해놓은 블로그의 글도 참고할 만하다.

"신문에 나오는 부동산 정보는 정보가 아니다"라는 말이 있다. 맞는 말이다. 하지만 '부자 되기 대장정'에 나서려면 기초체력(펀더멘털)부터 튼튼히 다져야 포기하지 않고 완주할 수 있다. 매일 기사를 정독함으로써 기초체력을 키울 수 있다. 금리·환율·유가는 물론이고 경제성장률·내수·수출입 등 각종 경기 변수를 접해 '나만의 정보'로 바꾸는 노력을 매일 꾸준히 해야 한다.

정책 움직임을 체크하고 부동산 선행지수를 분석한다

...

둘째, 정책의 움직임을 체크하고 부동산 선행지수를 분석해야 한다. 침체기의 기회를 잡기 위해서는 부동산 시장에 가장 큰 영향력을 발휘하는 정책의 움직임을 살펴봐야 한다. 특히 규제정책의 흐름을 꿰뚫어보는 능력을 갖춰야 한다. 정책에 맞서지 않고 적극 대응하려면 매우 중요하다.

정책의 흐름을 읽기 위해서는 신문 외에 정부 부처 등 해당 기관의 발표 자료를 독자적으로 분석하는 것도 필요하다. 발표 자료 원문을 통해 부동산 기사에서 볼 수 없는 정부의 의지를 가감 없이 알 수 있다. 또 발표된 정책이 언제 시행되는지, 시행이 확정적인지, 시행될지 안 될지, 유동적인지를 가늠할 수 있다. 그래도 미심쩍다면 담당 공무원과 직접 통화하는 것이 좋다.

한편 부동산 시장에서 선행지수 역할을 하는 통계가 여러 가지 있다. 미분양물량과 주택 인허가 실적이 대표적이다. 주택 인허가 실적은 신규 주택공급물량을 의미한다. 국토교통부에서 매달 발표한다. 아파트의 경우 사업승인 시점이 기준이다. 즉 착공 및 일반분양하기 직전 단계로 보면 된다. 3~4년 입주물량 추세를 예측할 수 있어 매우 유용하다. 지역별 공급물량이 중요하며 누적물량 추세가 관전 포인트다.

부동산 시장 동향을 확인한다

...

셋째, 부동산 시장의 동향을 주기적으로 확인해야 한다. 부동산 시장 동향을 분석하는 대표적인 방법은 2가지다. 먼저 국토교통부 실거래가 및 매매거래량 동향을 주기적으로 체크하는 것이다. 관심지역은 임장은 물론 중개업소에 수시로 전화해 동향을 체크해야 한다. 따라서 신뢰할 만한 중개업소를 찾는 게 중요하다. 해당 지역에서 3년 이상 중개 영업을 한 업소 중에서 2곳 정도 선정하는 게 무난하다.

KB국민은행, 한국감정원 등 시세 제공업체의 시세 상한가 위로 매매가가 거래되거나 매도호가 이상으로 거래가 되면 반등장을 의미한다. 특히 거래량 증가를 동반한 실거래가 상승은 상승랠리를 의미한다.

최근에는 네이버와 다음 등 포털사이트의 부동산 카페 트래픽으로 시장 움직임을 파악할 수도 있다. 조회수, 방문자 수, 게시글이 늘어나면 부동산 시장이 반등하고, 반대로 줄어들면 조정장세로 해석할 수 있다.

남이 추천하는 투자처가
위험한 이유

"투자에 성공하려면 남의 추천종목을 따라가지 말고 스스로 아이디어와 의견을 가져야 한다. 다시 말해 스스로 생각하고 스스로 추천종목을 만들어내야 한다." 앙드레 코스톨라니가 『실전 투자강의』에서 한 말이다. 2015년 이후 대세상승장을 맞으면서 주택 시장에서 일어나고 있는 불편한 현상에 대한 이야기를 해볼까 한다. 오프라인 유료강의를 하는 필자로서도 마음이 편치 않은 이야기다.

우려 1: 너무 많은 투자정보

...

오프라인 투자강의는 물론 최근에는 온라인 투자강의도 늘어나고 있다. 또 유튜브, 아프리카TV, 카카오TV 등 실시간 동영상을 통해 수많은 투자정보를 쏟아내고 있다. 여기에 네이버밴드 등 각종 SNS 투자클럽 모임도 가세면서 너무 많은 투자정보처가 난립하고 있다.

우려 2: 투자처 찍어주기

...

가장 큰 문제다. 필자도 오프라인 강의에서 투자처를 밝힐 때가 있지만 무척 조심스럽다. 시간과 돈을 투자해 강의를 듣는 사람에 한해서만 제한적으로 신중하게 투자처를 공개하고 있다.

하지만 불특정 다수가 보는 블로그에서 투자처를 공개하고 매수를 부추기는(직접적으로 또는 간접적으로) 행위는 우려스럽다. 카페에서 번번이 발생하는 경매투자나 주식투자 사고(?)가 생각나는 대목이다.

불특정 다수에게 투자처를 알려주는 것은 지양해야 한다. 특히 영향력 있는 파워블로거라면 더욱 그렇다. 대중에게 투자처를 남발하는 것은 위험하다. 투자자 또한 남이 추천하는 아파트에 생각없이 따라서 투자하는 '묻지마 투자'를 해서는 안 된다.

우려 3: 전업투자자의 투자처 공개

...

전업투자자가 갈수록 늘어나고 있다. 과거 주택 시장에서 투자자는 대부분 50~60대였다. 하지만 2014년 이후 갭투자가 성행하면서 30대 후반에서 40대 초반의 전업투자자들이 급격히 늘어나고 있다. 직장을 그만두고 전업투자에 나서는 사람도 늘어났다. 재개발, 분양권 등 특정 아파트 상품에 소액투자를 하면서 생활하는 생계형 투자자도 생겨나고 있다.

투자자로서 어디에 투자하든 모든 것은 투자자의 자유다. 하지만 전업투자자가 강의나 카페, 블로그, SNS 등에 자신이 투자한 투자처를 지속적으로 공개하는 것은 바람직하지 못하다. 해당 투자처를 본 불특정 다수의 투자자들로 인해 시장이 왜곡될 수 있기 때문이다. 단기간 가격에 거품이 생길 수 있다. 분양권 시장에 '떴다방'처럼 말이다. 2000년대 유행했던 자칭 부동산 전문가라는 사람들이 특정 지역 아파트를 대량 매집하고 강의를 통해 추격매수를 부추겼던 일과 다름없다고 생각한다.

무엇보다 중요한 건 투자자 자신

...

중요한 건 투자자 자신이다. 투자자 스스로 투자하는 힘을 키워야 한다. 부동산 시장을 남과 다르게 바라볼 수 있는 안목을 키워야 한다. 투자에 성공하려면 남과 다른 길을 가야 한다. 산악회의 안내에 따라 산에 가는 것은 진정한 산행이 아니다. 겉만 핥는 것이다. 진정한 산행은 스스로 코스를 짜고 산길을 자기 속도에 따라 걷는 것이다.

남이 찍어주는 부동산에 투자해서는 하수에 머무를 수밖에 없다. 투자에 실패하면 찍어준 사람을 비난한다. 투자에 성공하면 전문가를 잘 만났다고 운에 공을 돌릴 것이다. 남을 따라 투자하는 묻지마 투자를 반복하면 부동산 하수에서 중수, 중수에서 고수가 되는 성장할 기회를 잃게 된다.

남에게 투자처를 추천 받았다고 하더라도 스스로 투자처라고 확신할 때까지는 투자해서는 안 된다. 배우자나 초등학생 자녀에게도 투자하는 이유를 설명하고 납득시켜야 한다. 스스로 내비게이터(Navigator)가 돼야 한다. 홀로 부동산 시장을 항해하면서 자기만의 투자 원칙(투자 철학)을 만들어야 한다. 그러고 나면 모멘텀이 강한 지역과 부동산이 보일 것이다. 그리고 남이 팔 때 사면 된다. 최소한 4년 이상 보유한 뒤 남이 살 때 팔면 된다. 이게 바로 부동산 가치투자다.

투자에 성공하든 실패하든 스스로 사고파는 것을 결정하는 과정을 통해 투자자로서 성장할 수 있다. 이러한 유의미한 성장을 거치며 투자수익은 갈수록 높아질 것이고 실패 확률은 갈수록 낮아질 것이다. 똑같은 실수를 반복하지 않는 한 말이다.

『실전 투자강의』에서 앙드레 코스톨라니가 정의한 '훌륭한 투자자'를 인용하며 마무리하겠다.

훌륭한 투자자는 예리함, 직관, 상상력을 갖춰야 한다. 예리함은 사건의 연관 관계를 이해하고 논리적인 것과 비논리적인 것을 구별할 줄 아는 능력이다. 직관이라 함은 오랫동안의 주식투자와 삶의 경험에서 우러나오는 무의식적인 논리력과 다르지 않다. 상상력은 좋은 것이든 나쁜 것이든 있을 수 있는 모든 것을 생각해보는 능력이다.

이와 더불어 절제력이 있어야 하고, 자신이 잘못 생각했다는 것을 인정할 수 있는 융통성이 있어야 한다. 또한 훌륭한 투자자는 자신의 상상이 현실로 될 때까지 기다릴 수 있는 인내심을 가지고 있어야 한다.

팩트와 예측 사이에서
투자해야 한다면

10년 만에 찾아온 주택 시장 상승장에서 팩트와 예측 사이에서 어떻게 투자해야 높은 투자수익을 올릴 수 있을까? 우선 투자수익이 높은 아파트를 찾는 법을 알아야 한다. 이를 위해선 2가지 질문만 하면 된다.

질문 1 "내가 사는 아파트는 매도 시점에 얼마가 될까?"
질문 2 "나는 아파트를 얼마에 사는 것인가?"

첫 번째 질문이 중요하다. 누구나 할 수 없는 예측의 영역이기 때문이다. 매도 시점 가격을 예측하기 위해선 비교대상이 될 수 있는 재고아파트나 분양권을 선정하는 게 가장 중요하다.

과거 가락시영 아파트를 재건축하는 송파헬리오시티는 평당 분양가를 2,700만 원대에 책정했다. 잠실파크리오 시세보다 낮게 책정한 것이다. 시장 상황이 좋지 않은 2015년 11월에 분양했다는 점이 분양가를 낮게 책정하는 데 결정적으로 작용했다. 결과적으로 시세 예측을 잘못한 것이다.

투자수익이 높은 아파트를 찾으려면 내재가치가 높아 4년 이후 매도 시점에 가치가 가격으로 변할 수 있는 아파트를 찾는 안목(인사이트)이 있어야 한다.

정비사업은 확장 속도가 중요하다

...

다음으로 중요한 게 시세 예측이다. 예측은 팩트에 근거해야 한다. 장기 계획에 기대 시세를 낙관적으로 예측해서는 안 된다. 사실을 기초로 해야 한다. 특히 개발호재의 실현 가능성을 판단해야 한다. 길게 보더라도 투자 후 5년 안에 착공 등 호재가 현실화돼야 한다.

2017년은 재개발·재건축 등 정비사업이 투자의 중심이었다. 그중에서도 재개발이 투자의 중심이 됐다. 실제로 2억 원 안팎을 보유한 투자자들의 매수세가 2017년 2월 이후 늘어났다. 정비사업의 경우 확장 속도를 분석해야 하는데, 가장 이상적인 곳은 정비사업 실행단계인 사업시행인가 이후 관리처분인가, 이주철거, 일반분양 등이 동시다발로 이뤄지는 곳이다.

부동산 규제책이 심해질수록 깊이 알고 제대로 투자해야 한다. 건설사 정비사업 수주팀처럼 정비사업의 사업성과 수익성을 따져봐야 한다. "싼게 비지떡"이란 말은 여기도 적용된다.

주택 시장에서 또 하나의 모멘텀은 직주근접이다. 직주근접 가치가 높은 아파트를 가려내야 한다. 투자 지역 및 대상 아파트값 추세를 분석하고 모멘텀이 얼마나 강한지를 체크해야 한다. 그리고 현장조사를 통해 검증해야 한다.

시세 예측을 할 때 특히 개발호재의 실현 가능성을 판단해야 한다. 길게 보더라도 5년 안에 착공 등 호재가 현실화될 수 있는 곳이 좋다.

내·외부 수요가 많다면 일시적 입주물량 증가에도 매매가는 상승한다
…

입주물량과 관련된 사례에 근거해 투자수익이 높은 아파트를 찾는 법을 소개한다. 공급부족으로 인한 상승장에서 일시적으로 입주물량이 늘어나면 다음과 같은 추세 과정을 거치게 된다.

1단계 갑자기 늘어난 입주물량으로 인해 재고아파트 전셋값이 소폭 하락한다. 매매가 역시 보합세에서 벗어나지 못한다. 매수세가 줄어든다.

2단계 입주물량이 소진되면(매매수요나 전세수요로 인해) 재고아파트 전셋값은 보합세로 돌아선다. 이어 재고아파트 매매가는 강보합세로 돌아선다. 그리고 3~6개월이 지나면 매수세가 늘어나 매매가는 상승세로 돌아선다.

3단계 정비사업 이주철거로 인해 이주수요가 증가하면 입주 아파트는 물론 재고아파트의 매매수요와 전세수요가 늘어난다.

4단계 일시적으로 늘어난 입주 아파트가 2년 뒤 전세 재계약 시즌이 돌아오면 입주 아파트는 물론 재고아파트 전셋값도 상승한다. 입주 아파트의 양도세 비과세 매물이 늘어나 거래량이 늘어나면 매매가도 상승한다. 이어 재고아파트 매매가와 전셋값이 동반 상승한다.

과거 분당신도시, 목동신시가지, 잠실, 광교신도시, 판교신도시가 이런 과정을 거쳐 가격이 상승했다. 입주 아파트로서, 재고아파트로서 상승한 것이다.

　고덕주공도 비슷한 과정을 거칠 것이다. 2020년 이후 고덕, 명일 일대에 입주물량이 늘어나면 전셋값이 낮게 형성될 것이다. 하지만 재계약 2년차가 돌아오면 전셋값은 최소한 1억 원 이상 오를 것이다. 세입자는 매매로 돌아서고 외부수요가 지속적으로 유입되면서 매매가는 지금보다 2단계 이상 업그레이드될 것이다.

　이때 중요한 전제조건은 내부수요가 꾸준하고 외부수요가 유입될 수 있는 입지를 갖춰야 한다는 것이다. 고덕 일대에 5호선 연장선(상일동~검단산), 9호선 3단계(종합운동장~보훈병원) 또는 4단계(보훈병원~강일1지구) 연장선은 외부수요를 끌어들이는 결정적 호재가 될 것이다. 강일1, 3지구에 고덕상업업무복합단지 등 자족시설에 들어서 직주근접 가치까지 올라간다면 더 말할 것도 없다.

부자들은 게임 룰이 바뀔 때
매수한다

2016년 수도권 주택 시장은 11·3대책 이후 본격적인 조정장세로 돌아섰다. 재건축 중심으로 아파트값이 내려가니 2017년 부동산 폭락론까지 언론에서 나왔다. 하지만 성수기가 다가오면서 급매물을 찾는 매수세가 늘어나고 있었다.

11·3대책 이후 시작된 조정장세를 돌아보면서 비슷한 상황이 왔을 때 부동산 가치투자자들은 어떻게 행동해야 하는지를 살펴보자. 조지 소로스의 "게임 룰이 바뀔 때 큰 기회가 온다"는 말을 되새기면서 말이다.

게임 룰은 바뀌었다
...

국내 주택 시장에서 게임 룰은 무엇일까? 박근혜 정부 시절의 게임 룰은 "빚을 내서라도 아파트를 사라"였다. 이런 룰이 만들어진 것은 수도권 주택 시장이 2008년 이후 2013년까지 오랫동안 침체돼 있었기 때문이다.

지방은 규제완화에 따른 풍선효과로 주택 시장이 2010년부터 침체기를 벗어났지만 말이다.

이에 박근혜 정부는 공격적으로 부양책을 발표했다. 2014년 7월부터 민간택지 분양권 전매가 6개월로 단축되면서 전매가 사실상 자유화됐다. 2015월 4월부터 분양가 상한제가 폐지됐다. 또 2014년 8월부터 DTI(60%), LTV(70%)를 10%p씩 올려줘 대출을 많이 받도록 했다.

하지만 주택 시장 게임 룰은 2015년 7·22대책부터 바뀌기 시작했다. 급증한 가계부채를 해결하기 위해 원금과 이자를 함께 내고 상환능력을 심사해 주택담보대출을 해주겠다고 발표했다. 게임 룰이 "이자를 감당할 수 있는 사람만 빚내서 아파트를 사라"로 바뀐 것이다.

2016년 들어 강남 재건축 중심으로 집값이 급등하자 대출규제수위가 높아졌다. 2015년 정부는 12·14대책으로 주택담보대출의 비거치식 원리금 분할상환을 주요 내용으로 하는 '여신심사 가이드라인'을 발표했다. 또 분양 시장이 과열되고 불법전매가 판을 치자 집단대출을 간접규제했다. 분양 아파트의 중도금 대출을 제한하는 분양보증제한(분양보증 건수 및 금액을 제한)을 2016년 7월 도입했고 그해 10월 더욱 강화했다.

그리고 2016년 11월 강력한 11·3대책이 나왔다. 잔금대출을 규제하는 11·24대책을 추가했다. 2017년 1월부터 주택담보대출처럼 원리금을 나눠 갚게 했다. 은행에서 잔금대출이 힘들어져 보험사 대출이 늘어났다. 11·3대책 이후로 게임 룰은 완전히 바뀌었다. 새로운 패러다임이 시작된 것이다.

바뀐 게임 룰로 승리자가 되려면

...

2016년 11·3대책 이후 조정장세가 계속되면서 비관론이 쏟아졌다. 시장금리가 상승세인 데다 12월 미국 금리 인상을 앞두고 더욱 그랬다. 이때 나오는 상투적인 전문가의 조언은 이렇다. "쉬는 것도 투자다", "보수적으로 투자하라", "2018년 이후 아파트를 사라" 등이 대표적이다. 과연 그럴까? 남들이 살 때 사고 남들이 팔 때 팔아서 수익을 올릴 수 있을까?

게임 룰이 바뀌었을 때, 모두가 비관론에 허우적댈 때, 집값이 내려갈까봐 관망하고 있을 때가 최고의 수익을 거둘 수 있는 절호의 기회다. 게임 룰이 바뀌면 고정관념에 사로잡힌 부동산 개미들은 불안해한다. 공포에 휩싸여 군중심리에 휘말리게 된다.

부동산 가치투자자에게는 역발상 투자가 필요하다. 일단 관망하자는 수동적 자세보다는 바뀐 게임 룰을 자신에게 유리하게 만드는 능동적 자세가 필요하다. 최후의 승자가 되기 위해선 개미들과 다른 비장의 무기를 만들어야 한다.

우선 금리가 오르면 집값이 떨어진다는 낡은 고정관념에서 벗어나야 한다. 2015년 12월 미국이 금리를 올렸을 때 우리나라 금리가 올라갔는가? 오히려 한차례 금리를 인하했다. 그리고 집값은 폭등했다.

금리가 오르면 물가가 오른다. 인플레이션이 발생하면 돈의 가치는 떨어지고 아파트 등의 자산 가격이 오르는 게 시장의 법칙이다. 또 가계부채 문제는 금리가 오를 때가 아니라 집값이 하락할 때 문제다. 장기간 집값이 하락하면 하우스푸어가 늘어나고 거래가 중단되는 주택 시장 침체기가 오기 때문이다.

바뀐 게임 룰에 빠르게 적응하는 사람은 앞에 언급했던 소로스의 말처럼 큰 기회를 얻을수 있다. 하지만 적응하지 못하는 사람들에게는 바뀐 게임 룰이 재앙이 될 수 있다.

새로운 게임 룰 "똑똑한 아파트 한두 채만 사라"

…

싼 맛에 갭투자로 여러 채 산 사람들은 빠른 행동이 필요하다. 바뀐 게임 룰에 적응하지 못하고 과거 룰에 따라 빚내서 여러 채 아파트를 사는 갭투자자는 재앙을 맞을 수 있다.

2018년 이후 화성·용인·시흥·파주·김포 등 수도권 외곽에서부터 공급 과잉 후유증이 시작될 것이다. 그러면 오피스텔과 갭투자용 아파트는 직격탄을 맞을 가능성이 높다.

11·3대책 이후 주택 시장 게임 룰은 "똑똑한 아파트 한두 채만 사라"다. 그리고 "아파트는 정비사업 아파트를 사라"다. 그럼 어느 아파트를 사야 할까? 스스로 찾아야 한다. 남이 찍어주는 것을 좋아하다 발등 찍힐 수 있음을 명심하라.

부동산 가치투자자는
잔파도를 흘려보낸다

부동산 가치투자자는 대세상승장에 등장하는 일시적인 조정장세에서 잔파도(악재)에 어떻게 대응할 것인가? 국내 주택 시장 상승장에 나타나는 대표적인 잔파도로는 규제책이 있다. 핵심 규제 대상은 재건축, 대출, 세금(양도세 및 보유세 등)이다.

9·13대책으로 대출 및 재건축 규제와 보유세 인상은 마무리됐다. 큰 영양가는 없지만 9·21대책으로 공공택지 미니 신도시도 2019년에 추진하기로 했다. 이후로도 집값이 잡히지 않으면 후분양제, 분양원가 공개, 민간택지 분양가 상한제, 전월세 상한제 등의 규제책이 대기하고 있다.

민간택지 분양가 상한제를 통해 서울, 과천, 부산(해운대구 등 5개 구) 등을 고분양가 관리지역으로 지정하고 분양가 통제를 하고 있으니 큰 의미가 없다. 전월세 상한제가 시행되면 부작용이 큰데 전셋값이 폭등하지 않는 한 실현 가능성은 낮다. 나머지는 모두 무시할 수 있는 수준이다.

부동산 시장에서 성공투자를 하려면 큰 흐름을 놓치지 말아야 한다. 그래야 투자 방향을 제대로 잡을 수 있다.

조정장세에 나타나는 잔파도들

...

2018년 2월 이후 시작된 조정장세가 6월까지 계속되면서 대세하락이 시작됐다고 주장하는 사람들이 있다. 환율 폭등으로 집값이 폭락한다는 사람까지 나오고 있다.

2018년 6월 22일 발표한 보유세(종합부동산세) 개편안도 잔파도에 불과하다. 이를 토대로 2018년 7월 확정된 2019년 세법개정안이 발표됐다. 다주택자의 매물량이 늘어나 집값이 우하향할 것이라고 분석하는 전문가가 있다.

과연 집값은 보유세 인상으로 우하향했을까? 답은 여러분들이 잘 알 것이다. 이후 9·13대책이 나와 보유세 인상안이 당초보다 강화되고 1주택자까지 규제지역(투기지역·투기과열지구·조정대상지역)에서 주택담보대출을 받지 못하게 하는 초강수를 뒀다. 하지만 역시 잔파도에 불과하다. 공급부족과 유동성장세, 갈수록 커지는 인플레이션율(물가상승률)에서 수요억제책은 언제나 잔파도라고 생각한다. 상승장에서 수요억제책만으로 집값은 잡을 수 없다.

9·13대책에 따른 종부세 개편안 최종안을 보면 종부세 계산의 기준이 되는 공정시장가액비율은 2018년 현재 80%에서 2019년부터 연 5%p씩 단계적으로 인상해 2022년 100%까지 올리겠다는 것이다. 또 전년도 대비 보유세(종부세·재산세) 부담 상한액을 3주택 이상 보유자와 조정대상

지역 2주택 보유자에 대해선 종전 150%에서 300%로 올렸다.

또 종부세율을 인상한다는 것이다. 종부세율은 산식은 다음과 같다.

$$\{(공시가격-과세기준금액 6억 원 또는 9억 원) \times 공정시장가액비율\}$$
$$\times 세율 = 과세금$$

공시가격에서 1주택자의 경우 9억 원, 2주택자의 경우 6억 원을 뺀 후 여기에 공정시장가액비율을 곱한 '과세표준'에 세율을 곱한 게 과세금이다. 여기에 재산세, 농특세 등 각종 세금이 더해지고 빼면 최종 종부세액이 나온다.

종부세율 인상안을 보면 과세표준 구간 중 3억~6억 원을 신설했다. 3억 원 이하 주택의 경우 0.5%로 기존 종부세율과 동일하다. 대신 3억~6억 원은 0.5%에서 0.7%으로, 6억~12억 원은 0.75%에서 1.00%으로, 12억 ~50억 원은 0.4%p 올려 1.4%로, 50억~95억 원은 1.5%에서 2.0%로 올렸다. 여기에 3주택 이상 보유자와 조정대상지역 2주택 보유자의 경우 과세표준에 따라 최소 0.1%p에서 최고 0.5%p까지 가산된다. 따라서 과세표준 95억 원 초과의 경우 종부세율이 최고 3.2%에 달해 역대 최고 수준이다.

종부세안이 국회에서 통과되면 1주택자의 종부세 부담은 과세표준 3억 원(공시가격 12억 7천만 원, 시가 18억 원)의 경우 현행보다 연간 10만 원 정도(2.1%)가 늘어난다. 조정대상지역 2주택 이상자는 과세표준 3억 원(시가총액 14억 원) 기준 연간 50만 원, 과세표준 12억 원(시가총액 30억 원) 기준 연간 717만 원(129%)이 늘어난다.

9·13대책 종부세안은 주택 시장을 위축시키는 악재일 수 있다. 하지만 종부세를 많이 부담하는 부자들이 단순히 종부세액이 늘어난다고 매도할까? 더욱이 다주택자 양도세 중과까지 부담해야 하는데 말이다. 전월세입자에게 세금 부담을 전가할 가능성도 배제할 수 없다.

시장은 어떻게 움직일까?

...

역대급 규제책인 9·13대책 이후 시장의 움직임은 물론 시장참여자의 행동에 달려 있다고 본다. 이미 다주택자 양도세 중과로 인해 다주택자들은 준공공 등 주택임대사업이나 증여 등으로 장기보유 세팅이 끝난 상태다. 강남3구를 중심으로 아파트값이 비쌀수록 매물 잠김 현상이 크다.

이런 상황에서 고가 전세입자, 1주택자 또는 일시적 2주택자, 일부 다주택자 등 시장참여자들은 어떻게 행동할까? 당연히 기대수익률이 높은 쪽으로 선택할 것이다. 매도자들은 종부세·재산세 등 보유세 인상으로 보유기간 동안 부담액, 팔았을 때 양도세액, 그리고 일정기간 보유하고 팔았을 때 자본차익 등을 계산해 매도 시기를 결정할 것이다.

아파트 등 부동산 투자로 자본차익을 극대화하고 싶다면 잔파도는 흘려보내야 한다. 9·13대책이 역대급이라고 하지만 규제책은 언제나 잔파도라고 생각한다. 규제책으로 집값을 안정시킬 수 없기 때문이다. 시장에서 시세를 쫓으면 안 된다. 글로벌 경기와 국내 경기, 주택 시장의 큰 흐름을 읽어야 한다.

돈이 모이는 지역에 내재가치가 높은 아파트를 사라. 그리고 길목에서 기다려라. 문재인 정부의 재정확대로 돈이 모이는 지역을 알고 싶다면 나랏돈이 어디에 몰리는지를 찾으면 된다. 국비가 투입돼 2018~2021년 착공되는 인프라가 어디에 있는지 생각해보라.

부동산 가치투자자라면 일시적 조정장세에 잔파도를 무시하고 일관성을 유지해야 최대의 수익을 올릴 수 있다. 수도권 주택 시장의 큰 흐름은 당분간 우상향이다. 당분간이 언제까지인지는 모르지만 말이다. 지금의 조정장세는 추가 상승의 힘을 비축하는 시기다.

2019년은 수도권은 물론 대도시에서 주택 시장 초양극화로 아파트 등 자산 격차가 크게 벌어지는 한 해가 될 것이다. 4세대 아파트(단지 내에서 모든 생활이 가능하도록 주거의 질에 초점을 맞춰 설계한 아파트)가 주도하는 시대가 시작될 것이다. 대도시 정비사업이 정점으로 향하면서 상향여과 현상이 두드러질 것이다.

높은 산에서 길을 잃었을 땐 주능선으로 올라가야 한다. 지능선으로 가거나 계곡으로 내려가면 위험하다. 주택 시장의 큰 흐름을 놓쳐 잔파도에 올라타면 자산가치 상승기에 패배자가 될 것이다.

2010년대 대세상승장은
언제 꺾일까?

2018년 1월 이후 강남3구 아파트 시장은 조정장세가 시작됐다. 그래서일까? 3월 들어 '하락', '버블', '거품', '상투' 같은 단어들이 뉴스와 블로그에서 많이 보였다. 항상 말하지만 버블은 버블이 지나가봐야 알 수 있다. 그리고 설사 버블이 꼈다고 해도 집값이 하락하지는 않는다.

그렇다면 지난 2015년에 시작된 수도권 대세상승장은 과연 언제 꺾일까? 미분양물량 추이를 통해 살펴보자. 우선 물가상승분을 반영한 수도권 실질주택 가격을 보면 서울의 경우 2012년 수준이다. 탈동조화가 심해 의미가 반감되지만 전국은 2007년 수준이다. 6대 광역시도 마찬가지다. 명목주택 가격은 강남3구가 2016년 하반기에 대부분 전고점(2009년 3분기)을 돌파했다. 나머지 서울 및 수도권 핵심지역은 2017년 상반기에 전고점(2008~2009년)을 넘어섰다.

미분양물량 추세가 중요한 이유

...

미분양물량이 중요한 이유는 대세상승장에서 주택 시장 심리에 큰 영향을 미치기 때문이다. 미분양물량과 1순위 미달이 늘어날수록 수요심리는 위축된다. 미분양물량이 적정 수준(애매하지만)을 넘어서면 아파트값은 우하향이 된다.

규제정책의 시대에서 미분양물량 추이는 더욱더 중요하다. 그 이유는 대세상승장에서 대출, 세금, 재건축 등 3대축을 중심으로 가해지는 규제책으로 인해 실수요는 물론 투자수요가 분양 시장으로 몰리기 때문이다. 특히 대출을 레버리지 삼아 내집마련을 하려는 무주택자나 새 아파트로 갈아타려는 교체수요가 분양 시장으로 몰리게 된다. 물론 이마저도 문재인 정부에선 분양가 9억 원 초과는 중도금 대출을 제한해서 힘들어졌다.

2018년 3월 현재 수도권 주택 시장의 규제수위는 2006년과 비슷한데 대출규제수위는 더 높다. 수도권 분양 시장을 들여다보자. 서울 등 수도권은 핵심입지에서 분양한 단지가 모두 1순위에서 마감됐다. 반면 지방은 미분양이 늘어나면서 침체가 이어졌다.

서울의 경우 2006년 11월에 분양한 성수동 서울숲힐스테이트 84C타입이 1,144 대 1의 경쟁률을 기록했다. 또 경기에선 판교신도시에서 2006년 3월에 분양한 봇들마을 1단지 풍성신미주 84A타입이 1,552 대 1, 원마을 휴먼시아힐스테이트 150A타입이 1,096 대 1의 경쟁률을 기록했다.

2006년에 원가연동제와 채권입찰제로 참여정부는 분양가를 억누르고 과열을 진정시키려 했지만 결국 집값은 잡지 못했다.

분양 시장이 로또 시장이 되는 이유

...

2018년 3월 수도권 분양 시장도 앞서 예를 든 2006년과 마찬가지로 과열되고 있었다. 주택도시보증공사(HUG)의 고분양가 관리지역과 분양가 상한제로 분양가가 규제되면서 또 다른 '2006년 판교 로또'가 만들어지고 있다.

8·2대책 이후 2017년 9월 분양한 신반포센트럴자이는 중도금 대출이 되지 않았음에도 1만 6천 개 이상 청약통장이 투입되면서 평균 경쟁률이 168 대 1에 달했다. 12월 분양한 동탄역 롯데캐슬도 702가구 모집에 수도권 통장만 5만 4천 개 이상이 몰렸고, 화성시 거주 가점 커트라인이 69점에 달했다.

특히 2018년 서울 정비사업 일반분양분은 당첨되면 로또라는 이야기가 나올 정도였다. 예를 들어 디에이치자이개포의 경우 84타입 분양가가 14억 3천만 원이다. 2019년 2월 입주하는 래미안블레스티지 84타입 분양권은 상한가가 21억 원을 넘어서고 있다. 당첨자는 입주 시점 기준으로 최대 8억 원에 달하는 자본차익(세전)을 얻게 된다.

분양 시장이 과열되면 분양물량은 더욱더 늘어날 것이다. 그리고 어느 순간 변곡점에 도달하고 미분양물량이 늘어날 것이다. 적정 수준을 뛰어넘으면 수도권 아파트값은 매매가와 전셋값이 동반 약세를 보이는 시기가 올 것이다. 과연 그 시기는 언제일까?

미분양 급증으로 집값이 꺾이는 시기는 언제일까?

...

2018년 1월 말을 기준으로 수도권 미분양물량은 9,848가구에 불과하다. 2010년대에선 지난 2013년 12월에 미분양이 3만 3,192가구에 달했다가 2014년부터 지속적으로 감소세를 보이고 있다.

서울은 미분양이 2018년 1월 기준으로 45가구에 불과하다. 사실상 미분양 제로다. 서울은 지난 2013년 9월에 미분양이 4,331가구로 가장 많았고 그 이후 쭉 감소세다. 참고로 서울 미분양물량이 1천 가구 미만으로 줄어들면 상승세로 돌아선다고 하는 말이 있다. 중요한 것은 추세다.

경기도는 2018년 1월 기준으로 미분양이 8,611가구다. 2014년에 2만 8천 가구, 2016년 초 2만 5천 가구에 달했지만 2016년 이후 역시 감소세를 보이고 있다. 인천의 경우 2014년에 7,443가구로 정점을 찍고 등락을 반복하다 감소세로 돌아섰고, 2018년 1월 기준 미분양은 1,192가구다.

대세상승장이 꺾이려면 미분양물량이 급증해야 한다. 지속적으로 늘어나야 한다. 추세가 중요한데 미분양물량이 3~6개월 이상 지속적으로 증가하기 시작하고 적정 재고를 뛰어넘으면 조정장세가 올 것이다. 수도권 미분양물량이 증가추세로 돌아서고 누적물량이 2만 가구가 넘으면 위험 수위에 접근했다고 볼 수 있다. 2018년 8월 기준 수도권 미분양물량은 8,534가구로 연초 대비 오히려 줄었다. 서울 39가구, 경기도 7,287가구, 인천이 1,208가구다.

앞으로 미분양물량 추세는 문재인 정부의 주택공급정책 방향에서 실마리를 찾아야 한다. 정부 방향은 수도권 도심에 신규 주택공급을 줄이고 외곽에 공급물량을 늘리는 것이다.

문재인 정부는 시장이 원하는 방향과 반대로 가고 있다. 서울은 신규 아파트 공급이 부족해 미분양물량이 바닥인 상태인데 오히려 공급을 줄이고 있다. 인천과 경기도 2020년 이후 공급부족에 시달릴 가능성이 있다. 특히 공공택지 분양물량이 급감하고 있다.

수도권 집값을 안정시키려면 공급, 즉 재개발·재건축 등 정비사업을 통해 새 아파트 공급을 늘려야 한다. 이를 통해 미분양물량(재고량)을 적정 수준(서울 2천 가구, 수도권 2만 가구 수준)으로 유지해줘야 한다. 그렇지 않다면 새 아파트 공급이 부족해 가격이 급등하는 시장의 역습을 맞을 것이다. 다음 정권(2023년 이후)에서 말이다.

문재인 정부가 집권 기간 동안 현 부동산 정책을 고수한다면 대세상승장은 2023년 이후에도 지속될 것이다. 가다 서다를 반복하며 계단식 상승을 계속할 것이다. 2015~2017년처럼 일시적 조정장세만 올 뿐이다. 그래서 가치투자자라면 롱포지션(매수포지션)을 유지해야 한다.

상승추세에 거래량 매매가 시그널을 주목하라

주가와 마찬가지로 아파트값에도 추세가 있다. 추세(趨勢)란 내리는 가격은 더 내리려 하고 오르는 가격은 더 오르고 싶어 하는 속성을 말한다. 이는 시장참여자들의 집단심리에 기인한 것이다. 기계가 아닌 사람이 투자하는 시장에선 영원히 유효한 단어다.

8·2대책 전후 서울 아파트 거래량과 매매가

...

서울 아파트 매매거래량 통계는 신고일(매매계약 후 60일 이내 신고) 기준이라 1개월 정도 시차가 존재한다. 그래도 추세는 변함이 없다. 거래량은 규제책에 따라 증감 편차가 크다. 또 갈수록 서울 주택 시장에 거래 가능한 매물량이 적어져 거래량 총량으로 보면 감소세가 정상이다.

2015년 이후 대세상승장에서 3차 상승랠리인 2017년 7월까지 8·2대책 전 거래량을 보면 7월 1만 4,460건, 8월 1만 4,677건으로 정점에 이르렀다. 이어 8·2대책 이후 거래가 반영된 9월엔 8,231건으로 44% 급감했다.

그러나 8·2대책 이후 6주간 조정장세를 보이다 9월 중순 이후 반등 움직임을 보였다. 조정장세가 '6주 천하'에 그친 것이다. 2017년 10월 4차 상승랠리가 시작되면서 거래량이 3,777건으로 바닥을 쳤다. 이후 11월 6,404건, 12월 8,294건으로 거래량이 증가했다. 매매가가 상승했음은 물론이다.

이어 2018년 들어 1월 31일 신DTI가 적용되고, 4월 1일 다주택자 조정대상지역 양도세 중과를 앞두고 손바뀜이 활발해지면서 거래량이 급증했다. 1월 1만 200건, 2월 1만 1,117건, 3월 1만 3,827건으로 8·2대책 이전 수준에 근접했다.

다주택자 양도세 중과가 시행된 2018년 4월 거래량은 6,217건, 5월 5,483건, 6월 4,804건으로 뚜렷한 감소세를 보였다. 이에 앞서 2월부터 재고아파트를 중심으로 매매가도 하락하는 조정장세로 돌아섰다. 그러나 7월 거래량은 5,631건으로 다시 거래량이 늘어나기 시작했다. 그리고 8월에 서울 강남4구와 마포·용산·성동·동작·영등포 등 도심권을 중심으로 반등장이 시작됐다.

서울 아파트 매매가는 8·2대책 이후 1년간 평균 7% 정도 상승했다. 강남4구는 10%를 넘어 두 자릿수 상승률을 기록했다. 강남3구에서 가장 비싼 상위 20% 5분위 아파트를 기준으로 한다면 8·2대책 이후 2018년 7월 말까지 지난 1년간 3억~5억 원이 올랐다고 보면 된다.

상승추세에선 8·2대책 이후 장세에서 보듯 규제책으로 일시적으로 매매가가 하락하면 매도자는 매도보다 보유를 선택한다. 실제로 규제책 이후 거래량이 급감했다. 반면 규제책 발표 후 일정기간이 지나면 다시 거래량이 늘어나고 매매가는 반등하기 시작한다. 2018년 7월 이후 이번 장세는 무주택자, 1주택자 또는 일시적 2주택자가 팔고 사는 교체수요가 주도했다.

상승추세에서 거래량과 매매가 시그널

...

2017년 8·2대책 직후나 양도세 중과가 시행된 2018년 4월 직후처럼 상승추세에서 거래량이 줄면 서울 재고아파트 가격은 하락했다. 반면 풍선효과로 재개발 시장은 서울 전역에서 올랐다.

상승장에서 규제책이 발표되면 참여정부처럼 여지없이 숨 고르기 조정장세가 시작됐다. 단기급등 후 규제책으로 거래량이 감소하면서 매매가가 하락세를 보이는 것이다. 숨 고르기 조정장세는 매매가가 다시 상승하기 위해 잠시 쉬고 있는 눌림목 구간으로 보면 된다. 다시 상승랠리를 타기 위한 에너지를 비축하는 기간이다. 조정장세에도 거래량이 줄어든 것은 매도자들이 매도하지 않고 보유했다는 뜻이다.

조정장세에선 매매거래량이 점차 줄어든다. 하지만 일정기간(규제책 이후 3~6개월 이후 또는 최장 1년)이 지나 거래량이 다시 증가하면 매매가는 상승하게 된다. 시장에 쌓여 있는 저가매물이 소진되기 시작하는 시점이 바로 매수 타이밍이다. 2018년 6~7월처럼 말이다. 따라서 상승추세에서 거래량 감소는 긍정적인 신호일 가능성이 높다.

반면 상승추세에서 거래량이 늘어났지만 상승폭이 미미할 경우 악재일 가능성이 있다. 상승장 막바지에 선제매수자들이 추격매수를 하는 부동산 개미들에게 매도할 가능성이 있기 때문이다. 다만 서울에선 다주택자 조정대상지역 양도세 중과로 그럴 가능성은 높지 않다. 2018년 8월 기준으로 서울 아파트 시장이 강도 높은 규제책으로 왜곡되고 있다는 점을 감안해야 한다.

상승장에서 거래량이 급증하고 상승폭이 미미하거나 하락할 경우 상승추세가 끝날 가능성이 있다. 2006년 하반기처럼 상승장의 끝물에서 잠시 거래량이 급증할 수도 있다.

한편 주택 매매거래량 통계가 잡힌 2006년 이후 서울 아파트 매매거래량은 2006년 14만 1천 건으로 정점을 찍었다. 이후 서울 아파트 연간 거래량은 2007년 6만 5천 건으로 급감했으며 대세하락기인 2010~2013년엔 5만~6만 건에 그쳤다.

월간 거래량은 2006년의 경우 상반기에 8천 가구 안팎이었으나 하반기인 11월엔 2만 5천 건에 달할 정도로 급증했다. 2010~2013년엔 대부분 2천~4천 가구에 머물렀다.

2015년 이후 서울 주택 시장 대세상승장에서 2017년까지 규제가 지금보다 덜했을 때, 거래량을 동반한 상승랠리에선 서울 아파트 월간 거래량은 1만 건 이상을 유지했다. 9·13대책 규제수위가 유지된다고 가정할 때 상승장 4년차를 맞아 서울 아파트 월간 거래량이 6개월 이상 1만 건 안팎을 기록하고 상승폭이 크지 않다면(월간 매매가 상승률 0.5% 안팎) 상승의 끝이 아닌가 의심해야 한다.

『명심보감』에 "만초손 겸수익(滿招損 謙受益)"이란 글이 있다. 교만하면 손해를 부르고 겸손하면 이익을 얻는다는 의미다. 부동산 투자에서도 거만하면 손실을 부르고 겸손하면 이익을 얻는 법이다.

주택 시장 상승장에서 하락장을 예측하는 근거

2018년 7월 수도권 아파트 시장은 서울 강남3구부터 바닥 다지기를 끝내고 8월 들어 전고점을 돌파하며 반등장이 시작됐다. 언론 기사에선 불과 한 달 전만에도 하락장 기사를 쏟아내 부동산 초보자들을 현혹하더니 갑자기 전고점을 돌파했다며 설레발을 치기 시작했다. 그렇다면 수도권 아파트 시장에서 대세하락장을 미리 알 수 있는 방법은 없을까? 상승장에서 하락장을 예측하는 2가지 근거를 소개해본다.

대세상승장에선 조정장세와 하락장을 분별하는 인사이트가 중요하다. 너무 늦은 매수와 너무 빠른 매도를 하지 않으려면 말이다. 지난 2015년 시작된 수도권 대세상승장이 부동산 사이클에 따라 언제 하락장으로 돌아설까? 대세하락장의 시기와 하락폭은 아무도 알 수 없다. 다만 부동산 시장을 20년 이상 들여다보면서 하락장을 미리 알 수 있는 근거는 있다. 바로 이성적 근거와 직관적 근거다.

하락장을 미리 아는 이성적 근거

...

대세하락장이 2019년에 올 것이라고 예측하는 사람들이 적지 않다. 불과 1년 전에는 2018년 하반기에 대세하락장이 온다고 많은 이들이 주장하기도 했다.

확실한 건 하락장도 상승장도 쉽게 오지 않는다는 것이다.주택 시장 파이로 볼 때 수도권과 비교도 되지 않는 대구만 해도 입주물량 폭탄으로 대세하락장이 왔다고 호들갑을 떨었지만, 1년 6개월 조정장세를 끝내고 2018년 6월 이후 다시 반등했다. 같은 맥락에서 2017년 8·2대책 이후 매매가와 전셋값이 동반하락 중인 부산도 2019년 하반기 이후 하락장이 멈출 가능성이 높다고 본다.

하락장의 근거가 되는 집값 변수는 여러 가지가 있지만 필자는 주택 시장에 쌓여 있는 재고물량, 그중에서도 미분양물량이 핵심변수라고 본다. 1만 가구 안팎에 머물고 있는 수도권 미분양물량은 재고물량이 부족한 수준이다. 특히 50가구 안팎에 불과한 서울은 기존 아파트 매물량도 적어 재고물량이 제로에 가깝다.

수도권 투기지역, 투기과열지구, 조정대상지역은 공급보다 수요가 많은 곳이다. 한마디로 수요초과, 공급부족 지역이다. 하지만 이들 지역은 다주택자 양도세 중과, 재건축 조합원 지위 양도금지 등 규제책으로 시장에 매물량이 급감했다. 2018년 상반기에만 수도권에선 임대주택 등록으로 아파트 등 주택 11만 5천 가구가 매매 시장에서 사라졌다. 매물 잠김 현상이 두드러지고 있다.

대세하락장이 언제 올 것인가? 미리 알고 싶다면 미분양물량 추이만 지켜보면 된다. 수도권 미분양물량이 1만 5천 가구를 넘어 2만 가구를 돌파하는 시점에 하락장이 올 가능성이 높다.

아파트 입주물량에서 양도 중요하지만 질이 매우 중요해지고 있다. 특히 서울처럼 만성 공급부족에 멸실주택이 급증하면 재개발·재건축 등 정비사업 입주물량은 매매가를 끌어내리지 않는다. 조합원 지위 양도금지 기간에 응축된 에너지가 폭발하는 데다 상향여과 현상과 신축 희소가치로 오히려 매매가를 끌어올린다.

대세하락장은 규제책만으로 오지 않는다. 하락장이 오려면 미국 등 글로벌 주택경기가 하락세로 돌아서야 하며 공급초과로 재고물량, 미분양물량이 최소 6개월 이상 지속적으로 쌓여야 한다. 이후 집값 상승 기대심리가 낮아져 유효수요자가 매매보다 전세를 선택할 때 하락장이 오는 것이다. 지난 2010~2013년 때처럼 말이다. 공급과잉에 경제대란까지 겹친다면 침체기는 3년 이상 지속된다.

거듭 말하지만 하락장이 오는 이성적 근거로 미분양물량 추이 하나면 충분하다. 추가하고 싶다면 아파트 인허가 실적과 서울 입주물량 추이를 참고하면 된다. 부산의 경우 미분양물량은 2017년 9월에 1천 가구를, 다시 4개월 만인 2018년 1월 2천 가구를 넘어섰다. 입주물량은 2019년 2만 5천 가구, 2020년 2만 3천 가구로 급증세다.

다른 한편으로는 지난 2015~2017년 상반기까지 급증한 주택담보대출이 그동안 이자만 내다 2018년부터 3년 거치가 지나며 원금과 이자를 함께 부담하게 돼 하락장이 올 것이라고 주장하기도 한다. 그 경우 대출이자는 늘어나는데 왜 연체율은 줄어들까? 또 하우스푸어가 왜 없을까?

김포, 파주, 시흥, 고양, 용인, 화성 등 수도권 외곽 입주물량으로 인해 아직도 수도권 아파트값이 하락할 것이라고 주장하는 사람도 있다. 그러나 강남3구를 매수하는 이들은 동탄2신도시 입주물량이 내년에 10만 가구가 돼도 관심이 없다. 즉 강남3구 매매가에 아무런 영향을 주지 않는다. 질적인 주택 시장에서 미국 프로야구(MLB)에 비교하자면 강남3구 주택 시장이 메이저리그라면 동탄2신도시는 마이너리그인 셈이기 때문이다.

하락장을 미리 아는 직관적 근거

...

주택 시장을 부자의 눈으로 봐야 대세하락장을 남보다 한발 앞서 간파할 수 있다. 서민의 눈으로, 개미의 눈으로 봐선 번번이 매매 타이밍을 놓칠 뿐이다.

부동산 개미의 눈높이로 매매 시장의 수요를 들여다보자. 주택담보대출규제가 심해지고 양도세가 중과되면서 남아 있는 투자수요와 실수요가 거의 없어 보인다. 특히 실수요자 중 내집마련이나 갈아탈 의도를 가진 사람은 이미 대부분 아파트를 구입한 것처럼 보인다.

과연 그럴까? 수도권 1,100만 세대 수 중 절반이 무주택이니 500만 이상 세대가 잠재적 대기 실수요자다. 이 중 실질적 대기 수요자는 전셋값이 4억 원 이상인 고가 전세입자다. 수도권 세대 수를 기준으로 구매력 있는 유효수요 수는 50만~100만 세대로 본다.

집값 상승 기대심리가 높은 지금, 수도권 투자수요는 규제책으로 줄어들지 않는다. 수도권 주택 시장은 전국구다. 부산이나 대구 투자자들이 원정을 와서 재개발 전세레버리지투자를 많이 한다. 특히 강남3구는 재미교포와 재일교포는 물론이고 중국 등 외국인들도 아파트를 보유하고 있다.

다주택자들은 양도세 중과를 피하기 위해 주택임대사업자 등록이나 증여는 기본이고 부동산 법인이나 임대법인을 설립하고 있다. 취업한 자식 명의로 집(전세를 끼고 기존 아파트는 물론 분양권·입주권·재개발 지분 등)을 사주거나, 부모나 친인척 명의로 추가로 매수하는 사람도 많다.

하락장을 미리 아는 직관적 근거로 부동산 부자들이 주택 시장에서 이탈이 시작됐느냐를 최우선적으로 본다. 부자들이 보유 중인 아파트를 매도해(보유 수를 줄여) 현금화하고 있는지 살펴봐야 한다. 2006년처럼 말이다. 아니면 압구정 신현대처럼 더 똘똘한 아파트로 갈아타고 있는지, 추가 매수를 하고 있는지가 바로 직관적 근거가 된다.

오히려 2018년 7월부터 부자들은 공격적으로 갈아타고 있다. 압구정 아파트 시장에서 2018년 7월 저가매물이 소진되고 8월 반등한 것을 보면 쉽게 알 수 있다. 이어 강남3구의 저가매물이 소진되고 있다. 시장에 매물이 워낙 없으니 거래량은 큰 의미가 없다. 강남3구에 이어 84타입 기준 10억 원이 넘는 서울 도심은 물론 수도권 동남권(강남4구·과천·판교·위례·분당 등) 아파트값도 반등하고 있다. 이처럼 부동산 부자들은 아파트 시장에서 떠나기는커녕 오히려 똘똘한 아파트로 갈아타려고 현금을 추가 투입하고 있다.

하락장을 미리 아는 직관적 근거로는 규제정책도 있다. 통상 규제책이 5년 이상 지속되면 하락장이 온다. 규제의 누적효과라고 한다. 이번 대세 상승장에서도 규제책은 2016년부터 시작돼 최소한 2020년까지 지속될 것으로 본다. 다만 여기서 2020년 이후 수도권 공공택지 입주물량이 급감하고, 2023년 이후 강남3구 등 서울 도심에 입주물량이 급감하면 하락장의 근거가 되니 주목해야 한다.

2010년 이후 재개발과 택지개발지구가 신규 주택공급을 담당한 부산 주택 시장의 경우 상승장이 2010년부터 2017년 7월까지 7년 6개월 이상 지속됐다. 그렇다면 2기 신도시 입주가 끝나가 멸실주택을 동반하는 정비사업이 주택공급의 중심이 되고 있는 수도권 상승장은 언제 끝나고, 또 언제 하락장이 올까?

수도권 주택 시장,
2023년 이후 공급절벽 온다

2017년 12월 강남3구를 비롯한 범강남권 아파트 시장은 겨울 추위가 무색하게 뜨거웠다. 압구정동 신현대 35평형이 23억 원을 넘어섰고, 잠실 엘스 33평형도 15억 원을 돌파했다.

2018년 이후 수도권 주택 시장은 어떻게 될까? 주택공급물량의 관점에서 수도권 주택 시장을 들여다보겠다. 주택 시장에서 공급되는 주택은 아파트가 대표적이다. 주택공급물량은 인허가 실적으로 대표되는 거시적 지표와 현재 주택 시장에서 유통 중인 매물량의 미시적 지표로 구분될 수 있다.

범강남권에 매물이 없는 이유

...

2017년 겨울 주택 시장은 시장참여자들의 심리가 위로 치솟으면서 매수세가 계속됐다. 2017년 9월 중순부터 시작된 매도자우위 시장이 같은 해

12월까지 지속됐다.

　무주택자나 1주택자 중 5억 원 이상의 현금을 보유한 부자들은 주변 아파트값이 1억 원 이상 오르는 것을 보고 추격매수에 나섰다. 많게는 10억 원 이상을 강남3구 아파트에 베팅했다.

　2018년 4월 이후 양도세 중과에도 불구하고 다주택자가 버티기에 나서면서 시장에 매물량이 줄어들었다. 서울 강남3구 등 투기지역을 중심으로 1건 거래될 때마다 매물이 그만큼 줄고 실거래가는 올라갔다. 매도자가 매물로 내놓았다가도 매수자가 붙으면 다시 매물을 거둬들이는 경우가 많았다.

　반면 전세 시장은 다주택자가 보유하거나 갈아탄 아파트가 전세로 나오면서 하향 안정세를 이뤘다. 강남4구를 비롯해 목동, 마포, 양천, 용산, 성동, 판교, 분당, 위례, 과천 등을 포함한 범강남권 매물 품귀 현상의 원인은 8·2대책으로 매물량이 급감했기 때문이다.

　특히 수요가 많은 강남4구에 집중된 재건축 조합원 지위 양도금지로 인해 6만 가구 이상이 매매 시장에서 사라졌다. 분양권 매물량도 한 번 거래되면 등기까지 전매할 수 없어 사라지고 있었다. 다주택자 양도세 중과도 매물량 급감에 큰 역할을 했다. 다주택자들은 최고 60%에 달하는 양도세율을 부담하느니 차라리 5년 이상 장기보유하겠다는 의지를 보였다. 아파트 매매가를 통제하겠다는 문재인 정부의 8·2대책이 결국 시장을 왜곡시킨 것이다.

　다주택자들은 8·2대책 이후 보유 중인 아파트를 팔더라도 똘똘한 아파트로 갈아타면서 매도호가를 올려 실거래가를 끌어올렸다. 돈은 아래에서 위로 흐른다.

문재인 정부의 문제는 전세물량을 시장에 안정적으로 제공하는 다주택자를 집값 상승의 주범으로 보는 시각이다. 참여정부와 마찬가지로 다주택자를 규제하면 전셋값을 끌어올려 서민 세입자를 힘들게 할 것이다. 또 구매력 있는 다주택자의 아파트 구입을 막으면 수요가 줄어들어 공급은 감소할 수밖에 없다.

결국 수도권 주택건설실적(인허가)이 감소하고 이에 따라 매매와 전세물량도 줄어들 것이다. 그러면 매매가는 물론 전셋값도 다시 움직일 것이다. 2017년 대구처럼 말이다.

경기 주택공급물량이 급감한 이유

...

주택건설실적은 주택 시장의 대표적인 선행지표다. 특히 아파트 물량은 사업계획승인(건축허가)을 기준으로 집계한다. 아파트는 사업승인을 받은 후 착공과 분양승인을 거쳐 분양한다. 통상 사업승인 기준으로 3년이 지나면 입주한다. 즉 3년 뒤 아파트 입주물량을 미리 알 수 있는 주택건설경기 지표인 것이다.

주택건설실적은 부동산 규제책에 직접적인 영향을 받는다. 이미 규제책이 본격적으로 시작된 2016년부터 주택건설실적이 다시 감소세다. 서울, 인천, 경기 등 수도권 주택건설실적은 지난 2014년 24만 1천 가구에서 2015년 40만 8천 가구로 급증했다. 그러나 2016년엔 34만 1천 가구로 줄었다. 문제는 이 추세가 앞으로 장기간 계속될 가능성이 높다는 점이다. 2017년에도 9월 말 기준으로 20만 8천 가구로 줄어 전년 대비 11.7%나 줄었다.

여기서 우리가 주목해야 할 지역은 서울이 아니라 경기다. 경기는 전년 대비 26.2%나 감소했다. 착공물량 기준으론 30.6% 급감했다. 왜 경기권의 감소폭이 서울보다 더 클까? 바로 공공택지가 사라지고 있기 때문이다. 지난 2011년부터 택지 지정이 사실상 중단됐다. 이어 지난 2014년 박근혜 정부는 대규모 택지개발 중단을 선언했다.

수도권 집값이 안정되려면 공공택지와 민간택지를 통한 균형 있는 주택공급이 중요하다. 정비사업으로 대표되는 민간택지를 포기한 채 강행한 참여정부의 택지개발지구, MB정부의 보금자리지구 등 공공택지 드라이브는 많은 부작용을 낳았다.

한마디로 수급 밸런스가 무너졌다. 서울은 낡은 아파트가 너무 많고 신축은 너무 적다. 경기는 실수요가 제한적인 외곽에서만 입주물량이 너무 많다. 물론 일시적이지만 말이다.

경기권 주택건설실적은 지금 서둘러 공공택지를 새로 지정하더라도 공급(분양)까지 최소한 5년 이상 걸린다. 멸실을 동반한 재개발·재건축은 많은 시간이 필요하다. 더욱이 경기권에서 정비사업으로 사업성과 수익성이 확보되는 지역이 이제 많지 않다.

인천·경기권에서 남아 있는 공공택지는 참여정부와 MB정부의 '유산'으로 손에 꼽을 정도다. 2018년부터 아파트 분양이 시작될 인천 검단신도시를 비롯해 위례신도시의 북위례, 평택 고덕국제도시 등 수도권 2기 신도시 물량이 남아 있다.

공급절벽에 대비하려면

...

이에 문재인 정부는 2017년 11·29대책(주거복지로드맵)으로 수도권에 공공택지를 지정해 100만 가구를 공급하겠다고 발표했다. 하지만 효율 면에서 좋은 정책은 아니다. 특히 경기권은 분당, 일산, 평촌 등 1기 신도시 재건축이라는 대형 변수를 앞두고 있다. 29만 가구에 달하는 신도시 아파트의 재건축 연한 30년이 5년 안팎 남았다. 리모델링보다는 재건축을 해야 한다. 바다모래 등 부실공사로 급하게 지은 1기 신도시를 리모델링해서는 안 된다.

입지가 뛰어나고 멸실을 동반한 1기 신도시 재건축은 경기권 아파트 시장을 요동시킬 것이다. 1기 신도시가 이주철거를 시작하면 세입자는 어디로 이주할까? 세입자는 대출을 통해 내집마련을 하지 못하면 하향이동을 해야 한다. 예를 들어 분당에서 전세를 살던 세입자는 수원, 용인, 화성 등 수도권 외곽으로 떠돌아야 한다.

한편 서울은 정비사업이 2015년부터 활황세를 보이며 최소한 2020년까지는 인허가 실적이 늘어날 것이다. 분양물량이 증가할 것이다. 하지만 재건축 조합원 지위 양도금지 및 초과이익환수제, 정비사업 재당첨제한, 재개발 전매제한 등으로 정비사업은 지난 2003년 이후 참여정부 시절처럼 사실상 중단될 것이다. 이르면 2023년부터 정비사업 공급물량이 줄어들 것이다.

결론적으로 2010년대 추진된 정비사업 입주물량이 마무리되는 2023년 이후 수도권 주택 시장 공급부족이 본격적으로 시작될 것이다. 서울 정비사업이 중단되어 분양물량이 급감하고 경기 공공택지 물량도 사라질 것이다. 공급절벽이 올 것이다. 여기에 부실공사로 지은 1기 신도시 아파트 재건축 연한이 도래하는 2023년 전후 수도권 주택 시장은 요동칠 것이다.

수도권 무주택자는 입주물량이 늘어나 싸게 전셋집을 구할 수 있다고 좋아해선 안 된다. 시장의 역습을 당하지 않으려면 지금 바로 전셋집을 구하기보다는 집 한 채를 사야 한다.

멸실주택 급증이 불러올
부동산 슈퍼사이클

재개발 시장이 상승장이다. 특히 강남3구의 기존 아파트가 하락세로 돌아선 2018년 2월 이후 서울은 물론 광명, 안양, 성남, 수원, 인천, 부천 등 수도권 재개발 시장이 강세장이다. 서울 재개발 시장은 과열되면서 조합 설립인가 전에 투자하는 사례가 늘어나 주의가 요구된다.

재개발 강세장을 맞아 전국에서 급증하는 멸실주택의 의미를 정리해 본다. 이를 통해 멸실주택 수보다 착공물량과 입주물량이 많아 수도권 은 주택공급이 부족하지 않다고 오판하는 사람이 줄어들었으면 좋겠다.

2014년 이후 멸실주택이 급증한 이유

...

멸실주택이란 건축법상 주택 용도에 해당하는 건축물이 철거 또는 멸실돼 더 이상 존재하지 않아 건축물대장에서 말소가 이뤄진 주택을 말한다. 멸실주택 통계는 2010년분부터 매년 국토교통부가 발표하고 있다.

전국 멸실주택은 2012년 6만 2천 가구에서 2013년까지 8만 5천 가구를 넘지 못했다. 하지만 2014년 10만 가구에 육박했고, 2015년은 13만 2천 가구를 넘어섰다. 2014년부터 급증세를 보이고 있다. 멸실주택이 2014년부터 급증한 이유는 한마디로 재개발·재건축 등 정비사업 때문이다. 부산은 2014년부터 재개발 중심으로, 대구는 2015년부터 재건축 중심으로 점차 멸실주택이 늘어나고 있다.

2016년 이후 정비사업을 주도하고 있는 수도권을 살펴보자. 서울의 경우 2011~2014년 멸실주택이 매년 2만 가구 안팎에 머물렀다. 하지만 2015년 이후 10년 만에 저밀도·중층 재건축 전성시대가 오면서 멸실주택이 급증하고 있다. 2015년 2만 5천 가구에서 2016년 4만 2천 가구로 급증세를 보였다. 2016년부터 재건축에 이어 재개발 멸실주택이 늘어나기 시작해 앞으로 서울에선 2025년까지 매년 5만 가구 안팎으로 멸실주택이 발생할 것으로 보인다.

인천·경기권도 상황은 마찬가지다. 서울보다 사업 속도가 느리지만 수도권 주택 시장 대세상승장 4년차를 맞아 인천은 남구와 부평구 재개발 사업으로 인해 2018년부터 멸실주택이 증가하기 시작했다. 경기도는 광명, 안양, 성남 등을 중심으로 2014년 1만 5천 가구, 2015년 1만 7천 가구, 2016년 2만 2천 가구로 멸실주택이 증가세다.

참여정부 이후 10년 만에 찾아온 수도권 대세상승장에서 사업성이 높은 재개발·재건축 구역부터 정비사업 속도가 빨라지고 있다. 이주철거가 늘어나고 멸실주택이 급증하고 있다.

특히 건축허가라고 할 수 있는 사업시행인가를 받은 수도권 정비사업이 2015년 전후 증가하면서 수도권 멸실주택 수는 2010년 2만 3천 가구에서 2016년 6만 8천 가구로 3배나 급증했다. 아직 발표되진 않았지만 2017년 이후 2025년까진 멸실주택이 매년 10만 가구 안팎으로 예상된다. 또 재건축 초과이익환수제를 피하기 위해 2018년 1월 2일까지 관리처분인가 신청을 한 재건축 단지가 많아, 서울 강남4구 등 수도권 핵심입지에서 2018년 하반기부터 2019년까지 멸실주택이 급증할 것이다.

30년 이상 된 노후주택이 수급에 미치는 파장
...

주택 시장 수급 밸런스를 평가할 때 가장 의미 있는 수치는 실질주택보급률(외국인을 포함한 주택 수)이라고 할 수 있다. 외국과 비교할 때는 인구 1천 명당 주택 수나 자가점유율을 신뢰한다.

실질주택보급률에선 주택 수에서 주택의 질을 들여다봐야 한다. 수도권은 물론 전국에 노후주택이 너무 많다. 개인적으로 아파트는 30년이 넘으면 주거 가치가 현저하게 떨어진다고 본다. 단독주택과 다세대, 다가구 등은 지은 지 20년 이상 지나면 주거가치가 낮아진다.

서울은 지은 지 30년이 넘은 노후주택이 전체 44만 6천 동 중 37%를 차지한다. 특히 아파트는 161만 호 중 30년이 넘은 노후아파트가 68만 4천 호로 42.4%에 달한다. 이는 재건축 연한이 다가오는 수도권 1기 신도시(분당·일산·평촌·산본·중동)와 맞물려 수도권 주택 시장에 태풍이 될 것이다. 태풍의 눈은 강남3구 중 반포주공1단지와 압구정이 될 것으로 보인다.

사업성이 있는 곳은 재개발 사업으로 재정비하겠지만 그렇지 못한 노후주택은 거주주택으로서 가치가 얼마나 남아 있을까? 특히 신축을 좋아하는 30~40대에게 노후주택은 더더욱 거주가치가 떨어질 것이다.

2015년 11월 기준 서울·인천·경기 등 수도권 실질주택보급률은 78%에 불과하다. 여기에 적어도 40년 이상 된 노후주택은 주택 수에서 제외해야 할 것이다. 40년 이상 노후주택을 제외하고 앞으로 매년 늘어나는 세대 수를 감안하면 수도권 실질주택보급률은 60%대에 머물 것이다.

더욱이 정비사업이 수도권 신규 주택공급의 중심이 되면서 신축주택에서 멸실주택을 뺀 순증가분이 적다. 또 결혼, 분가, 이혼 등으로 1~2인 세대가 빠른 속도로 늘어나 신규 주택공급물량이 2013년 이후 급증했음에도 공급부족은 개선되지 못하고 있다.

따라서 2013~2016년 주택공급(인허가 실적)이 늘어나 2018년 이후 공급과잉으로 집값이 하락할 것이라는 주장은 잘못됐다고 생각한다. 수도권의 경우 규제정책과 공공택지 고갈로 주택공급이 2016년 이후 감소세를 보이고 있어 더욱 그렇다. 또 2015년 기준 인구 1천 명당 주택 수도 수도권은 356호로 일본(476호), 미국은(420호), 영국(434호)에 비해 크게 부족하다.

2017년 이후 멸실주택과 수도권 주택 시장 슈퍼사이클

...

수도권이 정비사업으로 인한 집값 상승 가능성이 높은 이유는 재고주택이 부족하기 때문이다. 주거할 가치가 있는 주택이 절대 부족하기 때문이다. 특히 30~40대가 선호하는 양질의 신축(지은 지 10년 안팎) 아파트가 매우 부족하다.

재고주택이 부족한 상황에서 순증가분이 적은 정비사업으로 인해 핵심입지에 멸실주택이 2014년 이후 갑자기 늘어나면 서울 등 수도권 집값은 우상향할 수밖에 없다.

개발압력이 높아 정비사업이 진행되면 땅값이 오르고 입주권(미래의 신축)은 입주 이후 미래가치까지 반영돼 퀀텀점프(단기간에 비약적으로 실적이 좋아지는 것)하게 된다. 압구정·반포·대치·개포처럼 강남 핵심입지에 위치한 재건축 단지는 사업단계별로 특히 '이주비 지급-일반분양-입주' 시점에 주변 집값까지 끌어올려 주택 시장에 태풍의 눈이 된다.

결론적으로 수도권 멸실주택은 투기지역과 투기과열지구, 조정대상지역에 집중돼 있다. 이들 지역에 멸실주택이 몰려 있는 것은 정비사업 사업성이 뛰어나기 때문이다. 참여정부 시절 정비사업 규제로 MB정부까지 10년간 정비사업이 중단되면서 신축의 희소가치가 높아졌다.

문재인 정부 들어서 정비사업은 또다시 규제의 집중타깃이 되고 있다. 그럼에도 집값 상승을 주도하고 있다. 정비사업이 활발한 곳이 바로 신규 주택공급이 부족한 핵심입지에 자리 잡고 있기 때문이다.

2018년 수도권 정비사업 멸실주택 수는 서울 4만 3천 가구, 경기 4만 5천 가구, 인천 1만 9천 가구 등 10만 7천 가구로 역대 최대가 될 것으로 예상된다. 여기에 재건축 연한(30년 기준)이 도래하는 아파트가 2020년까지 100만 호에 달한다. 더욱이 분당 등 수도권 1기 신도시 재건축 연한이 급증하는 2022년부터 2028년까지 전국에선 30년 이상 노후아파트가 매년 40만 가구(2018~2021년 매년 16만~21만 가구) 안팎으로 새로 발생한다.

수요에 비해 공급이 부족한 수도권 주택 시장에서 2017년 이후 정비사업으로 멸실주택이 급증하는 반면 정비사업의 순증가분(신축주택-멸실주택)이 적어 신규 주택공급물량 효과가 낮다. 하지만 외국인, 1~2인 가구 등 세대 수는 지속적으로 늘어나고 있다.

여기에 정비사업 규제책으로 2023년 이후 초과이익환수제, 조합원 지위 양도금지 등으로 재건축이 중단돼 수급 밸런스가 무너지면 수도권 주택 시장은 슈퍼사이클(장기간 상승세)도 가능하다.

부동산 빅데이터론
선제투자할 수 없다

부동산 상승장이 계속되면서 다양한 투자분석법이 유행하고 있다. 최근 인기를 끌고 있는 빅데이터를 기반으로 한 분석투자에 대한 개인적인 생각을 적어보려고 한다.

2000년대 수도권 주택 시장 상승장에서 아파트 가격 예측 서비스가 한 때 유행한 적이 있다. 입주물량, 분양가, 미분양, 정책, 금리 등 기초데이터를 통해 1~3년 후 아파트의 미래가격을 예측해주는 것이었다. 제법 인기를 끌었지만 2008년 이후 상승장이 마감하고 가격 예측이 빗나가면서 이용자들이 줄어들어 서비스는 사라졌다.

물론 10년이 지난 지금은 분석투자를 할 수 있는 통계자료가 풍부해더 세밀한 분석이 가능해졌다. 그러나 필자는 부동산 투자의 성패에 이러한 빅데이터 분석이 별다른 영향을 미치지 못한다고 생각한다. 빅데이터를 기반으로 아무리 정교한 분석을 하더라도 이는 과거 추세일 뿐이기 때문이다.

빅데이터로는 과거 추세를 분석할 수 있을 뿐

...

아무리 많은 통계수치를 확보했다 하더라도 미래 가격 움직임은 알 수 없다. 예를 들어 갭투자를 한다고 치자. 투자하려는 아파트 지역(권역)의 인구증감(전출입), 미분양, 입주물량, 멸실주택만으로 2~3년 뒤 전셋값과 매매가를 예측해봤자 결과는 허망할 뿐이다.

수요와 공급이 중요하다며 적정 입주물량을 주민등록세대 수의 0.5%로 계산하는 것은 큰 의미가 없다. 수요의 질은 물론 수요의 양조차 반영할 수 없다. 공급도 마찬가지다. 입주물량은 공급량에 일부일 뿐이다. 결과적으로 빅데이터는 수급의 양과 질을 제대로 반영할 수 없다.

필자가 생각하는 갭투자의 핵심은 양도차익이다. 즉 자신이 샀을 때의 가격보다 팔 때 가격이 많이 올라야 한다. 2016년부터는 매매우위 시장이다. 즉 매매가가 전셋값을 끌어올리는 시장이다. 삼송지구와 위례 입주 아파트 소형 전셋값이 입주 시점에 분양가보다 높은 것은 바로 매매가가 전셋값을 끌어올렸기 때문이다. 따라서 앞으로 갭투자, 아니 정확히 전세레버리지투자는 매매가가 전셋값을 끌어올릴 수 있는 아파트에 투자해야 한다.

그럼 매매가가 전셋값을 끌어올릴 수 있는 아파트는 어떤 아파트인가? 단순이 보유기간 중 인구가 늘어나고 동일권역에 미분양이 적고 입주물량이 적은 곳일까? 그렇다면 김포도 최근 미분양이 줄어들고 인구가 증가하고 2019년 이후 한강신도시 입주물량이 마무리되니 갭투자처가 될 수 있을까?

그렇지 않다. 갭투자를 하려면 수요량을 따져봐야 한다. 특히 내부수요, 즉 동네에 거주하는 사람들이 꾸준히 유입되는 아파트여야 한다. 여기에 외부수요가 유입돼야 한다. 정비사업은 내·외부 수요를 증가시키는 모멘텀이 된다.

투자 안목을 길러야 선제투자가 가능하다
...

무엇보다 양도차익이 많으려면 외부수요의 질이 중요하다. 과거에 살던 동네 사람보다 소득 수준이 높은 외부사람이 유입되는 아파트라야 양도차익이 크다. 빅데이터로 소득 수준이 높은 외부사람이 유입되는 지역의 아파트는 알 수는 있다. 하지만 이미 가격이 오를 대로 오른 6개월이나 1년 뒤에 알 수 있을 뿐이다.

수요의 질은 직주근접과 역세권에 좌우된다. 마곡지구 34평형 매매가가 2018년에 10억 원이 넘을 것으로 예측하는 것(2018년 10월 기준 11억 5천만 원 돌파)은 기업 입주에 따른 직주근접 가치가 높아지고 9호선 마곡나루역 급행역 정차에 따라 역세권 프리미엄이 높아지기 때문이다. 학군은 덤으로 따라온다. 이뿐만 아니라 공항철도 마곡나루역 개통으로 상암 디지털미디어시티 및 인천공항 접근성이 좋아져 직주근접 가치가 더욱 높아신다. 여기에 마곡지구에서 새 아파트가 부족하다는 희소가치가 한 몫한다. 빅데이터만으로는 파악하기 어려운 조건들이다.

왜 부산은 지난 7년간 아파트값이 우상향했을까? 왜 부산과 대구 주택 시장은 다른 길을 갈까? 왜 서울은 다르게 움직이던 부산과 주택 시장 움직임이 동조화되고 있을까? 왜 2016년 보합세였던 광교신도시, 판교신도시 아파트값은 2017년 하반기에 상승장으로 돌아섰을까? 빅데이터 분석투자론 이에 대해 명쾌한 답을 내놓기 힘들다. 그러니 선제투자를 할 수 없다. 추격매수를 할 뿐이다.

한발 앞서 선제투자를 하기 위해선 소액을 갖고서라도 투자경험을 쌓는 게 가장 중요하다. 인터넷 청약을 통해 미계약 분양 아파트를 사거나 40타입 이하 초소형 아파트로 전세레버리지투자를 하는 것이다.

지금 당장 투자경험을 쌓을 여력이 없다면 매일 부동산 공부를 하는 것이 좋다. 주택 시장 움직임을 남보다 앞서 잡아내는 역량을 키워야 한다. 발품을 팔고 시장을 이끄는 브랜드아파트의 실거래가 추이를 체크하면서 투자의 안목을 키워야 한다.

소액투자로 투자경험이 쌓이면 투자의 촉이 발달할 것이다. 이어 자연스럽게 자신만의 투자 원칙이 만들어질 것이다. 바람에 흔들리지 않는 뿌리 깊은 나무처럼 말이다.

투자자 성향별
전세레버리지투자처

레버리지투자란 전셋값을 지렛대(레버리지) 삼아 투자한다는 측면에서는 갭투자와 같다. 갭투자는 매매가와 전셋값 차이가 극도로 적은, 즉 전세가율(매매가 대비 전셋값 비율)이 90% 이상으로 실투자비가 적은 아파트를 사는 것이다. 주로 전셋값이 매매가를 끌어올릴 때 통용되는 투자기법이다. 반면 레버리지투자는 갭투자보다 실투자비는 많지만 매매가가 전셋값을 끌어올리는 매도우위시기에 통하는 투자법이다.

레버리지투자처로는 지은 지 5년 안팎된 신축 아파트가 좋다. 입주한 지 2년째, 4년째가 돌아오는 재고아파트가 레버리지투자처다. 특히 입주한 지 2년이 지나면 양도세 비과세 매물이 나와 거래가 활발한 만큼 적극 공략할 필요가 있다. 서울의 경우 2013년 또는 2015년에 입주한 아파트가 매우 드물다. 그만큼 희소가치가 높다.

부동산 투자자 성향별로 적합한 전세레버리지투자처를 소개한다.

매매우위 시장에서 5년 안팎 신축 아파트에 적합한 레버리지투자

...

지난 2009년부터 2015년까지는 전세가율이 지속적으로 높아졌다. 하지만 지금은 전셋값보다 매매가 상승폭이 커 전세가율이 하락하거나 정체되고 있다. 2016년 이후 부동산 시장은 매매가가 전셋값을 끌어올리는 상황이다.

이러한 매매우위 시장에서 가장 안정적인 레버리지투자처는 입주 2년 또는 4년 되는 아파트다. 그중에서도 입지가 뛰어난 서울 정비사업과 위례, 송도, 세종 등 신도시 입주 아파트가 유망 투자처다. 예를 들어 올해 4년째가 되는 서울 강서구 A아파트가 있다. 26평형 매매가가 5억 8천만 원, 전셋값이 4억 6천만 원이니 전세레버리지투자금액, 즉 실투자비는 1억 2천만 원이다.

LG사이언스파크 등 마곡지구 기업 입주가 2017년 10월부터 본격적으로 시작되고 인천공항철도 마곡나루역 개통 등으로 마곡, 영종도, 상암디지털미디어시티 등 업무밀집지역의 직주근접 가치가 높아지는 아파트다.

재고아파트 레버리지투자처론 실거래가 6억 원 이하가 좋다. 취득세율이 1.1%다. 6억 원이 넘어서면 2.2%로 세금 부담이 2배로 늘어난다. 문제는 서울 도심권에서 전용면적 59m² 20평형대 새 아파트 중 6억 원 이하 매물이 사라지고 있다는 점이다.

두 번째 레버리지투자처로 좋은 곳은 용적률 100%대 중층 재건축 단지다. 2018년 8월 기준으로 성남·분당·안양 등 경기권은 2억 원대에 재건축이 예정된 구축을 전세레버리지로 매수할 수 있었다. 매수할 평형대는 20평형대다.

재건축 연한 30년에서 5년 안팎 남은 아파트가 투자처로 적합하다. 최소한 조합설립을 추진하는 단지가 안전하다. 하지만 A급 입지에다 사업속도가 빠르다면 추진위 구성 단계에서도 매수할 가치가 있다. 다만 매수 후 투기과열지구로 지정될 경우 재건축 조합원 지위 양도금지가 소급적용돼 조합설립인가 후 매매가 사실상 금지된다는 점을 유의해야 한다.

세 번째로는 2017년 들어 뜨거워진 재개발구역 내 빌라(다세대)로 레버리지투자를 하는 것이다. 재개발 빌라는 다가구로 짓고 지분쪼개기를 한 분할 다세대(구분빌라)와 지분쪼개기를 하지 않은 원래부터 다세대인 원빌라가 있다. 이 중 원빌라를 매수해야 안전하다.

사업시행인가 이후 원빌라 감정평가(종전자산평가), 즉 자신이 산 원빌라의 재개발하기 전 자산가치를 파악할 때 최근 실거래가를 참고한다. 빌라는 주택 공시가격이 가장 중요하다. 서울 등 수도권 재개발구역은 공시가격의 평균 1.3배 이상으로 감정평가를 받는다.

전문적인 재개발 투자자가 아니라면 아무리 프리미엄이 높아지더라도 감정평가 후 투자하는 것을 추천한다. 이주 시점까지 전월세입자의 이사가 잦아 스트레스가 클 수 있다는 점이 리스크다.

레버리지투자를 할 때 가장 중요한 건 2~3년 보유하다 매도 시점에 매매가가 얼마나 될 것인가 하는 시세 예측이다. 즉 매매가 모멘텀이 강한 아파트를 매수해야 한다. 25평형 매매가가 4억 원대에서 5억 원대로, 6억 원대에서 7억 원대로 돌파하는 힘이 강한 아파트를 사야 한다.

레버리지투자처의 모멘텀

...

레버리지투자처의 모멘텀은 정비사업과 직주근접에서 나온다고 생각한다. 정비사업이 활발한(사업시행인가 이후 실행단계 사업지가 많은 곳) 지역의 재고아파트를 레버리지투자처로 삼는 게 좋다. 사업성과 수익성이 뛰어난 A급 지역에서 말이다.

직주근접 가치는 갈수록 높아지고 있다. 2014년 이후 실수요자의 핵심 수요층인 30~40대 직장인이 적극적으로 아파트 구입에 나서고 있기 때문이다. 마곡지구나 문정법조타운처럼 기업 입주가 한꺼번에 몰리는 지역은 물론 종로·광화문, 마포·상암·공덕, 테헤란로, 잠실, 판교 등 대기업 직장에 접근하기 쉬운 재고아파트의 미래가치가 높다. 또 3호선이나 9호선처럼 지하철로 직장에 접근하기 쉬운 역세권 아파트여야 한다.

만약 당신이 수비형 투자자(저위험 저수익)라면 입주 2년이 다가오는 재고아파트를 레버리지투자처로 삼으면 된다. 또 절충형 투자자(중위험 중수익)라면 최소한 조합설립인가를 추진 중인 중층 재건축 단지에 투자하면 된다. 공격형 투자자(고위험 고수익)라면 감정평가 전인 재개발구역 원빌라나 추진위를 구성 중인 재건축 연한이 가까워지는 중층 재건축 단지에 레버리지투자를 하면 된다.

전세가율 하락기에
현명한 투자법

2018년 2월 기준 강남3구의 조정장세와는 달리 비강남권 아파트 시장은 뜨겁다. 특히 84타입의 경우 9억 원 미만 아파트의 추격매수가 거세지고 있다. 특히 2억 원 안팎으로 서울 아파트에 전세레버리지투자를 하려는 추격매수가 이어지고 있다.

전세가율 하락기를 맞아 바람직한 아파트 투자법을 정리했다.

전세가율 주기 1~3기
...

전세가율 하락은 대세상승장에서 나타나는 전형적인 현상이다. KB국민은행에 따르면 서울 아파트 전세가율은 지난 2009년 1월에 38.2%로 가장 낮았다. 2000년대(2000~2009년) 대세상승장에선 50%대에서 출발해 40%대를 거쳐 30%대까지 떨어졌다. 무려 20%p 가까이 전세가율이 낮아진 것이다. 2009년 10월 전세가율은 다시 40%를 돌파했는데 '매매 약세

전세 강세'로 전형적인 전세우위 시장이 시작됐다. 이 같은 추세는 2012년까지 계속됐다.

하지만 2013년 하반기부터 서울 아파트 매매가가 회복세를 보였지만 전셋값 상승폭이 커 전세가율이 우상향했다. 2013년 10월 60%, 2015년 7월 70%를 넘어섰다. 그리고 2016년 6월에 75.1%로 정점을 찍었다. 그 이후 완만한 하락세를 보이다 2018년 1월 서울 전세가율은 69.3%로 70%대가 무너졌다. 8월 기준 서울 전세가율은 61%까지 떨어졌다.

서울 아파트 전세가율 등락기는 크게 1~3기로 나눌 수 있다. 2009년부터 2013년까지가 1기로 '매매 하락 전세 상승'의 탈동조화 시기다. 이어 2기는 지난 2014년부터 2015년까지로 '매매와 전세 동반 상승', 즉 동조화 기간이다.

하지만 서울 아파트 전세가율 3기를 맞은 2016년에 상황이 바뀌었다. 1, 2기 전세우위 시장(전월세거래량이 매매거래량보다 많은 시기)이 끝나고 매매우위 시장이 시작됐다. 무엇보다 30~40대 중심으로 고가 전세입자의 내집마련 수요가 늘어났다. 여기에 40~50대 투자수요가 증가했다. 이에 따라 매매가는 상승하고 전세값은 안정세를 보였다.

2016년 이후 서울 아파트 투자처는 재건축, 분양권, 그리고 지은 지 10년 안팎된 신축급 재고아파트(전세레버리지투자), 이렇게 크게 3가지였다. 재건축과 분양권은 대출규제와 전매제한, 조합원 지위 양도금지 등으로 직격탄을 맞았다.

마지막까지 살아남은 투자처는 재고아파트였다. 재건축 초기 단지들도 재건축 연한과 안전진단 강화라는 정부의 포워드 가이던스(선제안내)로 인해 강남3구는 2018년 1월 중순 이후 조정장세로 돌아섰다.

반면 신축이든 구축이든 재고아파트 매매가는 여전히 강세를 보였다. 특히 마포구, 용산구, 성동구, 광진구, 서대문구, 영등포구, 동작구, 동대문구 등 도심에서 가까운 아파트와 강남 접근성이 좋은 동남 또는 서남쪽에 위치한 경기 남부권(과천, 안양평촌, 분당판교, 위례, 용인, 광교 등) 신축 아파트에 전세레버리지투자자가 몰리면서 상승세가 계속됐다.

전세가율 하락기 투자법

...

갭투자 시대는 끝났다고 한다. 대세상승장 초기 전셋값이 매매가를 끌어올리는 갭투자 시대는 끝났다. 물론 영원히 끝난 것이 아니라 시간이 지나면 다시 갭투자 시대가 올 것이다. 그때가 언제인지는 모르겠지만 말이다. 하지만 전세레버리지투자는 여전히 유효하다. 2018년은 대세상승장 4년차를 맞고 있기 때문에 전세레버리지투자에 신중해야 한다.

하지만 전세레버리지투자는 2018년 이후 매매가가 전셋값을 끌어올리는 매매우위 시장에서도 여전히 유효한 투자법이다. 시장참여자들의 심리가 위로 향하고 저금리 유동성장세와 공급부족이 지속되는 한 전세레버리지투자는 위력을 떨칠 것이다.

혹자는 선셋값 하락에 대비해야 한다고 말한다. 하지만 2023년 전후까지 서울과 범강남권 아파트 시장은 일시적인 전셋값 하락은 올 수 있겠지만 지속적인 전셋값 하락은 오기 힘들다는 게 필자의 판단이다. 전세가율 하락은 전세값 하락이 아니라 전셋값이 안정된다는 것을 의미한다. 특히 다주택자 양도세 중과 등으로 증여가 급증하고 롱포지션을 취한 다주택자들로 인해 전세물량이 일시적으로 늘어났기 때문에 전세가율이 하락하는 것이다.

강남3구 입주물량은 신축 대기수요가 워낙 많아 전셋값 하락을 걱정할 필요가 없다. 또 마포구, 성동구 등 도심권은 입주물량이 사라지고 있다. 재개발·재건축 등 정비사업 규제로 인해 사업 속도는 매우 느려질 것이다. 즉 서울 핵심입지에 신축 공급물량이 갈수록 줄어든다는 것을 의미한다.

쉽게 말해 서울 핵심입지에 자리 잡은 재개발·재건축 등 정비사업 '출신' 서울 재고아파트는 전세레버리지투자처로서 가치가 있다. 30~40대 직장인의 직주근접수요, 학군수요가 있는 역세권 아파트라면 투자가치가 더 높다. 2002년 전후 입주 아파트로 안목치수가 적용되고 100% 지하주차장을 갖췄다면 더욱 좋다. 요즘 30~40대가 선호하는 커뮤니티 시설이 풍부하다면 가치는 더더욱 높아진다.

다만 서울 도심 신축급 전세레버리지투자 갭이 매매가 상승폭이 커지면서 3억 원 이상으로 벌어지고 있다. 따라서 역발상 투자로 투자 시점에 낮았던 전셋값이 보유기간 중 오를 가능성이 높은 곳에 투자해야 한다.

전세레버리지투자가 어렵다면

...

전세값이 하락하지 않는다면 전세레버리지투자가 안전하지만, 전세가율 하락기에 다른 투자법은 없을까? 만약 3억~4억 원 여유자금이 있다면 2018~2020년 일반분양하는 재개발 아파트 입주권을 추천한다. 다만 정비사업 재당첨제한은 유의해야 한다. 그리고 대출규제로 이주비 대출규모와 추가분담금 중도금 대출도 계약 전 확인해야 한다.

최근 시세분출 중인 왕십리뉴타운, 청량리역세권, 답십리역세권 등 재고아파트를 고집하기보단 사업 속도가 빠르고 일반분양물량이 많아 사업성이 좋을 것으로 기대되는 재개발 입주권 투자도 전세레버리지투자에 비해 수익률이 뒤지지 않을 것이다. 2018년 1월 23일까지 사업시행인가를 신청한 재개발구역 중에서 감정평가가 나온 곳이 안전한 투자처다.

앞에도 언급했지만 지금은 대세상승장 후기다. 수도권 입주물량이 늘어나는 시기가 시작됐다. 희소가치가 있어 상승장 후기에도 빛을 발할 아파트에 투자해야 한다. 범강남권에선 삼성역·수서역·잠실역 접근성이 좋은 아파트가 희소가치가 높을 것이다.

무주택자와 1주택자에게
추천하는 똑똑한 아파트

2018년 여름 수도권 주택 시장은 비관론과 낙관론이 공존하는 시기였다. 국내외 변수가 계속 발생하면서 시장이 불확실해졌기 때문이다. 하지만 부동산 투자로 최대의 수익을 남기려면 현실적 낙관주의자가 되는 것이 중요하다.

대세하락장이 오지 않는 한 시장에 대응하는 방법은 부동산 투자자가 처한 상황에 따라 달라야 한다. 2015년 전후에 투자한 다주택자라면 갈아타거나 현금화시키는 시점을 고민해야 한다. 다주택자는 초기투자비가 늘어나 본인이 보유한 아파트보다 기대수익률이 높은 아파트가 시장에 많지 않다. 따라서 관망할 필요와 여유가 있다.

실수요자 입장에서는 2015년 이후 대세상승장에서 5차 상승랠리를 앞두고 똑똑한 아파트를 구입하거나 갈아타는 것, 즉 똑똑한 한 채를 내 것으로 만드는 것이 중요하다.

실수요자에게 권하는 똘똘한 아파트 한 채

...

실수요자는 지금이라도 똘똘한 아파트 한 채로 '경제적 시민권'을 보유하는 게 중요하다. 무주택자 또는 1주택자 등 실수요자에게 추천할 만한 똘똘한 아파트는 어떤 아파트일까? 우선 실수요자는 똘똘한 아파트를 한 채 사기 전에 다음의 3가지를 명심해야 한다.

첫째, 실수요자 본인이 감당할 수 있는 아파트를 사야 한다.

지금은 대세상승장 4년차다. 금리상승기에 접어든 이때 무리하게 대출을 받아 똘똘한 아파트로 갈아타는 것은 지양해야 한다. 매매가가 하락하더라도, 대출이자가 늘어나더라도 4년 이상 보유할 소득과 펀더멘털이 있어야 한다.

둘째, 예측하지 말고 대응해야 한다.

시장을 왜곡하는 규제정책의 시대에 수도권 주택 시장을 예측하는 건 사실 무의미하다. 코스톨라니의 달걀모형, 벌집순환모형 등의 이론은 별쓸모가 없다. '입주물량 vs. 이주수요'에서 누가 이길지는 시장이 냉정하게 판단할 것이다.

규제정책의 시대에 거래량 감소는 매매가와 아무 상관이 없다. 규제로 시장 매물량을 줄여놓고 팔 사람은 팔지 못하게, 살 사람은 사지 못하게 해놓았는데 거래량이 늘어난다면 그건 바로 거품 붕괴, '튤립 투기'를 알리는 전조다. 지난 2004년 참여정부처럼 일시적으로 양도세 중과 등 규제를 완화하면 거래가 늘어나 매매가 하향안정세를 보일 것이다.

또 종부세안이 사실상 확정되면서 3주택자 등 다주택자가 매물을 내놓을지 말지도 실수요자는 신경을 꺼도 좋다. 소액 갭투자자가 아닌, 3주택 이상 다주택자는 부동산 고수다. 양도세 중과가 유지되는 한 시장에 매물이 넘치지 않는 한 섣불리 매물로 내놓지 않는다.

셋째, 대출을 공격적으로 활용해야 한다.

첫 번째와 상충되는 이야기처럼 들리겠지만 대출규제수위가 높더라도 실수요자는 적극적으로 대출을 받아 똘똘한 아파트를 한 채를 자신의 것으로 만들어야 한다. 대출규제수위가 높아진다는 건 집값이 계속 상승한다는 의미다. 집값이 하락하면 대출규제는 완화되기 마련이다. 실수요자에겐 아파트 한 채가 자산의 전부이므로 정말 똘똘한 아파트를 사야 한다.

똘똘한 아파트의 의미와 종류

...

필자가 생각하는 똘똘한 아파트는 도심에 위치하거나 도심 접근성이 좋은 곳이다. 서울 기준으로 3도심과 7광역 중심에 접근성이 좋은 아파트다. 3도심인 4대문(한양도성), 영등포·여의도, 강남의 골든트라이앵글에 가까울수록 좋다. 7광역 중심에선 용산을 비롯해 잠실, 청량리, 왕십리, 상암, 수색, 마곡을 주목해야 한다.

3도심이나 7광역 중심에 물리적 거리가 가깝다고 똘똘한 아파트는 아니다. 주거의 질을 좌우하는 주거 인프라가 좋아야 한다. 아파트 건축물 자체도 경쟁력이 있어야 한다. 2008년 이후 입주해 지하주차장을 갖추고 층간소음이 덜한 아파트를 추천한다. 한마디로 자녀 한두 명 키우는 30~40대 직장인이 자녀를 키우기 좋은 주거환경을 갖추고 동시에 통근하기 부담 없는 생활권 내 신축 아파트가 똘똘한 아파트다.

주거 인프라가 좋아지려면 서울 등 대도시에선 재개발·재건축 등 정비사업으로 낡은 주택이 신축으로 바뀌는 속도가 빨라야 한다. 정비사업 속도가 빨라지려면 땅값이 올라야 한다. 땅값이 오르려면 개발압력이 높아져야 한다.

개발압력이 높아져 개발호재가 실현되면 주거 인프라는 좋아질 수밖에 없다. 우선 전철망이 들어서고 도로가 신설되거나 확장된다. 이어 도서관·스포츠센터·공원·관공서 등이 들어서서 인프라가 풍부해진다. 물론 10년 안팎 시간이 걸리지만 학군도 좋아진다.

다만 개발압력이 높더라도 개발이 실현되지 않으면 소용이 없다. 개발호재가 실현되는 타이밍을 실수요자 스스로 판단해야 한다. 정비사업은 건축허가라고 할 수 있는 사업시행인가를 받은 구역이 많으면 개발호재가 실현되기 시작하는 타이밍이다.

전철망 등 개발호재가 실현되는 타이밍을 손쉽게 확인하는 방법은 나랏돈이나 지방자치단체의 돈이 투입되는 시점을 확인하는 것이다. 예를 들어 기본계획안 고시를 앞두고 있는 월곶판교선의 경우 2017년 12월에 설계비 51억 원이 2018년 국비 예산으로 확정됐다. 이를 알았다면 이미 2018년 1~6월에 역세권 중심으로 똑똑한 아파트 한 채를 살 수 있는 기회를 잡았을 것이다.

앞에서도 언급했지만 직주근접성이 좋아지고 주거 인프라가 좋아지면 30~40대 직장인이 몰려든다. 그래서 마포자이1차, 공덕파크자이, 공덕자이가 똑똑한 아파트다.

따라서 무주택자, 1주택자 등 실수요자는 마포자이1차와 같은 똑똑한 아파트를 찾아 계약하는 것이 중요하다. 특히 1주택자는 주택을 구입하고 잔금 기준으로 1년이 지났다면 똘똘한 아파트를 계약하는 것이 좋다. 그리고 기존의 주택은 똘똘한 아파트를 산 지 3년 이내(종전 주택과 신규 주택이 모두 조정대상지역인 경우 9·13대책 이후 2년 이내) 매도하면 된다. 주택은 물론 입주권도 마찬가지로 양도세 비과세 혜택을 받을 수 있다. 투기지역, 투기과열지구, 조정대상지역이라고 무조건 양도세 중과 대상은 아니다.

마지막으로 필자가 생각하는 똘똘한 아파트는 개발호재가 문재인 정부에서 실현돼(기본계획안이 확정되거나, 착공하거나, 최소한 예비타당성조사나 민자적격성을 통과한 경우) 주거 인프라가 좋아지는 생활권 내 아파트다. 여기에 직주근접 가치가 높아지고 정비사업 이주수요가 많은 곳이면 완벽하다. 수도권 1기 신도시 등 1990년대 입주해 지은 지 20년 이상 된 낡은 아파트가 급증하는 지금 반포발·압구정발 재건축 사업은 수도권 주택시장에서 태풍의 눈이 될 것이다.

실수요자에게 추천하는 똘똘한 아파트 상품

...

실수요자에게 추천하는 똘똘한 아파트 상품은 보유세 부담이 적은 재개발 입주권이다. 특히 정비사업 사업 속도가 빠른 투기지역, 투기과열지구, 조정대상지역 입주권을 추천한다. 입주까지 4년 이상 남은 수도권 A급(입주 시점에 84타입이 최소 10억 원 이상) 입주권(또는 지분)을 매수하는 것이다. 최소한 사업시행인가를 받고 감정평가액이 조합원에게 통보된 구역이 좋다. 또 조합원분양 신청이 끝나고 평형 배정이 끝났다면 더욱 좋다.

입주 시점인 2023년 이후 수도권 정비사업 신축 희소가치는 급상승할 것이다. 그러면서 시장의 역습이 시작될 것이다. 수도권 입주권은 84타입이 가장 좋지만 자금이 부족하다면 59타입도, 40타입도 좋다. 입주권이 입주할 때까지 거주할 집이 없다면 전세자금대출을 받아 전셋집을 구하면 된다.

무주택자나 1주택자는 지금 관망할 때가 아니다. 계약할 때다. 지금 계약해야 마지막으로 계층이동의 사다리에 올라탈 수 있다.

안전진단 강화가
몰고 올 나비효과

대출을 억제하고, 양도세를 올리고, 보유세도 올리려 하고, 여기에 서울 집값 상승의 진앙지인 강남 아파트값을 잡기 위해 안전진단 강화라는 카드까지 꺼냈다. 과연 단기처방만으로 상승장에서 강남 아파트값이 진정될까? 재건축 안전진단 강화는 어떤 나비효과를 몰고 올까?

강력한 재건축 규제책은 재건축 사업을 원천적으로 봉쇄하는 것이다. 안전진단 강화 및 재건축 연한 강화가 대표적이다. 특히 안전진단 강화는 재건축 기대심리를 꺾는 강력한 대책이다.

안전진단 강화의 의미

...

안전진단을 강화한다는 것은 상승장에서 사업단계별 폭등하는 재건축 사업을 처음부터 막겠다는 의미다. 문재인 정부는 단기급등한 강남 아파트값이 재건축 사업을 막으면 안정될 것으로 오판하고 있다. 이제 재건축 연한 30년이 지나도 아파트 건물에 치명적인 결함이 없다면 안전진단을 통과시키지 않겠다는 것이다.

현재까지 안전진단 전후 재건축 사업 추진 절차는 다음과 같다.

우선 토지소유자의 10% 이상 동의를 받아 예비안전진단(시군구 부담)을 받는다. 이에 앞서 통상 재건축추진위원회를 구성한다. 이어 전문기관에 의뢰해 정밀안전진단(추진위 조합 부담)을 받는다. 정밀안전진단 D등급 또는 E등급을 받으면 재건축 사업을 추진할 수 있다. 이어 서울 등 수도권 대도시 재건축 단지 대부분은 정비구역 지정을 받아야 한다. 시군구 도시계획위원회에서 심의를 받는다.

안전진단이 통과되고 정비구역이 지정되면 조합설립추진위원회를 구성한다. 이때 소유자의 50% 이상의 동의를 받아야 한다. 이어 조합설립인가(소유자 75% 이상 동의)를 추진한다.

하지만 2018년 3월 말부터 정밀안전진단에서 D등급 이상을 받기가 힘들어졌다. 우선 시군구 담당 공무원이 육안검사하는 예비안전진단 단계부터 공공기관이 참여토록 했다. 또 민간전문업체의 정밀안전진단에서 구조안전성 평가 비중을 현재 20%에서 50%로 대폭 상향했다. 조건부 재건축인 D등급을 받은 경우 공공기관의 적정성 검토가 의무화된다.

안전진단 강화의 나비효과

...

재건축 시장에서 안전진단 강화는 참여정부에서 파괴력이 입증됐다. 참여정부에서 안전진단 강화가 시행된 2003년 7월 이후 2006년까지 안전진단 통과 후 재건축을 추진하는 단지가 손에 꼽을 정도다. 통과되더라도 '재수', '삼수'를 해서 어렵게 통과됐다.

목동, 노원구, 송파구 등 안전진단을 실시하지 않은 단지에게 안전진단 강화는 최대 악재다. 그래서 이젠 시간싸움이다. 안전진단을 통과한 단지도 호재만은 아니다. 단기적으로 풍선효과를 볼 수 있겠지만 5년 이상 중장기적으로 보면 악재다.

특히 투기과열지구는 초과이익환수제에다 재건축 조합원 지위 양도금지까지 겹쳐 발목을 잡을 것이다. 사업 속도가 지금보다 2~3배 이상 늦어질 것이다. 안전진단을 통과했다고 하더라도 조합설립인가 전후, 시공사 선정 이전이라면 더욱 그렇다.

이제 건설사는 서울 등 수도권 재건축 단지에서 수주에 미온적일 것이다. 재건축 규제수위가 높아질수록 사업성이 악화되기 때문이다. 재건축 대신에 흑석9구역, 신당8구역, 갈현1구역 등 재개발을 적극적으로 수주할 것이다. 참여정부처럼 수도권을 피해 규제가 덜한 부산, 대구 등 지방 대도시 정비사업을 수주할 것이다.

문재인 정부는 강남 집값이 안정되지 않는 한 재건축 규제수위를 높일 것이다. 추가 재건축 규제책으론 재건축 연한 강화, 재건축 후분양제 의무화, 개발이익환수제, 기반시설부담금이 남아 있다.

여하튼 이번 안전진단 강화는 재건축 사업을 중단시킬 것이다. 남은 문재인 정부 기간 동안 재건축 사업이 중단되고 나면 누가 집권하든 다음 정부에선 신규 주택 공급부족으로 규제를 완화할 것이다. 하지만 규제완화를 해도 2023년 이후 5년 이상 재건축 등 정비사업 일반분양은 씨가 말라 시장의 역습이 시작될 것이다.

재건축 '암흑기'에 살아남은 재건축 아파트는 상승장을 맞으면 시세가

분출할 것이다. 참여정부에서 안전진단 등 재건축 사업을 시작해 MB정부 때 2009년 입주한 반포래미안퍼스티지(반포주공2단지 5주구)처럼 말이다.

참고로 참여정부에선 안전진단 강화에도 재건축 단지 매매가가 폭등했다. 2003년 2월부터 2006년 10월까지 서울 재건축 단지는 99% 급등했다. 사연 많은 대치동 은마 아파트 35평형은 매매가가 2002년에 5억 원대였다. 하지만 안전진단을 강화한 2003년 7월 이후 8억 원으로 치솟았다. 2006년 들어서 10억 원을 넘어서고 그해 12월에 13억 원을 돌파했다. 2010년 이후 8억 원대까지 하락했다가 지난 2015년부터 시작된 대세상승장을 맞아 2018년 8월 기준으로 18억 원을 넘어섰다.

서울도 부산과 대구처럼
1년 이상 조정장세가 올까?

2018년 1월 수도권 주택 시장은 4월 다주택자 양도세 중과 실시를 앞두고 다주택자는 물론 무주택자나 1주택자, 일시적 2주택자도 3월 말까지 매매계약을 하고 잔금을 치르려고 안간힘을 썼다. 매도자는 여유 있고 매수자는 초조한 매도자우위 시장이었다.

하지만 2월 이후 일시적 조정장세, 즉 단기 조정장세가 왔다. 5개월 조정장세를 끝내고 2018년 6~7월 바닥다지기를 거쳐 8월부터 반등했다. 그렇다면 대구, 부산처럼 서울, 인천, 경기 등 수도권 아파트 시장도 1년 이상 지속되는 조정장세가 올 것인가?

대구, 부산 아파트 시장 조정장세
...

대구, 부산의 조정장세 타이밍은 참으로 기묘하다. 대구가 2015년 12월 조정장세가 시작된 후 1년 6개월 만에 2017년 6월 조정장세를 끝내고 반등하기 시작했다. 하지만 부산은 10년에 걸쳐 계단식 상승장을 마치고 대구가 반등하자마자 2017년 8월부터 조정장세가 시작됐다. 특히 8·2대책이 결정타였다. 그리고 1년 이상 조정장세는 지속되고 있다.

대구는 2016년 한 해 동안 입주물량이 2014년, 2015년보다 2배 이상 늘어난 2만 3천 가구에 달했다. 대구 외곽(테크노폴리스, 옥포지구 등 달서구·달성군 공공택지 입주물량 폭탄)에서부터 조정장세가 시작됐다. 수요와 공급 밸런스가 완전히 무너지면서 매매가와 전셋값이 동반하락하기 시작했다. 3년간 고공행진하다 조정장세로 돌아선 것이다.

하지만 2017년 들어 대구의 강남으로 불리는 수성구부터 5월에 반등세로 돌아섰다. 수요에 비해 입주물량이 적은 데다 2017년 상반기까지 달성구, 달성군 입주물량이 소진되고 유동성장세에 신축 선호도가 높아지면서 상승세가 시작됐다. 특히 아파트 입주물량이 2017년(2만 1천 가구)을 정점으로 감소세(2018년 1만 3천 가구, 2019년 1만 가구)로 돌아섰다.

부산 아파트 시장은 2017년 8·2대책 이후 조정장세가 시작됐다. 2010년 이후 상승장이 계속된 데다 지난 3년간 급등에 대한 피로감에 입주물량까지 2017~2019년 동안 연간 2만 3천 가구 안팎이 쏟아졌다.

그럼 수도권 1년 이상 조정장세는 언제 올까?

...

주택 수급만 보고 서울 등 수도권 조정장세를 예측한다면 당분간 조정장세가 올 가능성은 낮다고 본다. 수급의 적정성을 판단할 때 네이버 블로거 쥬라기(blog.naver.com/gaajur)가 주창하는 세대 수(가구 수) 대비 주택 수가 가장 의미 있는 수치라고 본다. 쥬라기는 주택 수를 세대 수로 나눈 것을 '가구주택비율'이라고 표현했다. 통계청에 따르면 2016년(2015년 11월 1일 기준) 전국 가구주택비율은 86.2%로 전년 85.6%보다 0.54%p 늘어났다.

주택수요는 주택을 구매할 수 있는 사람, 즉 유효수요만 봐선 안 된다. 집을 살 능력이 없더라도 결국 세대를 만든 세대구성원은 집이 필요하다. 다세대 빌라나 다가구 오피스텔에 전세나 반전세 또는 월세라도 살아야 한다.

세대 수 증가는 전월세수요는 물론 매매수요를 증가시킨다. 2015년 이후처럼 매매가 상승을 기대한다면 자금이 부족하더라도 대출을 최대한 일으켜 매매수요로 돌아서게 된다.

가구주택비율은 서울 74.8%, 대구 81.3%, 부산 87.4% 순으로 세대 수 대비 주택 수가 상대적으로 적다. 주택을 소유한 세대 수(주택소유가구) 비율은 2017년 55.5%로 전년보다 0.52% 줄었다. 전국 세대 수 중 45% 가까이는 내집이 없다는 것을 의미한다. 대구 주택소유가구 비율은 57.5%, 부산 58.3%인데 반해 서울은 49.2%로 전국에서 가장 낮다.

한편 지역별 적정입주물량은 세대 수 대비 연간 입주물량으로 추정한다. 혹자는 세대 수가 134만 가구인 부산의 아파트 연간 입주물량이 2만 3천 가구인데 공급과잉이라고 한다. 그래서 조정장세가 왔다고 한다. 그럼 세대 수가 378만 가구에 달하는 서울의 입주물량이 2018년 3만 3천 가구, 2019년 4만 가구면 공급과잉인가?

부산 입주물량(2018~2019년 연평균 입주물량 기준)은 1.73%, 대구 입주물량은 1.18%다. 반면 서울 입주물량은 0.87%에 불과하다. 따라서 입주물량의 경우 서울은 부산이나 대구에 비해 공급과잉 가능성이 매우 낮다고 본다. 더욱이 서울은 멸실주택을 동반하는 재개발·재건축 등 정비사업 아파트 입주물량이 90%를 차지하고 있다. 수도권 공공택지도 고갈되고 있어 2018~2019년 매매 전세물량 소진이 순조롭다면 수도권 공급과잉 후유증(매매가와 전셋값 동반하락)은 오지 않을 것이다.

서울 입주물량은 공급과잉 가능성이 낮다

···

많은 사람들이 2018~2019년 화성·용인·시흥 등 경기권 입주물량 폭탄(경기 입주량 3.03%)이 서울 매매가에 영향을 미쳐 조정장세가 올 것이라고들 한다. 필자는 이에 동의하지 않는다. 전셋값엔 영향을 미칠 수 있지만 이들 입주물량에 비해 확실한 비교우위에 있는 서울과 과천, 분당, 평촌, 판교, 위례, 광교 등 경기권 아파트 매매가에 미치는 영향은 거의 없다고 본다.

예를 들어 동탄2신도시 분양권을 못 팔아서, 또는 마이너스 프리미엄으로 매도했다고 서울 매매수요가 줄어들진 않을 것이다. 물론 동탄2신도시도 2017년 10월 이후 북동탄을 시작으로 상승장이 시작됐다. 그러니 2016년 대구처럼 입주물량 폭탄으로 조정장세가 올 가능성은 낮다.

다만 2018년 4월 이후 수도권 아파트 시장은 입지가치에 따라 차별화와 양극화가 심해질 것이다. 수급 밸런스가 무너지는 지역, 비역세권, 실수요가 부족한 지역(가수요가 많은 지역, 특히 2018년 4월 이후 무주택자·1주택자나 일시적 1세대 2주택자가 외면하는 지역), 비선호 지역, 재건축이나 리모델링 가능성 없는 지역 등에 위치한 아파트 가격은 하락 가능성이 있다.

특히 저수지이론(물은 중심부터 차올라 외곽부터 마르는 것처럼 도심부터 가격이 오르고 외곽부터 가격이 하락한다는 이론)에 따라 대세상승장에 편승해 추격매수자의 오버슈팅으로 뒤늦게 오른 구축 아파트는 하락이 불가피할 것이다.

4장

매매 타이밍을
못 잡으면
부동산 가치투자도
없다

매매 타이밍을 놓치는
사람들의 유형 4가지

주택 시장이 침체기든 활황기든 부동산으로 부자가 될 수 없는 사람들에게는 공통점이 있다. 이러한 공통점을 2가지 이상 가지고 있다면 부동산으로 부자가 되는 길은 쉽지 않을 것이다. 하지만 현실적 낙관주의자로서 부동산 가치투자를 한다면 성공으로 가는 길은 순탄해질 수 있다. 이를 위해 먼저 부자가 될 수 있는 기초체력을 다져야 한다.

매매 타이밍을 놓치는 사람들의 유형을 살펴보고, 혹시 자신이 이런 유형에 속하는 것은 아닌지 진지하게 자문해보자.

바닥에 사서 꼭지에 팔겠다

...

첫 번째 유형은 바닥에 사서 꼭지에 팔겠다는 사람들이다. 주식과 마찬가지로 부동산 역시 바닥에 사서 꼭지에 파는 것은 현실적으로 불가능하다. 과거에 연연해하며 바닥으로 떨어지면 사겠다고 무턱대고 기다리는 사람들이 의외로 많다.

전문가, 아니 신이 아닌 이상 바닥이 언제인지, 또 꼭지가 언제인지 미리 아는 것은 불가능하다. 바닥을 친 뒤 오름세가 시작돼야 바닥인지 알수 있고, 꼭지가 오고 하락세가 시작돼야 꼭지인지 알 수 있는 것이다.

매입 타이밍으로 바닥을 고집하는 것은 헛된 망상에 불과하다는 사실을 명심해야 한다. 사고자 하는 부동산에 대한 선택과 집중으로 무릎이라고 판단하는 시점에 사는 것이 가장 좋다. 물론 지금이 무릎이냐 아니냐는 예측할 수밖에 없다. 따라서 일시적인 오름세인지, 대세상승인지 추세를 스스로 알아내는 눈을 키워야 한다.

리스크를 지나치게 우려해 저지르지 않는다

...

두 번째 유형은 시장을 비관하고 리스크를 지나치게 우려하다 아예 저지르지 않는 사람들이다. 특히 지난 2016년부터 2018년, 2019년 입주물량 폭탄으로 부동산이 폭락한다는 예측에 휘둘려 관망만 하던 부동산 개미들이 대표적이다.

물론 투자할 때 투자의 기회와 위험을 균형 있게 파악하고 분석하는 것은 당연하다. 하지만 기회보다 리스크만을 강조하며 투자해선 안 된다. '꼬투리'를 잡는 데 몰두하는 사람은 결국 저지를 수 없다. "가격이 너무 비싸다", "지금 샀다가 떨어지면 어떻게 해야 하나", "사놓고 오르지 않으면 책임질 것이냐" 등 지금 보이는 단점과 리스크를 지나치게 우려하다 매입 타이밍을 놓치게 되는 것이다.

워런 버핏은 리스크를 "자신이 하고 있는 투자 행동을 모르고 있는 상태"라고 말했다. 즉 투자 대상을 철저히 분석하지 않고 투자하는 것을 리스크로 봤다. 자신의 능력 범위 안에서 투자 대상을 독자적으로 정확하게 이해할 수 있다면 리스크는 투자의 성패에 중요하지 않다.

항상 남을 따라 매매 타이밍을 잡는다
...

세 번째 유형은 남을 따라 매매 타이밍을 잡는 사람들이다. 이런 유형의 사람들은 침체기 조정장세에 남들처럼 부동산을 사지 않고 관망한다. 아예 살 생각도 하지 않는다.

투자의 성패는 침체기에 어떻게 행동하느냐에 따라 판가름이 난다. 부동산으로 성공한 사람들은 모두 일반인이 살 때 팔고, 일반인이 팔 때 샀다. 바로 역발상 투자다. 부자의 눈으로 투자처를 선정하고 저가매수를 할 인사이트가 있기 때문에 가능했던 것이다. 물론 풍부한 자금도 기회를 놓치지 않는 데 한몫한다.

반면 부동산으로 부자가 될 수 없는 사람들은 가격이 올라야 관심을 갖기 시작한다. 이는 팔 때도 마찬가지다. 너무 빠른 매도와 너무 늦은 매수로 번번이 매매 타이밍을 놓친다.

쓸 돈도 없는데 무슨 투자냐?
...

네 번째 유형은 한마디로 돈이 없다고 체념하는 사람들이다. 당장 쓸 돈도 없는데 무슨 부동산 투자냐며 아예 관심조차 두지 않는다.

물론 돈이 없는 상황에서 무리하게 대출을 받거나 빌려서 부동산에 투자하는 것은 지양해야 한다. 하지만 아예 관심조차 갖지 않는 것은 부동산으로 돈을 벌 수 있는 기회를 스스로 원천봉쇄하는 것이다. 투자와 돈의 많고 적음은 상관없다는 것은 투자의 역사에서 이미 입증된 바 있다.

이런 유형의 사람들은 부동산 투자의 첫걸음인 종잣돈을 마련하는 데도 별 관심이 없다. 부동산 투자는 1천만 원만 있어도 시작할 수 있다. 돈이 없다고 한탄하고 불평만 하며 종잣돈을 마련하지 않는 사람이라면 부동산으로 절대 부자가 될 수 없다.

타이밍을 잡을 때
하지 말아야 할 실수 5가지

경영자가 원하는 비즈니스를 모두 추진한다고 해서 결코 사업에 성공하는 것은 아니다. 경쟁사 동향 및 시장 예측, 그리고 가장 중요한 요소인 인재 확보 등을 고려해 지속적으로 경쟁우위를 유지할 수 있는 핵심 사업에 집중해야만 성공할 수 있다.

부동산 투자도 마찬가지다. 투자에 성공하기 위한 방법은 무수히 많다. 하지만 성공하기 위해서는 실수를 하지 않는 것도 매우 중요하다. 투자에서 실수를 저지르는 일 자체는 인간의 태생적인 한계로 불가피한 것이지만, 부동산 투자자가 절대로 저지르지 말아야 할 실수는 분명히 존재한다. 다음의 5가지 실수를 혹시 저지르고 있지는 않은지 곰곰이 생각해보자.

여론에 이끌려 투자하면 실패할 수밖에 없다

...

첫 번째 실수는 여론에 따라 투자 여부를 결정하는 것이다. 여론에 이끌려 부동산 투자를 한다면 결코 성공할 수 없다. 경제 분야의 여론은 언론 보도나 국책기관, 민간 연구소 연구원의 리포트, 공무원의 말에 따라 좌 지우지되는 경우가 많다. 특히 '꼬리 잃은 여우' 등 전문가들이 부동산 시 장을 예측하면서 버블 붕괴 등을 설파하며 여론을 한 방향으로 몰고 가 는 경우도 많다.

결론적으로 전문가들이 지금까지 미래경제를 제대로 예측한 경우는 한 번도 보지 못했으며, 앞으로도 계속 그럴 것이다. 오지도 않은 미래경제 를 예측할 수 있는 능력을 갖췄다면 경제 전문가들이 굳이 월급을 받으 며 일할 필요도 없을 것이다.

여론이나 시장 상황의 좋고 나쁨에 현혹되지 않고 투자자가 독야청청 일관성을 유지하기는 현실적으로 힘들다. 하지만 시장 상황을 꿰뚫어보 고 진실이 무엇인지 찾아내는 사람만이 막대한 투자수익을 올릴 수 있 다. 투자 대상의 펀더멘털에 근본적인 변화가 없는 한 적절한 때, 즉 4년 이상 보유하면서 내재가치가 가격으로 현실화되는 시점을 기다려야 할 것이다.

과거 통계 수치에 너무 집착하지 마라

...

두 번째 실수는 과거 빅데이터, 통계 수치에 따라 투자하는 것이다. "차트 는 우리에게 현재까지의 시장 움직임을 알려준다. 그러나 앞으로 어떻게 될 것인지는 알려주지 못한다." 차트 분석은 주관적이다.

대표적인 예가 과거 버블 논쟁이다. 전문가들은 오지도 않은 버블이 이미 왔다거나 오기 직전이라면서 일본의 사례와 각종 과거 통계 수치를 바탕으로 설득력 있는 호소를 한다. 특히 강남권 아파트값이 과거 3년 또는 5년 전보다 최고 몇 % 올랐다거나, 소득·물가상승률·경제성장률에 비해 올라도 너무 올랐다며 과거 통계 수치와 비교해볼 때 적정가를 크게 벗어나 버블이 발생하고 있다고 주장한다. 하지만 이 같은 과거 통계 수치에 지나치게 매달리다 보면 최적의 매매 타이밍을 놓치게 된다.

잘못된 통계 수치에 현혹돼 이미 오른 아파트값은 더 이상 오르지 않을 것이며, 오르지 않은 아파트값은 앞으로 상승할 것이라는 잘못된 믿음을 갖게 돼 결과적으로 투자손실을 입을 수 있다. 지난 몇 년간 몇 % 올랐다거나 내렸다는 통계 수치가 미래의 아파트값에는 거의 영향을 미치지 않는다는 것을 명심해야 한다. 가격은 오로지 내재가치 등락에 따라 오르내리는 것이다.

바닥이 아닌 무릎에 사야 한다

...

세 번째 실수는 바닥에 도달할 때까지 기다리는 것이다. 버블과 마찬가지로 최저가, 즉 바닥시세라는 사실을 알려면 일단 바닥을 쳐야 한다. 즉 가격이 다시 오름세를 타야만 바닥을 쳤다는 것을 알 수 있다. 이 때문에 무릎에 사라는 말이 나온 것이다.

이를 두고 미국의 주식 가치투자자인 피터 린치는 그의 저서 『전설로 떠나는 월가의 영웅(One Up on Wall Street)』에서 "주가가 하락하고 있는 종목을 최저가로 잡으려고 하는 것은 마치 수직 낙하하는 칼을 잡으려는 것과 같다. 그 칼이 땅에 닿아 꽂혀서 잠시 흔들리다가 고정될 때까지 잡지 말고 기다리는 것이 좋다. 급속하게 떨어지는 주식을 잡으려 하다가는 필연적으로 칼날 쪽을 잡게 되므로 크나큰 고통만을 가져다줄 뿐이다"라고 했다.

시장 상황에 따른 시세 변동을 기준으로 부동산을 매입하기보다는 하락세에서 오름세로 돌아설 수 있는 추세와 거래량을 보고 판단하는 것이 바람직한 가치투자자의 자세다.

가격은 결국 가치를 반영하기 마련이다

...

네 번째 실수는 이미 오를 만큼 오른 부동산은 더 이상 오르지 않는다는 잘못된 신념에서 비롯된다. 이는 보통 사람이 투자할 때 가장 많이 저지르는 실수다. 5년 전보다 3배가 오르고 다른 지역보다 2배 이상 가격이 비싸다면 이미 오를 만큼 올랐다고 생각하는 것이 일반적이다.

하지만 앞에서 언급했듯이 부동산에서는 과거나 현재의 가격이 미래의 가격에 거의 영향을 미치지 않는다. 주식이든 부동산이든 현재가치보다 미래가치가 더 높다면 가격은 현재보다 향후 3년간 2배나 3배 더 오를 수도 있다. 물론 미래가치가 부정적이면 내려갈 수도 있다.

미래의 부동산 가격은 과거의 상승폭이나 상승률이 아닌, 미래가치의 수익성과 성장성에 따라 현재보다 더 오를 수 있다. 가격은 시간과 인내를 필요로 하지만 결국 가치를 반영한다.

투자 기회를 놓친 데 따른 손실은 만회할 수 있다

...

다섯 번째 실수는 해보지도 않은 투자에 대해 후회하는 것이다. "2년 전에 그 아파트를 샀으면 지금 2억 원은 벌었을 텐데." 주변에서 흔히 듣는 말이다. 하지도 않은 투자에 대해 투자한 사람과 비교해 투자손실로 간주하는 것은 투자자로서 매우 비생산적인 자세다. 이런 자세로는 투자에 성공할 가능성이 매우 낮다. 아니 실패할 가능성이 훨씬 높다.

실제 투자로 인한 손실을 입은 것도 아니면서 마치 손실을 본 것처럼 과거에 집착한다면 향후 투자하기가 더 힘들어질 뿐만 아니라 투자를 하더라도 자제심을 잃고 감정에 치우쳐 사서는 안 될 부동산을 서둘러 사게 된다. 즉 사려고 했던 부동산값이 너무 올라 차선책으로 제2의 부동산을 매입했는데 상승폭이 미미하거나 오히려 가격이 내려간다면 결과적으로 기회를 놓친 데 따른 가상의 손실이 실제 손실로 이어지게 되는 것이다.

투자를 하지 않음으로써 손실을 입었다고 과거에 집착하기보다는 투자 대상에 대한 선택과 집중으로 내재가치를 분석하는 것이 투자 성공으로 가는 지름길이다.

부동산을 사야 할
진짜 타이밍을 노려라

부동산 가치투자자에게 투자하기 좋은 타이밍은 언제일까? 이에 앞서 보통 사람은 어떻게 부동산 매입 타이밍을 잡는지 한번 살펴보자.

부동산 규제정책이 시행되고, 금리가 인상되며, 소비 회복은 더디고 경기가 다시 침체될 것이라는 부정적인 분석들이 쏟아지면 보통 사람들은 매입 타이밍을 늦춘다. 즉 시장 상황에 휘둘려 매입 타이밍을 결정하는 것이다. 그러다 부정적인 상황이 개선되는 징후가 보이면 매입 타이밍을 잡아야겠다고 생각한다. 이런 생각 때문에 결과적으로 다른 사람이 살 때 따라 살 수밖에 없는 것이다. 따라서 투자수익률도 낮아질 수밖에 없다.

이처럼 부동산 시장 상황의 좋고 나쁨에 따라 매입 타이밍을 잡아서는 안 된다. 이 경우 성공할 가능성보다는 오히려 실패할 가능성이 높기 때문이다.

단기적인 경제 예측에 이끌리면 안 된다

...

경제 전문가들은 경제 예측에 중점을 둔 부동산 시장에 다음과 같은 방식으로 접근한다.

> 유가는 오르고 미국의 금리 인상이 계속되고 있는 상황에서 전 세계적으로 부동산 버블 위험이 높아지고, 각국 중앙은행들은 인플레이션과 싸우면서 금리 인상 조치를 취해 글로벌 유동성이 줄어들고 있다. 우리나라도 환율은 하락하고 수출은 위축되고 있다. 북핵 문제도 위협적이다. 글로벌 추세에 맞춰 향후 선제적으로 금리 인상이 이뤄질 것이다. 따라서 가계 소비는 위축되고 주택담보대출 금리까지 올라 서민들의 고통은 커질 것이다. 경기 역시 회복되는가 싶더니 다시 위축되고 있다.
>
> 이런 가운데 종합부동산세와 양도세 부담은 커지고 정부의 투기억제정책 의지는 확고해 앞으로 주택 시장의 침체와 가격 하락이 예상된다. 이렇게 시장 상황이 좋지 않으니 부동산을 매입하는 것은 바람직하지 않다. 시장 상황이 나아질 때까지 매입을 유보해야 한다.

이렇게 미래의 경기 흐름을 예측하고 투자하는 것을 당연하게 여기게 된 이유는 지금까지 오랫동안 보통 사람들이 기업이나 정부 기관에서 나오는 경제 예측 정보를 지나치게 신뢰했기 때문이다.

"경제 예측에 대한 집착은 인간이 과거에 일어난 일을 미리 내다보지 못한 사실을 합리화하기 위한 방법"이라는 피터 린치의 지적은 설득력을 갖는다. 즉 앞으로 다가올 리스크에 대비하기 위해 과거를 돌아보는 데 시간을 허비해봤자 아무 소용이 없다는 것이다. 과거 지향적인 사고 방식과 행동은 정작 필요한 부동산 투자 대상에 대한 조사·연구·분석을 소홀하게 만든다.

투자손실은 대부분 시장 상황 탓이 아니라 잘못된 부동산, 즉 내재가치 가 떨어지는 부동산을 샀을 때 발생한다는 사실을 명심하자.

단기적인 경제 예측에 따라 매입 타이밍을 결정하는 것이 올바른 방법 이 아니라면 과연 매입 타이밍은 어떻게 잡아야 할까? 가치투자에서 진짜 중요한 매입 타이밍은 2가지다.

내재가치에 비해 시장가격이 떨어질 때를 노려라
...

첫째, 내재가치에 비해 시장가격이 떨어질 때다. 먼저 시장가격이 떨어지기 전에 매입할 투자 대상을 미리 선정해야 한다. 이를 위해 항상 투자 대상에 집중하고 정보를 수집하며, 조사·연구·분석하는 자세가 필요하다.

시장가격이 떨어지는 경우 2가지도 살펴보자. 하나는 계절적인 비수기 일 때다. 주택 시장의 계절적 비수기로는 5~6월, 10~11월이 대표적이다. 이때는 봄(2~3월)·가을(8~9월) 성수기가 끝나 매물도 많지 않고 매수세도 크게 줄어드는 시기다. 가격이 떨어지는 경우보다는 약보합세를 유지하는 경우가 많아 현실적으로 급매물을 노리는 것이 좋다.

또 하나는 경기침체 또는 정부의 규제정책에 따라 일시적으로 가격이 하락하는 시기다. 대표적인 시기는 2005년 8·31대책, 2017년 8·2대책 직후가 있었다. 정부의 규제정책이 발표되면 매도 타이밍을 놓친 매도자 들은 더 가격이 하락할 것을 두려워해 매물을 내놓는다. 대세하락장이 아니라면 규제정책은 집값을 안정시키지 못한다는 확신이 있고 실행력이 있는 사람만 저점 매입할 기회를 잡을 수 있다.

부동산 투자 대상의 내재가치 변화에 주목하라

...

둘째, 투자 대상의 내재가치 변화, 즉 내재가치가 상승하거나 일시적으로 하락한 시기다. 내재가치가 시장가격에 반영되기 전부터 투자 대상의 내재가치에 집중함으로써 남보다 한발 앞서 투자하는 것이다.

대표적인 예가 재건축 단지의 사업 속도다. 내재가치와 직결되는 사업 속도를 알기 위해서는 조합장이 어떤 사람이고, 어떤 방식으로 조합을 운영하고 사업을 추진하는지 조사해봐야 한다. 또 조합원 간에 갈등은 없는지, 있다면 언제 해소 가능한지 분석해야 한다. 정부 정책에 따른 리스크는 얼마나 되는지도 반드시 체크해봐야 한다. 특히 조합설립인가에서 관리처분인가까지 사업 속도를 평가하고 사업성과 수익성을 검토해야 한다.

사업 속도가 늦어져 시장가격을 떨어뜨릴 가능성이 있지만 내재가치(사업 속도가 빨라져 대표 단지로서 가치가 상승하는 경우)에 변화가 없다면 침체기나 조정장세에 저점 매입 기회를 놓치지 말아야 한다.

개발호재에 따라 내재가치가 높아지면 시장가격에 바로 반영되기도 하지만 시차를 두고 반영되는 게 일반적이다. 지하철을 예로 들면 개발 계획이 발표된 시점, 기본계획안이 고시되는 시점, 실시계획이 확정되는 시점, 착공되는 시점, 개통되는 시점에 따라 역세권 아파트값은 지속적인 상승세를 보인다. 가치투자자라면 개발호재에 따른 내재가치를 현장에 가서 조사하고 평가한 뒤 시장가격에 반영되기 전에 사야 한다.

성공적인 매입 타이밍을 잡기 위해서는 미래의 경제 상황과 부동산 시장을 예측하는 데 시간을 소비하기보다는 자신이 사고자 하는 부동산 투자 대상의 내재가치 변화에 집중해야 한다.

매입 타이밍 못지않게
매도 타이밍도 중요하다

매입 타이밍과 매도 타이밍의 중요성을 비교해보면 매도 타이밍이 결코 매입 타이밍에 뒤지지 않는다. 특히 4년 이상 장기투자로 100% 이상의 투자수익률을 목표로 하는 가치투자자에게 매도 타이밍은 더더욱 중요하다.

적정한 타이밍에 자신만의 투자 원칙에 따라 부동산을 샀다면 언제 팔아야 할지도 쉽게 알 수 있을 것이다. 원론적으로 팔기 적당한 타이밍은 내재가치가 시장가격에 모두 반영됨으로써 수명을 다한 시기다. 다만 문제는 내재가치가 수명을 다해 더 이상 올라가지 않는 시기가 언제인지 알기 힘들다는 것이다.

부동산을 반드시 팔아야 할 경우와 팔아서는 안 되는 경우에 대해 각각 살펴보자.

반드시 부동산을 팔아야 하는 경우 3가지

...

첫째, 실수로 잘못 매입한 경우다.

시장가격보다 내재가치가 뛰어나다고 판단해 매입했지만 시간이 흐를수록 내재가치가 당초보다 낮다고 판단되는 경우가 있다. 이때 자신의 투자 결정에 대한 자존심 때문에 최소한의 이익을 볼 때까지 매도를 유보하겠다는 생각은 엄청난 투자손실을 가져올 수 있다는 사실을 명심해야 한다. 내재가치가 떨어진 부동산을 계속 보유하고 있으면 더 나은 부동산을 매입할 기회를 놓치는 것은 물론, 활황기에 내재가치가 풍부한 부동산보다 상승폭이 적어 이중으로 손실을 보게 된다.

따라서 이 경우 먼저 매도하고 매입 당시 잘못된 판단을 내린 이유를 찾아내 앞으로 똑같은 실수를 반복하지 않는 것이 중요하다. 매도한 다음에는 새로운 투자처를 찾아야 한다.

둘째, 자신만의 부동산 가치투자 원칙을 어기고 매입한 경우다.

침체기 또는 활황기에 투자 대상에 대해 잘 모르는 상태에서 주변 사람이나 전문가의 말을 믿고 투자하는 경우가 있다. 또 불확실한 호재나 단기 시장 변동에 따라 매입하는 경우도 있다. 결과적으로 부동산 가격이 활황기에는 조금 오르고 침체기에는 크게 하락해 투자손실을 입게 되는 것이다.

셋째, 드문 경우지만 보유 부동산보다 투자가치가 더 높은 부동산을 발견한 경우다.

가치투자 원칙에 따라 투자했다면 갈아타기를 통해 투자수익을 극대화할 수 있는 다른 투자처는 거의 없다고 보는 게 좋다. 그럼에도 불구하고 보유 부동산보다 내재가치가 풍부해 매력적인 투자처라고 확신한다면, 또 갈아탈 대상이 투자 원칙을 충족한다면 세금 부담이 있더라도 갈아타기를 실행할 수 있다.

여기에서 말한 3가지 경우에 해당되지 않는다면 대부분의 투자가 실패로 끝날 가능성이 높다.

절대로 부동산을 팔아서는 안 되는 경우 3가지

...

가치투자자라면 '반드시 팔아야 할 타이밍'이 언제인가보다 '절대로 팔아서는 안 되는 타이밍'을 아는 것이 더 중요하다. 보유하고 있는 부동산을 절대 팔아서는 안 되는 경우 3가지를 살펴보자.

첫째, 침체기가 다가오고 있으므로 팔아야 한다는 경우다.

피터 린치는 주변의 근거 없는 주장에 따라 투자자들이 섣불리 매도할 수밖에 없는 상황을 '북소리 효과'로 분석했다. 부동산 침체기에는 많은 사람들이 TV나 라디오, 신문에 나오는 전문가들의 다음과 같은 말에 흔들리게 된다.

"금리가 인상되고 세금 부담도 늘어나 이제 부동산 거품이 빠질 시기가 다가왔다."

"금리가 더 오르기 전에 팔아라."

"불경기가 오기 전에 팔아라."

"대출금리가 오르면서 서민들의 대출 부담이 늘어나 생계형 급매물이 크게 늘어날 것이다."

또 주변 사람들이 이런 말을 하기도 한다.

"그 아파트값은 이제 오를 만큼 올라 더 이상 오르기 힘드니 욕심 그만내고 팔아라."

"너무 고평가된 데다 침체기에 부동산 거품이 빠지기 전에 파는 게 좋다."

"단기간에 가격이 너무 올라 조만간 하락할 것이다."

이와 같이 전문가와 주변 사람들, 언론의 '북소리'에 휩쓸려 부동산을 팔아서는 안 된다. 부동산 사이클상 17년 주기로 오는 대세하락장이 아니라면 주변의 무성한 '북소리'는 무시해도 좋다. 침체기가 온다는 이유로 내재가치가 풍부한 부동산 매입을 미루는 경우와 마찬가지다. 침체기를 이유로 내재가치가 풍부한 부동산을 판다면 장기적으로 매우 값비싼 대가를 치르게 될 것이다.

침체기의 가격 하락을 지나치게 염려해 지속적으로 오를 수 있는 내재가치를 지닌 부동산을 팔아버리는 투자자들을 주변에서 흔히 볼 수 있다. 이 경우 오히려 부동산 가격이 계속 오를 때가 많다. 이 같은 실수, 아니 명백한 잘못은 침체기에 판 부동산을 이전에 판 가격 이하로 다시 살 수 없다는 것만 봐도 알 수 있다.

보통 사람들은 뒤늦게 섣부른 매도를 후회하며 자신이 매도한 가격보다 떨어지면 사겠다고 기다리지만 그런 날은 절대 오지 않는다. 설령 그런 날이 오더라도 역시 두려움 때문에 다시 매입하지 못하는 경우가 많다.

둘째, 고평가됐기 때문에 팔아야 한다는 것이다.

과연 고평가의 기준은 무엇인가? 전고점에 비해 또는 다른 부동산에 비해 너무 많이 올랐다는 것인가, 실질소득이나 경제성장률에 비해 너무 많이 올랐다는 것인가?

우선 고평가의 본질을 정확히 알아야 한다. 경기 상황에 따라, 부동산 시장 상황에 따라 고평가 여부를 판단하는 것은 엄청난 투자수익을 자기 발로 걷어차는 결과를 초래할 뿐이다. 고평가의 본질은 내재가치에 비해 현재 가격, 즉 시장가격이 지나치게 높다는 것을 뜻한다. 성급한 결론으로 매도하기보다는 내재가치가 시장가격에 반영되고 있는 시기인지를 먼저 조사·분석해야 한다.

셋째, 단기간에 너무 올랐기 때문에 팔아야 한다는 것이다. 즉 짧은 기간에 너무 많이 올라 이제 더 이상 추가 상승 여력이 없으므로 팔아야 한다는 것이다.

하지만 사실 추가 상승 여력이 있느냐, 없느냐는 가격이 오른 정도나 현재 가격, 시장 상황이 아니라 부동산의 내재가치에 따라 좌우된다. 단기간 급등이 단타성 투기수요보다는 공급에 비해 수요가 많거나 주거환경 인프라가 개선되고 호재가 발생하는 등 내재가치가 올랐기 때문이라면 단기 급등됐다는 사실만으로 매도 타이밍을 앞당겨 잡아서는 안 된다.

누적공급량이 감소한다면
매수 타이밍이다

아파트 입주물량 누적공급량은 매매가에 어떠한 영향을 미칠까?

필자가 칼럼에서도 자주 언급했듯이 일시적인 입주물량 증가는 매매가에 영향을 미치지 못한다. 하지만 입주물량이 누적된다면 이야기는 달라진다. 5년간 누적공급량이 쌓인다면 결국 매매가에 영향을 미치게 된다. 공급 앞에 장사는 없다.

누적공급량은 매매가에 영향을 끼치는 여러 변수 중 하나다. 사실 누적공급량보단 오히려 주택 시장 사이클이 더 중요하다. 상승장과 하락장을 반복하는 사이클이 10년이든 17년이는 말이다. 예를 들어 하락상이넌 2010년 이후 수도권 주택 시장은 2007년 12월에 시행된 분양가 상한제를 피한 분양물량과 2기 신도시 분양물량이 입주하면서 누적공급량이 급증하고 매매가가 큰 폭으로 하락했다. 2기 신도시 중 서판교와 광교에선 입주 때 마이너스 프리미엄 매물이 나오기도 했다.

누적공급량이 증가하면 매매가는 하락한다

...

누적공급량이 매매가에 미치는 영향은 최근 하락을 경험한 대구, 부산 아파트 누적공급량을 보고 유추할 수 있다. 대구 아파트 시장은 지난 2015년 11월부터 1년 6개월간 조정장세였다. 2017년 5월 수성구부터 반등하기 시작해 2018년 들어서면서 신축 중대형 중심으로 시장이 뜨겁다.

대구 아파트 매매가와 전셋값이 동반하락하던 2016년 전후 입주물량을 살펴보자. 대구는 2013년부터 입주물량이 늘었지만 2014년까지 1만 가구에 못 미쳤다. 하지만 2015년엔 1만 3천 가구가 넘었고, 하락세로 돌아선 2016년엔 2만 3천 가구, 그 다음 해인 2017년엔 2만 2천 가구, 2018년엔 1만 5천 가구에 달했다. 동반하락한 2016년 기준으로 5년간 (2014~2018년) 누적공급량이 급증한 것이다.

지난 2017년 10월 해운대구부터 조정장세가 시작된 부산은 2015년 1만 6천 가구, 2016년 1만 3천 가구에 이어 2017년 2만 1천 가구로 입주물량이 급등했다. 2018년엔 2만 3천 가구에 달한다. 2019~2020년 매년 2만 5천 가구 안팎이 대기하고 있다. 부산도 역시 하락한 2018년 기준으로 2016~2020년 누적공급량이 크게 늘어났다.

연간 적정 입주물량은 통상 인구 수 대비 0.5%, 또는 가구 수(세대 수) 대비 1.1~1.3% 등으로 계산하고 있다. 그러나 필자는 이를 신뢰하지 않는다. 주택 시장에서 매매가에 미치는 영향은 적정 입주물량보다 입주물량 중 시장에 나온 매물량과 전월세물량이 더 크다. 통상 입주 아파트 분양가구 수(임대 제외) 중 70% 안팎이 입주하게 된다. 나머지 30% 안팎이 전월세물량이다.

서울 입주 아파트 전월세물량 소진 속도는 1천 가구가 넘는 대단지는 수급 상황에 따라 다르지만 대개 3~6개월이 소요된다. 하지만 앞으로 투기지역, 투기과열지구, 조정대상지역이 몰려 있는 수도권 아파트 입주장이 문제. 2017년 8·2대책 이후 DTI, LTV 등 잔금대출이 까다로워지면서 입주장에서 지금보다 전세물량이 늘어날 가능성이 높다. 전세물량 소진 속도도 늦어질 것이다. 또 매물량 대비 동일 생활권에 구매력 있는 유효수요가 얼마나 있느냐, 즉 수급 밸런스가 중요하다. 특히 30~40대 유효수요가 중요하다.

대구, 부산 아파트 시장에서 매매가와 전셋값이 모두 동반하락한 조정장세(대구 2016년, 부산 2018년)에 누적공급량을 들여다보면 공통점을 발견할 수 있다. 바로 매매가와 전셋값이 동반하락하던 해엔 어김없이 입주물량이 급증하고, 이어서 그 다음 해에도 역시 입주물량이 급증했다는 것이다.

2016년 동반하락이 시작된 대구는 입주물량이 2017년 2만 2천 가구, 2018년 1만 5천 가구에 달했다. 2018년 동반하락이 본격화된 부산도 2019년 2만 5천 가구, 2020년 2만 4천 가구로 급증한다. 연간 적정 입주물량이 대구는 1만~1만 2천 가구, 부산은 1만 5천~1만 7천 가구인지는 그리 중요하지 않다고 생각한다. 대신 지역별, 생활권별 5년간 입주 아파트 누적물량이 중요하다. 2018년을 기준으로 한다면 2016년에서부터 2020년까지 입주하는 아파트 누적공급량이 매매가에 영향을 미친다.

핵심입지는 누적공급량이 늘어도 가격이 하락하지 않는다

...

물론 누적공급량이 늘어난다고 매매가가 반드시 하락한다는 것은 아니다. 상승장에다 공급이 부족한 생활권이라면 더욱 그렇다. 서울 동남권(강남4구), 서북권(마포구·은평구·서대문구), 판교·위례·광교 등 2기 신도시, 세종행복도시나 송도국제도시처럼 희소가치가 높은 핵심입지의 신축일 경우 누적공급량이 늘어나도 매매가는 하락하지 않고 있다. 전셋값만 물량이 소진될 때까지 하락할 뿐이다.

수요가 전국구인 서울 동남권(강남4구) 아파트 시장에서 2019년 1~2월 송파헬리오시티 입주물량(임대를 제외한 8,100가구), 2019~2022년 개포 입주물량(1만 6천 가구), 2019~2021년 고덕 입주물량(1만 7천 가구)이 대기하고 있다. 하지만 동남권 2019~2021년 기준으로 5년간 누적공급량이 공급과잉 수준은 아니기 때문에 동남권 입주 아파트와 재고아파트 매매가에 미치는 영향은 미미할 것이다.

물론 전셋값은 약보합세를 보일 것이다. 또 동남권에 2023년부터 정비사업 분양물량이 사라지고 입주물량이 급감하는 것을 안다면 입주 아파트 매물량도 많지 않을 것이다.

따라서 2020년 기준으로 5년간 누적공급량이 감소세로 돌아서는 수도권 생활권 핵심입지라면 지금과 같은 조정장세 신축 30~40평형대를 중심으로 적극 공략할 필요가 있다.

부동산 규제가 강화될 때
매매 타이밍 잡는 노하우

부동산 규제가 강화되는 시점에는 매입하기가 쉽지 않다. 하지만 투자 대상의 내재가치에 비해 시장가격이 일시적으로 하락하는 조정장세라면 과감히 매입하는 전략을 세워볼 만하다.

정부에서 부동산 규제정책을 내놓으면 주택 시장은 내집마련 매수세가 급격히 위축되면서 거래가 사실상 중단된다. 부동산 개미들은 대부분 관망한다. 또 투자자들도 추가 하락을 기대하며 섣불리 매수에 나서려고 하지 않는다. 시장정책보다 언론 등에 나오는 과장된 분석에 단기간 영향을 받는 게 현실이다. 이로 인해 돈이 급하거나 인내력이 부속한 사람들은 정책 발표 후 2~3개월이 지나면 급매물이라도 내놓게 된다. 또 보유세 중과 등을 이유로 일부 부동산 자산을 줄이고자 하는 주택 보유자들이 매물을 내놓기도 한다.

그래서는 안 된다. 부동산 규제가 강화되는 상황에서 꼭 알아야 할 최적의 매수 및 매도 타이밍을 알아보자.

최적의 매입 타이밍을 잡는 법

...

수요억제에 초점을 맞춘 정책은 대부분 그 효과가 3개월을 넘기기 힘들다. 길어야 6개월이다. 하지만 주택담보대출 축소 또는 기준금리 인상에 따른 대출이자 상승은 실수요는 물론 투자수요에도 부담을 주게 돼 일시적으로 수요가 위축될 수밖에 없다. 종합부동산세 등 보유세 부담도 마찬가지다. 그 효과는 점진적으로 나타난다. 따라서 부동산 투자자는 규제정책에 따라 전략을 달리해야 한다.

부동산 투자자는 규제정책 발표 이후 3개월간의 시장 동향을 실거래가 및 거래량 추세를 통해 예의주시해야 한다. 아무리 늦어도 정책 발표 후 3개월 이내에 매입에 나서야 한다.

하지만 3개월 이후에도 매수세가 살아나지 않고 성수기(8~10월, 1~3월)에 오히려 매물이 쌓이기 시작한다면 매입 타이밍을 좀 더 늦춰야 한다. 특히 성수기 때 거래량이 중요하다. 비수기에 이어 성수기에 연속적으로 약 6개월간 매물이 쌓인다면 더욱더 시장을 주시해야 한다. 최악의 상황인 대세하락을 배제할 수 없기 때문이다.

이때 수비적인 투자자라면 또 한 번의 성수기가 올 때까지 기다린 뒤 비수기 때 투자하는 게 일반적이다. 반면 적극적인 투자자는 성수기 때 매물이 쌓이는 것을 급매물이 나오고 실제 거래가가 하락한다는 의미로 받아들여 성수기 직후인 비수기 초기에 급매물을 매입한다.

최적의 매도 타이밍을 잡는 법

...

먼저 단기적인 효과에 머무르는 수요억제정책에 대해 일희일비할 필요가 없다는 것을 알아두자. 특히 정책 발표 후 3개월 이내에 파는 우를 범해서는 안 된다. 정책에 따른 시장의 반응은 정책 발표 이후와 정책 시행 시점의 2단계에 걸쳐 나타난다.

규제정책 시행 이전에 팔 것인지, 시행 이후에 팔 것인지는 정책 발표 후 3개월이 지난 다음 결정해야 한다. 만약 3개월 이후 성수기에 매물이 쌓이고 실제 가격의 하락으로 이어진다면 다음 성수기 때 파는 것을 적극 고려해야 한다. 물론 이때 매도 대상은 내재가치가 수명을 다해 보유가치가 떨어진 대상에 한한다. 하지만 자산 구조조정을 위해 주택 수를 줄일 경우에는 투자가치가 가장 떨어지는 대상에 한한다.

내재가치가 있지만 부득이한 사정으로 매도를 해야만 한다면 정책 발표 후 3개월이 지나 다른 사람보다 한발 먼저 팔 것인지, 아니면 한발 늦게 팔 것인지를 결정해야 한다. 대세하락이 아니라면 대부분의 사람이 팔 때는 보유하고 한발 늦게 매도하는 것이 바람직하다.

희박한 당첨확률에
목매지 마라

2017년 행동경제학으로 유명한 리처드 세일러 교수가 노벨 경제학상을 받았다. 인간의 비합리성, 비이성적인 행동으로 인해 투자 기회를 잡을 수 있다는 게 행동경제학이다. 행동경제학 관점에서 분양 시장의 2가지 사례로 시장참여자들의 비합리적인 행동을 들여다볼까 한다.

먼저 성남시 신흥주공을 재건축하는 산성역포레스티아 청약 이후 시장참여자의 움직임이다. 물론 부동산 개미들의 움직임을 기준으로 한다. 일반분양을 하기 전에 조합원 입주권을 매수하라 해도 부동산 개미들은 매수를 주저했다. 2017년 8·2대책이 나온 시기였으니 더더욱 그랬다.

하지만 2017년 8월 말 산성역포레스티아 1순위 청약 결과 경쟁률이 평균 8.9 대 1로 마감됐다. 일반분양물량이 1,705가구에 달했음에도 성남시 거주 해당 지역 1순위에서 마감된 것이다. 즉 서울·인천·경기 등 다른 수도권 거주 1순위자들은 청약기회도 없었다. 이어진 9월 19일에 미계약분에 대한 예비당첨자 추첨도 끝나고 완판됐다.

선제매수가 아닌 희박한 당첨확률에 기대는 부동산 개미

...

여기서 낙첨된 부동산 개미들의 행동을 주목해야 한다. 산성역포레스티아 조합원 입주권은 매물이 거의 없어 구하기 쉽지 않다. 초기투자비도 많다. 지역별 A급 정비사업의 경우 조합원 분양 계약을 하고 일반분양 완판을 하면 조합원 입주권은 매물이 사라진다. 2017년 7월 분양한 신길뉴타운12구역 신길센트럴자이도 그랬다. 일반분양 완판 이후 조합원 입주권은 시장에서 사라졌다.

부동산 개미들은 선제매수를 좀처럼 하지 않는다. 한발 앞서가기보다는 남이 가는 길, 다수를 따라가는 행동을 한다. 선제매수를 하려면 직접 투자를 해보는 게 가장 좋다. 미분양으로 시작하는 것도 좋은 방법이다.

산성역포레스티아에 낙첨된 개미들은 낙첨 현장 주변을 기웃거린다. 단대동 푸르지오를 전세레버리지투자로 사거나 신흥2구역, 금광1구역, 중1구역 등 재개발 입주권을 놓고 저울질한다.

또 하나의 사례는 개포시영 단지를 재건축하는 개포래미안포레스트다. 2017년 9월에 평균 40.7대 1로 서울 1순위에서 마감됐다. 그리고 중대형 위주로 일반분양물량의 20% 수준인 39가구가 미계약됐다. 그러다 10월 14일 미계약 추첨에 무려 1,200명 이상이 몰려들어 20분 만에 완판됐다. 중대형으로 중도금 대출을 받을 수 없음에도 말이다.

개포래미안포레스트 낙첨자들 역시 낙첨 현장을 기웃거렸다. 개포주공1단지 입주권이나 개포주공2, 3단지 분양권을 매수하려는 것이다. 매수세가 갑자기 늘어나니 가뜩이나 조합원 지위 양도금지로 매물이 많지 않아 매수하기가 쉽지 않다.

실제 청약을 해본 사람은 알겠지만 체감하는 당첨확률은 매우 낮다. 청약경쟁률이 10 대 1이라고 10번 넣으면 한 번은 당첨될 것이라는 생각하는 사람은 없을 것이다.

물론 청약가점이 높다면 100% 가점제를 활용해 당첨에 올인할 필요가 있다. 하지만 서울 기준으로 최소한 60점이 넘지 않으면 당첨이 쉽지 않을 것이다. 특히 정비사업 일반분양은 말이다.

내 것으로 만드는 데 집중하는 선제투자자

...

그렇다면 부동산 개미와 반대되는 행동을 하는, 선제투자자의 행동은 어떨까? 그들은 분양 시장이 뜨거울 때, 즉 가급적 2020년까지 일반분양이 가능한 재개발 지분을 산다. 가격이 다소 비싸더라도 입지의 가치가 높아지는 재개발 지분을 감정평가가 나오면 적극적으로 매수한다.

먼저 선제투자자는 매수하기 전 사업 속도에 따른 모멘텀을 분석한다. 조합원 분양가에 권리가액 프리미엄을 더한 총 투자비 대비 입주 시점 시세를 예측한다. 조합의 사업성과 조합원의 수익성(추가분담금 증감)에 직결되는, 완판이 가능한 일반분양가를 예측한다. 감평가가 나오고 투자가치가 있다고 판단하면 가격이 좀 비싸더라도 과감히 매수한다. 늦어도 이주공고 전에 매수한다.

부동산 개미들이 희박한 당첨확률에 기대고 있을 때 선제투자자는 내 것으로 만드는 데 집중한다. 물론 분양권보다 조합원 입주권은 초기투자비가 크다는 게 단점이다. 하지만 개미들보다 선제매수함으로써 모멘텀이 강하고 오랫동안 지속된다. 무주택자는 물론 교체수요자도 아파트 한

채를 내 것으로 만들어야 한다.

희박한 당첨확률에 기대 최적의 매수 타이밍, 골든타임을 놓쳐서는 안된다. 닭 쫓던 개 지붕 쳐다보는 꼴이 돼선 안 된다. 물고기를 잡아 어떻게 요리해 먹을까를 고민하기보다는 우선 고기를 잡는 데 집중해야 한다. 조합원 입주권도 좋고 입주 2년, 4년을 앞둔 신축 아파트도 좋다.

실수요자가
최선의 선택을 하고 싶다면

대세하락장이 아니라면 주택 시장은 계단식 상승을 하면서 우상향한다. 즉 가다 서다를 반복한다. 무주택자들은 전세와 매수의 갈림길에서 고민에 고민을 거듭하고 1주택자들은 추가 매수 또는 갈아타기를 고민한다. 그럼 대세상승장에서 무주택자와 1주택자들에게 최선의 선택은 무엇일까?

무주택자를 위한 최선의 선택

...

내집마련은 빠를수록 좋다. 예를 들어 2017년 8·2대책 이후 1개월 안에 매수했다면 가장 좋은 선택을 했다고 볼 수 있다. 단기적으로 말이다.

하지만 4년이 지나 내집마련 선택을 평가했을 때 2017년 10월에 내집마련을 했다고, 늦게 매수했다고 후회하지는 않을 것이다. 반면 2017년 10월 내집마련을 하지 못해 매수 타이밍을 놓쳤다면 2021년 10월에 후

회막심일 것이다.

상승장에 공급억제, 수요억제를 지향하는 규제수위가 높아지면 매물은 대세하락장이 오지 않는 한 장기적으로 줄어들 수밖에 없다. 따라서 무주택자가 알아야 할 팩트는 상승장에선 규제책만으로 매물이 쏟아지지 않는다는 것이다.

따라서 규제책이 발표됐을 때 다주택자의 급매물을 기다리며 매수 타이밍을 늦추는 것은 바람직하지 않다. 규제책은 참여정부 때처럼 시장참여자들의 내성만 키울 것이다. 해와 바람이라는 이솝 우화처럼 문재인정부의 각종 규제책은 바람처럼 나그네(다주택자)가 외투를 단단하게 여미게 할 것이다.

상승장에서 매수 타이밍은 언제나 '지금'이다. 만일 무주택자라면 중장기적으로 지금이 가장 싸다고 생각해야 한다. 가격이 내려갈 때까지 매수를 미룬다는 건 잘못된 생각이다. 매물이 많지 않으니 똘똘한 아파트 한채를 자신의 것으로 만들기 위해선 공을 들여야 한다.

2017년 8·2대책 이후 추석이 지나면 필자는 매수세가 늘어날 것이라고 예측했다. 결국 실제로 추석이 지나 6주 만에 반등했다. 9·13대책 이후에도 적정 매물이 나온다면 바로 매수하겠다는 제안을 중개업소에 해야 한다. 구체적으로 제안하는 것이 좋다.

무주택자가 다주택자처럼 똑같이 행동해선 안 된다. 다주택자 양도세 중과세가 시행된다고 무주택자도 관망해선 안 되는 것이다.

1주택자를 위한 최선의 선택

...

9·13대책 이후에도 1주택자의 선택지는 다양하다. 기존 주택을 계속 보유하면서 추가로 똘똘한 아파트를 하나 더 전세 끼고 살 수 있다. 특히 대출규모가 적은 1주택자라면 말이다. 아니면 기존 주택을 팔고 새 주택을 살 수도 있다. 아파트를 분양받을 수도 있다.

일시적 1세대 2주택의 양도세 비과세 혜택을 활용한 매수 전략을 추천한다. 기존 주택을 산 지 1년이 지났다면 더욱더 그렇다. 지금 똘똘한 아파트를 사고 나서 3년 이내(또는 2년 이내) 기존 주택을 매도할 경우 양도세 비과세 혜택을 받을 수 있기 때문이다.

8·2대책으로 재개발·재건축 등 정비사업을 통한 신규 아파트 공급물량이 5년 이후 크게 줄어들 것이다. 따라서 앞으로 신축 아파트의 가치가 높아질 정비사업 입주권을 매입하는 것도 적극 추천한다. 종부세 부담도 없다. 1주택자라면 추가로 입주권을 취득한 경우 역시 양도세 비과세 혜택을 받을 수 있다. 물론 일정 요건을 갖춰야 한다.

이 경우 기존 주택을 산 지 1년이 지나 입주권을 취득하고 3년 이내 기존 주택을 매도해야 한다. 입주권을 사고 3년 이내 입주하지 못하면 완공 후 2년 이내 종전 주택을 양도하면 된다. 단, 세대원 전원이 입주 아파트에 이사해 1년 이상 거주해야 종전 주택의 양도세 비과세 혜택을 받을 수 있다.

서울 재개발이 안전한 투자처지만 자금이 부족하다면 성남, 과천, 안양, 의왕, 광명 등에서 2018년 1월 23일까지 사업시행인가 신청을 한 재개발 지분을 추천한다. 투기과열지구로 지정되더라도 관리처분인가 이후 입주권 매매가 자유롭기 때문이다. 입주할 생각이라면 초과이익환수제가 적용되더라도 도심 핵심입지에 자리 잡은 재건축 단지를 추천한다. 2023년 이후 정비사업 입주물량이 사라지기 때문이다.

　84타입 기준 서울 강북에서 가장 먼저 15억 원을 넘은 아파트는 모두 정비사업 신축 아파트다. 20억 원을 넘는 아파트도 강남 정비사업 아파트다. 앞으로 30억 원을 넘을 아파트도 역시 강남 재건축 단지에서 나올 것이다. 강북에서 20억 원이 넘을 아파트도 역시 성수전략정비구역, 한남뉴타운 등 정비사업에서 나올 것이다.

문재인 정부 시대
아파트를 원가로 사는 법

2017년 8·2대책이 나온 지 한 달이 지나자마자 분당 및 대구 수성구 투기과열지구 지정과 민간택지 분양가 상한제 도입을 담은 9·5추가대책이 나왔다. 이어 가계부채종합대책(10·24대책)과 주거복지로드맵(11·29대책)이 잇따라 예고됐다. 투자수요와 실수요는 예고된 10월 대책을 보고 매수 여부를 결정하겠다는 움직임을 보였다.

이런 상황에서 부동산 개미들, 특히 무주택자나 갈아타려는 1주택자는 어떤 매수전략을 세우는 것이 좋을까?

예측하지 말고 대응하라

...

냉정하게 말하면 부동산 개미들이 독자적으로 예측하는 경우는 많지 않다. 언론 뉴스나 전문가 예측 등 장세에 휘둘릴 뿐이다. 부동산 개미들의 예측 가운데 대표적인 예는 금리 인상이다.

금리가 오르면 가계대출에서 가장 큰 비중을 차지하는 주택담보대출이자 부담이 늘어나게 된다. 연체율이 늘어나 가계부채를 악화시킨다. 이에 따라 집값은 하락할 것이다.

또 하나의 예는 8·2대책과 같은 고강도 정책 발표 이후의 예측이다.

다주택자를 타깃으로 한 이번 대책으로 연말 연초에 아파트 매물이 쏟아질 것이다. 여기에 입주물량까지 늘어나 역전세대란 가능성이 있다. 결국 매매가는 하락할 것이다.

필자를 포함해 예측을 해본 사람은 예측의 허망함을 잘 알 것이다. 예측의 부질없음을 말이다. 특히 부동산 개미들은 장세에 따른 예측으로 매수 타이밍을 놓치고 자산을 늘릴 절호의 기회를 잃어버리는 실수를 반복해서 저지르게 된다. 솔직히 부동산 개미가 시장을 예측한다는 것은 무모하다. 아파트값을 움직이는 변수는 매우 많고 다양하기 때문이다. 그들이 빅데이터를 활용해 변수를 고려하고 최적의 매수 타이밍과 투자처를 선정한다는 건 부질없는 짓이다.

부동산 개미들은 매수하려는 아파트 한곳에만 집중해야 한다. 문재인 정부의 규제정책 시대에 섣불리 예측하지 않고 대응하는 가장 바람직한 방법이다. 자신이 투자하고 싶은 지역과 아파트에 대해 공부를 하라. 그리고 아파트와 평형을 선정하라. 4년 이상 장기보유한다면 빅데이터는 필요 없다. 수급의 움직임만 주목하면 된다. 특히 30~40대가 거주하고 싶은 아파트를 매수해야 한다. 20평형대나 30평형대가 좋다.

매수자우위 시장에 사라

...

지난 2015년 이후 시작된 상승장에서 매수자우위 시장은 일시적이다. 통상 3개월 안팎 조정장세에서 매수자우위 시장이 유지된다. 참여정부에서 가장 길었던 조정장세 기간은 2004년의 1년 남짓이었다.

매수자우위 시장에선 역발상 투자가 기본이다. 남이 팔 때 사야 한다. 물론 쉽지 않다. 그래서 매수하려는 아파트에 대한 깊은 애정이 있어야 한다. 초등학생 자녀에게 아파트를 사려는 이유를 이해시킬 정도로 말이다.

강남에 진입하고 싶다면 매수자우위 시장인 일시적 조정장세가 마지막 기회라고 생각해야 한다. 강남3구는 오는 2020년 이후 평당 1억 원 시대가 올 것이다. 가계부채종합대책 이전이라도 적정가로 급매물이 나왔다면 사야 한다. 돈이 부족하다면 보유하고 있는 주택을 팔아 충당하라. 신용대출도 필요하면 받아야 한다. 전세금도 투입하라. 전세자금대출을 받아 전세를 산다는 각오로 말이다.

이렇게 행동하려면 사고자 하는 아파트에 애정이 많아야 한다. 애정이란 상대방(아파트 투자처)에 대해 잘 아는 것을 전제로 한다. 내재가치(입지·수익가치·희소가치·미래가치 등)가 높은 아파트에 대해 속속들이 알수록 애정은 깊어갈 것이다.

예를 들어 경희궁자이 34평형이 매매가 16억 원을 넘어선 것은 입지를 기본으로 수익가치(월세)와 희소가치(돈의문 일대 유일한 재개발 신축 아파트)가 높아졌기 때문이다. 한강조망·호수조망 신축 아파트(입주권 분양권)는 희소가치가 높다. 신도시는 이제 신도시 개발이 중단됐으니 희소가치가 높아지고 기업 입주가 늘어나면 수익가치가 높아지며 성장기에서 성숙기로 진입한다면 미래가치가 높은 아파트다.

아파트를 원가로 사는 법

...

필자가 강의 때도 여러 번 이야기했지만 상승장이든 하락장이든 가장 안전하게 아파트에 투자하는 방법은 분양을 받는 것이다.

8·2대책처럼 매수자 심리가 위축될 때는 미계약 물량이 늘어난다. 중도금 대출 부담으로 저층 미계약 물량이 늘어난다. 여기에 문재인 정부는 주택도시보증공사(HUG)를 통해 고분양가 관리지역이란 명목으로 강남4구와 과천·광명·하남 등 아파트 분양가를 통제하고 있다. 또 민간택지 분양가 상한제를 부활시켜 분양가를 최대한 낮춰 분양하도록 할 계획이다. 이런 기회를 놓치면 안 된다.

당첨자 계약(정당계약)과 예비당첨자 계약을 거쳐 미계약 물량이 나온다. 예비당첨자 계약 이후 인터넷 청약을 받게 된다. 인터넷청약이 끝나고서도 미계약 물량이 나올 가능성이 있다. 따라서 당첨자 발표 이후 지속적으로 모델하우스 직원과 접촉해 미계약 물량을 내 것으로 만드는 데 공을 들여야 한다.

서울은 재개발·재건축 등 정비사업 일반분양물량 미계약을 노리면 된다. 경기권도 마찬가지다. 성남·광명·안양·과천 등 정비사업 미계약 물량을 공략해야 한다. 물론 북위례를 비롯해 지축지구·향동지구·장현지구·고등지구·감일지구 등 공공택지도 노려야 한다. 인천·부천은 송도를 비롯해 역세권 정비사업 대단지(1천 가구 이상) 분양물량이 좋다.

일산·분당 등 1기 신도시는 물론 목동신시가지, 광교 등 2기 신도시와 반포래미안퍼스티지, 경희궁자이, 서초푸르지오써밋, 삼성센트럴아이파크, 서울숲리버뷰자이도 한때는 미분양 단지였다는 점을 명심하자.

내집마련에 대한 치명적인 오해 5가지

지금 아파트 한 채가 절실하다면

생애 최초 내집마련자가 주택 시장에서 살아남는 법

청약통장 가입자가 청약을 미루지 말아야 할 이유 2가지

내집마련 타이밍은 각자의 성향에 따라 다르다

청약통장으로 가치투자 아파트를 고르는 노하우

입주 단지로 내집마련 하기 위해 실천해야 할 10계명

남보다 한발 빨리 아파트 분양 정보를 입수하는 법

5장

부동산
가치투자의
1막 1장
내집마련

내집마련에 대한
치명적인 오해 5가지

내집마련은 이제 선택이 아니라 필수다. 특히 아파트는 더더욱 그렇다. 아파트는 점차 서민의 주거 공간이 아닌 중산층 이상을 위한 주거 공간이 되고 있다. 즉 앞으로 지역별 가격차별화는 물론 주택 종류별 가격차별화가 심화될 것이다.

치솟는 집값을 잡으려고 정부가 혈안이 돼 있는 상황에서 무슨 소리냐고 반문하는 사람도 있을 것이다. 하지만 현실적으로 정부가 바라는 것은 집값 폭락이 아니라 집값 안정이다. 집값 안정이란 물가상승 수준에서 집값이 유지되는 것을 말한다.

집값 상승기든 침체기든 내집마련은 필수다. 내집마련이 '경제적 생존권'과 '경제적 시민권'의 초석이 되기 때문이다. 부자가 되는 것은 내집이라는 생존권과 시민권을 확보한 상태에서만 가능하다. 따라서 내집이라는 경제적 시민권을 반드시 획득해야 한다. 그래야 부동산 가치투자라는 대장정의 첫걸음을 뗀 것이다.

하지만 내집마련에 대해 오해하는 사람이 의외로 많다. 다음에 나오는 5가지 오해를 통해 자신이 이런 잘못된 생각에 사로잡혀 있는 것은 아닌지 곰곰이 생각해보자.

집은 필요성을 느낄 때 사면 된다?

...

내집마련에 대한 첫 번째 오해는 집은 자녀를 키우면서 필요할 때 사면 된다고 생각하는 경우다. 이런 차원에서 이제 집이 '소유의 개념'에서 '거주의 개념'으로 바뀌고 있다고 주장하는 전문가들도 많다. 관련 연구원이나 교수, 공무원 등이 대표적이다.

과연 그런 주장을 하는 당사자들은 전셋집에서 살고 있을까? 결코 그렇지 않다. 대부분 최소한 자기 집 한 채 이상씩은 소유하고 있다. 이유는 간단하다. 집, 특히 아파트 보유는 재테크의 출발점이자 부의 척도를 넘어 사회적 지위를 판단하는 기준이 됐고, 교육 및 문화 인프라와 인적 네트워크를 형성하는 데 결정적인 기여를 하기 때문이다.

지금 내집마련을 할 수 있는 상황이라면 그 시기는 빠를수록 좋다. 만약 내집마련을 할 자금이 부족하다면 지금부터라도 종잣돈을 만드는 일부터 실행해야 한다.

내집마련이 늦는 것은 돈이 없기 때문이다?

...

두 번째 오해는 돈이 없어서 내집마련을 못한다는 것이다. 돈도 없는데 무슨 내집마련이냐며 한탄을 하는 사람들이 많다. 하지만 실상을 들여다

보면 정말 돈이 없어서 내집마련을 하지 못하는 경우는 거의 없다.

내집마련이 남보다 늦는 이유는 결국 본인에게 있다. 자신의 문제를 인정하고 현실을 직시해야 내집마련을 앞당길 수 있다. 절약하며 빚을 갚고 종잣돈을 모아야 한다. 단순하면서도 명확하고 일관된 자신만의 내집마련 전략을 세우고 행동해야 한다.

주택 시장 침체기 때는 내집마련을 삼간다?

...

세 번째 오해는 주택 시장 침체기에는 내집마련을 미뤄야 한다는 것이다. 물론 주택 시장 침체기 때 내집마련을 하는 것은 쉽지 않다. 많은 사람들이 집을 산 뒤에 가격이 내려가지 않을까 우려할 것이다. 하지만 내집마련은 침체기, 즉 매수자우위 시장일 때 시도하는 것이 현명한 방법이다. 내집마련을 할 때 사는 사람의 입장이 아닌 파는 사람의 입장에서 매입 대상의 집값을 봐야 한다.

대세하락장에서 매도하지 않는 한 산 가격보다 손해보고 파는 사람이 몇 명이나 될까? 아마 100명 중 5명도 되지 않을 것이다. 5%의 리스크 때문에 내집마련을 하지 않겠다면, 이는 어불성설이다. 침체기를 내집마련에 적극 활용해야 한다. 주택 시장 침체기는 비수기 때 올 수도 있고, 규제정책 발표 후에 올 수도 있으며, 1년에 한 번 또는 2년에 한 번 올 수도 있다. 평소에 부지런히 관찰하면 기회는 반드시 오기 마련이다.

비수기에 사야 싸게 산다?

...

네 번째 오해는 집은 비수기에 싸게 사야 한다는 것이다. 1년 중 아파트 가격이 싼 시기(비수기)는 4~5월, 11~12월이다. 즉 1년에 2번 내집마련의 기회가 온다고 생각하면 된다. 반면 가격이 비싼 시기(성수기)는 1~2월, 9~10월이다. 이론적으로는 가격이 싼 시기, 즉 비수기에 사면 좋을 것 같다.

하지만 현실은 그렇지 않다. 내집마련을 하려는 사람이 대부분 전셋집에 살며, 현재 목돈을 갖고 있지 않은 경우가 많아 내집마련 시기를 전세 계약 시점에 맞춰야 하는 어려움이 있다. 또 비수기에는 매물이 적고 매수자도 적어 거래가 많지 않다. 즉 매수자의 여건에 맞는 매물을 찾기가 쉽지 않다.

따라서 특별한 상황이 아닌 한 비수기를 고집하기보다는 매수자가 협상 우위에 설 수 있는 시기, 급매물이 평소보다 많이 나오는 시기를 매입 타이밍으로 잡아 내집마련을 하는 것이 좋다. 특히 규제정책의 시대엔 비수기나 성수기 상관없이 거래량 변동폭이 크다.

중개업소 여러 곳에 매수 의뢰를 해야 한다?

...

다섯 번째 오해는 중개업소 여러 곳에 동시다발적으로 매수 의뢰를 해야 한다는 것이다. 이는 내집마련 초보자들이 흔히 하는 오해다. 하지만 신뢰할 수 있는 중개업소 한두 곳이면 싸고 좋은 물건을 얼마든지 소개받을 수 있다. 정말 신뢰할 수 있다면 한 곳의 중개업소가 가장 좋다. 자신을 신뢰해 자신의 중개업소에만 매물을 내놓았다는 것을 아는 순간부터 당신을 최우선 고객으로 대우할 것이기 때문이다.

신뢰할 만한 중개업소가 없다면 일정 기준에 따라 우선 3곳을 골라 의뢰하는 것이 좋다. 매입하려는 단지에서 가깝고, 현재 자리에서 3년 이상 중개업을 했으며, 고객의 입장에서 끈기를 갖고 중개서비스를 해주는 업소를 골라야 한다. 가장 확실한 방법은 매입하고자 하는 단지 거주자에게 신뢰할 만한 중개업소를 물어보는 것이다. 이때 최소한 2명 이상에게 물어봐야 한다.

중개업소가 정해졌다면 지금 꼭 사야 하는 이유를 명확히 밝혀 중개업소에게 지나가는 손님이 아닌 진짜 손님, 즉 유효고객으로 인식시켜야 한다. 우선 방문해서 매입을 의뢰하고 이후 주기적으로 전화 또는 방문하면서 신뢰를 쌓아야 좋은 매물을 남들보다 먼저 소개받을 수 있다.

지금 아파트 한 채가
절실하다면

문재인 정부가 2017년 10월 24일 발표한 주거복지로드맵를 보면서 지금 아파트 한 채가 절실한 사람들을 위해 조언을 하고자 한다. 필자가 새로이 해석한 '주거복지로드맵'이라고 해도 좋겠다.

먼저 문재인 정부가 발표한 주거복지로드맵은 한마디로 30~40대 무주택자에게 감흥이 없는 '궁여지책'이라고 생각한다. 물론 10·24대책이 공급확대책이라는 점에서 전혀 의미가 없다고 할 순 없다. 하지만 문제는 공급의 질과 속도다. 무주택자나 중산층이 원하는 아파트는 공공임대나 공적임대가 아니다.

차라리 만 39세 이하 청년층을 타깃으로 생애 최초 주택 구입자를 위한 공공분양 아파트 공급을 확대한다면 좋았을 것이다. 사업성이 떨어지는 정비사업에 뉴스테이를 짓지 말고 중소형 공공분양을 짓는 것도 좋다. 수요가 많은 도심 재개발·재건축 등 정비사업은 막고 수도권 외곽의 공공택지에 임대아파트를 짓는다면 수도권 아파트의 희소가치는 갈수록 높아질 것이다.

공급 속도도 문제다. 공공택지를 개발해 매년 20만 가구를 공급한다는 것은 매년 20만 가구를 분양한다는 의미다. 이미 조성한 일부 택지는 가능하겠지만 현실적으로 공공택지 개발에 최소한 5년 이상 걸린다는 걸 감안하면 계획대로 매년 20만 가구를 안정적으로 공급할 수 있을지 의문이다. 물론 과거 노태우 군부독재 시절, 1989년 4월 분당 등 5대 신도시 건설을 발표한 지 7개월 만인 같은 해 11월에 분당 시범단지 첫 분양을 한 사례가 있기는 하다.

지금 아파트 한 채가 절실한 사람을 위해 필자가 생각하는 주거복지로드맵을 정리해본다.

먼저 하수가 아니라 고수가 되라는 것이다. 하수는 규제정책에 투자를 포기하는 사람을, 고수는 규제정책에서 기회를 찾는 사람을 의미한다. 정부가 잘못된 부동산 정책으로 갈팡질팡하더라도 흔들리면 안 된다. 그 이유는 시간이 얼마 남지 않았기 때문이다. 골든타임이 지나가고 있다.

예측이 불가능한 지난 1998년 또는 2008년과 같은 경제대란을 무작정 기다릴 것인가? 아니면 지금 똘똘한 아파트 한 채를 내 것으로 만들 것인가? 무주택 실수요자의 선택이 앞으로의 10년을 좌우할 것이다. 부동산 고수처럼 규제정책에서 기회를 찾고 기회를 잡아야 한다.

두 번째, 정부 정책에 역행하라는 것이다. 이는 정부 정책에 맞서라는 의미가 아니다. 규제책만으론 집값이 안정되지 않으니 역발상 투자를 하라는 의미다. 즉, 대출을 최대한 활용하고 전셋값(전세수요)을 레버리지 삼아라.

서초구에 거주하는 무주택자 40대 초반 A씨는 지난 2016년 3월 전세금 5억 원을 빼고 대출 1억 원을 받아서 6억 원으로 서초구 재건축 아파트 20평형대를 샀다. 그리고 부족한 전세금은 전세자금대출을 받아 낡은 빌라로 이사했다. 철거 중인 그 아파트는 1년 8개월 만에 4억 원이 올랐다. 8·2대책 이전이라 이주비 대출을 감평가의 70% 받았다.

지금은 대출이 없어도 이주비 대출은 40%만 승계할 수 있고 매매가도 올라 초기투자비가 11억 원을 넘어섰다. 조합원 지위 양도금지로 구입하기도 쉽지 않다. 정부 정책을 맹신하고 무작정 2018년 4월 이후 다주택자 매물을 기다렸다면 서초구 재건축 아파트를 절대로 살 수 없었을 것이다. A씨는 이제 느긋하게 2020년 34평형 서초구 새 아파트에 입주할 날을 기다리고 있다. 필자가 볼 때 입주 시점에 시세가 22억 원 이상까지 오르는 일도 가능할 것이다.

세 번째, 시간을 지배하라. 예측에 따라 투자하는 것은 시간에 쫓기는 것이다. 기회는 언제나 오지만 자주 오지 않는다. 빨리 사면 안 된다. 급등할 때는 추격매수로 시야가 좁아지기 때문이다. 다만 남보다 앞서 움직여야 한다.

"시간을 지배하라"는 말은 최명철의 『아파트값 5차파동』에 나오는 촌철살인이다. 추격매수를 해선 안 된다. 남이 사지 않을 때 역발상 투자를 하거나 뜰 지역에 선제투자해 시간싸움에서 이겨야 한다.

네 번째, 호재가 있어도 가격이 오르지 않는다면 안 오르는 이유가 있다. 호재에도 아파트값이 오르지 않는다고 질문하는 사람들이 의외로 많다. 호재가 없는 지역은 없다. 모든 지역에 크고 작은 호재는 있다. 핵심은 예측 가능한 호재냐, 예측하기 힘든 호재냐의 차이다.

창동차량기지, 수색역세권, 대곡역세권 개발은 예측하기 힘든 호재다.

반면 마곡지구, 용산민족공원, 수서역세권, 삼성역 영동대로 등의 개발은 예측 가능한 호재다. 그래서 2018년 10월 기준으로 마곡지구 엠밸리7단지 84타입이 12억 원을 넘고, 삼성동 힐스테이트2단지 84타입이 20억 원을 넘어선 것이다.

아파트값이 지속적으로 우상향하려면 내재가치 중에서도 입지가치가 높아져야 한다. 입지가치가 높아지려면 학군·역세권·직주근접성이 좋아져야 한다. 또 상권·도로·관공서 등 주거 인프라가 개선돼야 한다. 단지 커뮤니티도 중요하다. 시설뿐만 아니라 커뮤니티를 통한 입주민 간 유대감이 중요하다. 그래서 입지 밸런스가 맞아야 한다. 입지 밸런스가 맞으려면 30~40대 기혼 직장인이 많이 유입돼야 한다. 또 이들이 장기간 거주하고 싶어 하는 아파트를 사야 한다.

생애 최초 내집마련자가
주택 시장에서 살아남는 법

활황기에는 집값이 계속 올라 매입 타이밍을 잡기가 힘들다. 또 침체기에는 가격이 추가로 더 떨어질까봐 주저하는 것이 '생애 최초 내집마련자(First Home Buyer)'들의 특징이다.

모아둔 목돈도 많지 않고, 종합부동산세·재산세 등의 보유세 부담이 새로 늘어날 것을 생각하면 집을 사야 할지, 사지 말아야 할지 결정하기가 쉽지 않다. 하지만 중요한 것은 시장이 우리를 마냥 기다려주지 않는다는 사실이다.

생애 최초 내집마련자가 아파트를 사기 위한 행동요령
...

생애 최초 내집마련자가 내집마련을 하려는 이유는 자산을 늘리기 위해서, 이사를 자주 가기 싫어서, 내집을 꾸미며 살아가는 재미를 느끼고 싶어서, 전셋집을 구하기가 귀찮고 힘들어서, 안정적으로 자녀교육을 시키기 위해서 등 여러 가지가 있다.

하지만 대부분의 생애 최초 내집마련자의 내집마련 이유는 재테크 수단으로서의 가치 때문이다. 그런 면에서 아파트는 저금리 시대에 재산 증식의 수단으로 상당 기간 동안 위력을 발휘할 것이다. 블루칩 단지와 비블루칩 단지의 차별화가 가속화될 것이므로 생애 최초 내집마련자는 자금 부담이 되더라도 가급적 블루칩 단지를 사는 것이 바람직하다.

30~40대 기혼 직장인을 중심으로 지속적으로 수요가 발생하는 지역의 아파트 단지 가격은 대세하락장이 오지 않는 한 연 평균 5% 안팎 오를 것이다. 자가점유율(자기 집에 사는 가구 수의 비율)이 2017년 기준 42.9%에 머무르고 유효수요가 많은 서울 지역의 신규 아파트 공급 물량이 부족해지고 있는 상황에서 대세하락 가능성은 매우 낮다.

하지만 생애 최초 내집마련자가 이 같은 현실을 인식하고 공감해도 문제는 역시 돈이다. 아무리 내집마련을 하고 싶어도 갖고 있는 돈이 적으면 내집마련이 부담되는 것은 사실이다. 대출이자가 늘어나는 금리 인상이 예고되는 상황에서는 더욱 그렇다.

생애 최초 내집마련자가 자체 자금으로 아파트값의 40% 이상을 확보하고 있다면 주택 시장 조정장세를 적극 활용해야 한다. 또 생애 최초 내집마련자라면 굳이 30평형대를 고집할 필요가 없다. 가족 구성원이 4명이라면 20평형대로 시작하면 된다. 무슨 일에서든 첫술에 배부를 수는 없는 법이다.

생애 최초 내집마련자에게 추천할 만한 아파트 상품

...

생애 최초 내집마련자는 대세하락을 무작정 기다리기보다는 일시적으로 매수자우위 시장이 된 시점에 최소한 연 5% 이상 오를 수 있는 아파트를 골라 내집마련 이상의 가치를 체험해보겠다는 결단이 필요하다.

추천 아파트 상품으로는 분양 아파트와 입주 예정 단지가 대표적이다. 특히 분양 아파트의 경우 대출이 비교적 자유로운 데다 아파트를 원가에 사는 것과 같아 가장 안전한 투자처다. 다만 청약가점제가 유지되는 한 30~40대 가점은 낮을 수밖에 없어 특별공급이나 미계약물량을 공략해야 한다. 역발상 투자로 추첨제로 당첨 확률이 높은 85타입 초과를 공략하는 것도 추천한다.

또 입주 예정 단지는 신규 분양물량 감소에 따른 희소가치까지 겸비할 전망이다. 입주 후 4년 이상 거주한다면 추천한다. 2020년 이후 입주물량이 점차적으로 감소할 전망이므로 입주 예정 단지를 사서 대출 또는 전셋값을 레버리지 삼아 내 것으로 만드는 것을 추천한다. 또 기반시설이 안정화되고, 발전 가능성이 높은 호재가 가시화되는 단지를 중심으로 골라보는 것이 좋다.

청약통장 가입자가 청약을
미루지 말아야 할 이유 2가지

2018년 수도권 분양 시장에서 인기 단지는 수백 대 1의 경쟁률을 기록하며 당첨 확률이 희박해졌다. 당첨 가능한 청약가점이 70점에 육박하면서 가점이 낮은 사람에게 청약통장 무용론까지 대두되고 있는 실정이다. 분양권 전매도 대부분 금지돼 환금성이 떨어지는 점도 한몫했다.

하지만 청약통장은 아파트를 짓기 시작하기 전에 분양하는 선분양 체제가 존속하는 한 계속 유효하다는 사실을 명심하자. 청약통장은 내집마련 수요자에게 가장 안전한 투자 방법이다. 자산을 가장 안전하게 늘릴 수 있는 제도적 장치인 것이다.

청약통장으로 내집마련을 하려는 수요자라면 먼저 내집마련은 선택이 아니라 필수라는 것을 인정해야 한다. 이를 인정하지 않으면 청약통장은 '장롱 속 통장' 아니면 만일의 사태에 대비하는 '내집마련 보험'에 머물러 활용 가치가 낮아질 가능성이 높다. 청약통장 가입자가 청약을 미루지 말아야 할 2가지 이유를 살펴보자.

물가가 떨어지지 않는 한 분양가는 내려가지 않는다

...

첫 번째 이유는 분양가가 내려가지 않기 때문이다. 쉽게 말해 땅값이 떨어지지 않는 한 분양가는 내려가지 않는다.

아파트 분양가는 건축비와 땅값을 기준으로 인근 아파트 단지 시세와 비교해 책정한다. 다만 주택보증공사(HUG)의 고분양가 관리지역인 경우 분양가는 해당 지역에서 최고 1년 이내 분양한 단지 분양가의 110%를 넘지 못한다.

땅값은 경제대란이 일어나지 않는 한 하락하지 않는다. 건축비도 마찬가지다. 날림으로 짓지 않는 한 자재비·인건비 등은 떨어질 가능성이 매우 낮다. 경기침체가 오고 유가가 내려야 가능하다. 최소한 물가상승률 이상으로 분양가가 오른다고 보면 된다.

분양가 상한제로 분양가가 내려간 것처럼 보이지만 실제로는 내려간 가격도 미미하거니와 종전보다 아파트 품질이 낮아진 것이므로 분양가가 내려간 것이 아니라 분양가 부담이 입주 시점으로 이월된 셈이다.

분양물량이 지속적으로 줄어들고 있다

...

두 번째 이유는 분양물량이 줄어들고 있기 때문이다. 수도권 분양물량은 2016년부터 점차 줄어들고 있다. 2기 신도시 분양이 마무리되면서 정비사업이 분양물량의 중심이 되고 있다. 하지만 정비사업도 규제정책으로 수도권 분양물량이 점차 줄어들어 2023년 이후 참여정부의 2006년 때처럼 서울 분양물량이 급감하게 될 것이다.

참여정부 시절에 2기 신도시 분양이 시작됐지만 2018년 문재인 정부에선 신도시 분양물량이 없다. 성남 대장지구, 과천지식정보타운, 고양 덕은지구 등 중소급 공공택지만 남아있을 뿐이다. 따라서 내집마련 수요자로 청약통장을 갖고 있다면 자금 여력과 가족 여건(교육·통근 등)을 고려해 적극적으로 청약하는 것이 좋다.

청약통장 가입자라면 시장 상황에 따라 청약 여부를 결정하지 말고 당첨 가능한 분양 단지가 나온 뒤에 적극적으로 청약해야 한다. 이를 위해 매월 나오는 아파트 분양계획 자료를 통해 청약 대상 단지를 고르고, 현장 및 모델하우스를 방문해 연구·조사·분석하면서 내재가치가 있는 분양 단지를 선별하는 작업을 해야 한다. 물론 최종적인 청약 결정은 분양가가 확정된 뒤에 해야 하며, 현재가치가 아닌 미래가치에 중점을 두고 청약해야 한다.

내집마련 타이밍은
각자의 성향에 따라 다르다

주택 시장 조정장세에 내집마련을 하기란 쉽지 않다. 앞으로 더 하락할지도 모른다는 두려움이 크기 때문이다. 하지만 두려움에 아무것도 실행하지 않으면 결국 내집마련 타이밍을 놓쳐버리게 된다.

피터 린치는 주식 투자를 하기 전에 반드시 집부터 사라고 권했다. 집을 사놓으면 투자에 실패할 확률이 매우 낮아지기 때문이다. 내집마련의 수요는 영원하다. 특히 내재가치가 풍부한 집이라면 결코 투자가치로 어떤 투자 대상에도 뒤지지 않는다. 가수요는 줄었다 늘었다 하겠지만 구매력을 갖고 내집마련을 언제 할지 고민하는 유효수요층은 변함없이 많다는 사실을 명심해야 한다.

내집마련은 심리전이다. 따라서 내집마련을 할 수 있는 구매력 있는 유효수요자라고 해도 성향별로 타이밍을 다르게 잡아야 한다. 성향에 따른 내집마련 타이밍을 구체적으로 살펴보자.

수비형 유효수요자

...

수비형 유효수요자들은 대부분 가격이 내리면 사겠다는 입장을 견지한다. 가격이 더 떨어질지도 모르는데 왜 그런 리스크를 감수하고 내집마련을 하냐는 것이다.

또 과거의 아파트값에 집착한 채 30~40%의 가격이 하락하기를 기다리는 사람도 있다. 이들의 입장에서는 그동안 오른 시세를 보면서 내집마련을 하기란 쉽지 않을 것이다.

하지만 언제까지나 과거의 시세에 집착하며 내집마련 시기를 늦출 수는 없다. 과거와 현재의 시세는 미래의 시세와 거의 상관이 없다. 내재가치, 즉 미래가치가 있는 주택을 노려야 하는 이유다. 수비형 유효수요자는 가격이 바닥을 치는 것을 보고 내집마련을 하려고 하지만 바닥이 지나갈 때까지는 누구도 바닥이 언제인지 알 수 없다. 아무리 수비형 유효수요자라고 해도 매입 대상을 선정하고 계절적 성수기를 2차례 정도 지켜본 뒤 내집마련을 하는 것이 바람직하다.

공격형 유효수요자

...

시장에 휘둘리지 않으면서 내재가치가 풍부한 매물이라면 적정가에 기꺼이 매입할 필요가 있다. 특히 공격형 유효수요자라면 주택 시장 조정장세에 정부의 규제정책이 발표된 후 3개월 이내에 매입을 적극적으로 시도하는 것이 좋다.

일시적인 조정장세에 매수자우위 시장을 놓치지 말고 반드시 실수요자라는 것을 중개업소와 매도자에게 강조하며 매도자의 약점을 집중적으로 공략해야 한다.

급매물이라면 좋겠지만 급매물이 아니더라도 내재가치가 시장가격보다 높다면 기회를 놓치지 말고 적극적으로 매입해야 한다. 물론 과거와 비교한 현재가의 적정성에는 집착할 필요가 없다. 오직 미래가치에만 집중해야 한다.

절충형 유효수요자

...

절충형 유효수요자는 수비형과 공격형의 중간형으로 안정과 수익을 동시에 잡겠다는 스타일이다. 수비형과 마찬가지로 조정장세일 때는 불안해하며 선뜻 매입하기를 주저하는 경우가 많다. 그러면서도 성공적인 내 집마련을 위해 어느 정도의 리스크는 각오해야 한다고 생각한다.

이런 절충형 유효수요자는 계절적 비수기에 나오는 급매물이나 자신이 선정한 적정가의 매물이 나오면 매입해야 한다. 특히 조정장세에 일시적으로 매수자우위 시장이 올 때 매입해야 하는데, 이 시기에는 가격 협상력이 높아진다는 장점도 있다.

청약통장으로 가치투자
아파트를 고르는 노하우

청약통장으로 가치투자를 할 수 있는 분양 단지는 기본적으로 입주 시점 이후 수요자가 지속적으로 늘어나는 곳이어야 한다. 광고나 마케팅을 통해 모델하우스에 많은 사람을 끌어모을 수는 있겠지만 분양 계약 이후, 그리고 입주 시점까지 수요자에게 큰 호응을 얻지 못하는 경우도 많다.

분양 이후 지속적으로 수요자의 관심을 끌 수 있는 단지가 갖춰야 할 조건으로 다음의 2가지를 들 수 있다. 쏟아지는 분양물량 중에서 이 조건들에 따라 단지를 골라 모델하우스를 방문하고 현장 답사를 통해 확인한 뒤 청약을 통해 가치투자를 실행하는 것이 좋다.

입주 시점 이후 수요가 많은 지역의 아파트에 청약하라

...

첫째, 입주 시점에 공급보다 수요가 많아야 한다. 부동산 가격은 수급, 즉 수요와 공급이 모든 것에 우선한다. 수요는 제한돼 있는데 입주 시점에 신규 입주물량이 늘어나면 시세가 약세 또는 하락세에서 벗어나기 힘들다. 특히 교통 등의 기반시설이 취약할 경우 더욱더 그렇다. 따라서 입주 시점 이후 수요가 지속적으로 발생할 수 있는 지역의 아파트에 청약해야 한다. 전국 또는 수도권 아파트의 입주물량도 중요하지만 해당 지역의 입주 아파트가 시세에 직접적인 영향을 미친다.

이때 입주 시점의 기반시설도 예측해봐야 한다. 분양 당시 잘 꾸며진 모델하우스에 현혹돼 청약한 후 입주 시점에 후회하는 일이 없어야 한다. 모델하우스에서 기반시설 계획에 대한 설명을 들을 때 내용을 메모하고 사실 여부를 일일이 확인하는 것이 중요하다. 단순히 계획일 뿐인지, 착공했는지, 착공했더라도 계획된 일정에 완공되는지 등을 꼼꼼히 체크해야 한다.

기반시설이 분양 시점보다 입주 시점 직후에 개선되면 더욱 좋다. 특히 입주 시점에 자녀가 없더라도 훗날 자녀가 초등학교 또는 중·고등학교를 다니는 데 지장이 없어야 한다. 마지막으로 현장에 가서 입주 시점에 들어설 기반시설을 점검해보는 것이 좋다.

개발 압력이 높은 곳에 청약하라

···

둘째, 개발 압력이 높은 곳에 청약해야 한다. 막연한 계획만 믿지 말고 구체적으로 일정기간 후에 발전할 가능성이 있는 곳의 분양 단지를 선별해야 한다. 문재인 정부가 역점을 두고 있는 용산, 마곡, 상암, 영동대로 잠실, 송도 등도 개발 압력이 높아지고 있는 곳이다. 인프라 중에서 전철망이 눈에 띈다. 수도권 광역급행철도(GTX)를 비롯해 수도권 전철 급행화,

신분당선·분당선 연장, 9호선 4단계 연장, 위례신사선, 위례과천선 등이 문재인 정부에서 착공 예정이다.

또 대기업과 중소기업이 입주하는 테크노밸리도 개발 압력을 높이는 호재다. LG사이언스파크 등 기업 입주와 특별계획구역 마이스(MICE) 개발이 예정된 마곡지구를 비롯해 판교제2, 3테크노밸리, 과천지식정보타운, 광명시흥테크노밸리, 서안양(박달)테크노밸리, 고양일산테크노밸리 등이 대표적이다.

입주 단지로 내집마련 하기 위해 실천해야 할 10계명

2017년 8·2대책으로 수도권에서 분양권 전매가 금지됐지만 2020년 이후 입주물량이 감소세를 보이면 신축 입주 단지의 희소가치가 더 높아질 것이다. 미래가치가 높은 입주 아파트 단지를 중심으로 가치투자를 한다면 안정적인 투자수익을 올릴 수 있다.

이때 성공투자를 하기 위해서는 내재가치가 풍부한 단지를 먼저 선정하고 지역 주도형 평형을 결정한 후, 입주 6개월 전부터 매물 동향을 지켜보며 잔금 납부 시점(입주 지정일) 전후에 매입하는 전략을 구사하는 것이 좋다.

입주 단지로 성공적인 내집마련을 하기 위해 반드시 실천해야 할 10가지 원칙을 살펴보자.

타이밍을 잘 잡아야 후회가 없다

...

첫째, 매입 타이밍은 가을로 잡아라.

분양 시장의 성수기인 봄(3~5월), 가을(9~11월)에는 입주 단지에 대한 관심이 상대적으로 덜하다. 하지만 비수기인 겨울에는 실수요자들의 관심이 높아지면서 입주 단지가 되살아난다. 따라서 입주 단지는 1년 중 분양물량이 급증하는 9~10월에 사는 게 가장 좋다.

둘째, 인기 지역은 매입이 빠를수록 좋다.

입주 예정 단지라고 하면 통상 입주 지정일을 3개월 앞둔 단지를 말한다. 매입 시기는 전매가 금지된 단지라면 입주 시점에 맞출 수밖에 없지만 전매가 허용된 인기 지역이라면 하루라도 빠른 게 좋다. 매물이 많지 않지만 투자자에 실수요자까지 가세해 가격이 오르기 때문이다. 반면 비인기 지역으로 매물이 쌓이는 곳이라면 매입 시기를 늦춰 입주 3개월 이후 잔금이 부족한 급매물을 매입하는 것도 고려할 만하다.

차별화 양상이 심화되고 있음을 명심하라

...

셋째, 블루칩 단지를 매입하라.

지역별로 가격 상승을 선도하는 대표 단지, 즉 블루칩 단지가 있다. 이들 블루칩 단지는 침체기에도 가격 하락폭이 적고 호황기에는 가격 상승을 선도한다. 거주하고자 하는 지역을 선정했다면 그 지역에서 블루칩 단지를 선정하고, 블루칩 단지 중 한 단지를 매입해야 한다.

넷째, 지역 선호도가 높은 곳을 노려라.

새 아파트라도 입주 시점에 가격이 내려가는 곳이 있는가 하면 급등하는 곳도 있다. 침체기에는 더욱 그렇다. 지역 선호도가 높은 곳만 가격이 오르는 차별화 양상이 심화되고 있는 것이다.

서울 강남권과 성동구, 광진구, 강서구 마곡지구·염창동·발산동 일대, 양천구 목동, 영등포구 여의도동·문래동, 구로구 신도림동, 마포구 상암동·아현뉴타운, 은평구 수색동·증산뉴타운, 서대문구 북아현뉴타운·가재울뉴타운, 동작구 노량진뉴타운·흑석뉴타운, 동대문구 제기동·전농동 일대, 성북구 길음뉴타운 등이 대표적으로 선호도가 높은 지역이다.

다섯째, 브랜드 파워가 강하면 시세도 강하다.

메이저 브랜드 시공사가 짓는 4세대 아파트가 대세다. 4세대 아파트는 단지 안에서 기본적인 삶을 모두 해결할 수 있는 아파트를 말한다. 층간소음(차음재), 광폭주차장, 천정고, 공기정화, 이중창 커튼월 룩(curtain-wall look) 등으로 아파트 건축물을 업그레이드하고 스카이라운지, 사우나, 수영장, 조식서비스, 주차대행 등 커뮤니티 시설과 조경을 차별화했다. 반포아크로리버파크가 4세대 아파트의 원조라 할 수 있다.

현재가치보다는 미래가치에 투자하라

...

여섯째, 발전 가능성이 큰 곳을 골라야 한다.

대부분 새 아파트는 입주 이후 3년까지 큰 폭으로 오르다 보합세를 유지한다. 하지만 발전 가능성이 높은 개발호재가 있다면 장기간 꾸준히 상승세를 보인다. 따라서 당장은 다소 살기에 불편하더라도 입주 이후 시간이 지나 도로·지하철·공원·편의시설 등 기반시설이 들어선다면 매입

가치가 높다. 개발 계획은 매입 시점에 최소한 착공에는 들어가 있어야 믿을 수 있다.

일곱째, 비싸도 로열층을 사라.

새 아파트는 입주 이후 시간이 흐를수록 가격 차이가 더욱 벌어진다. 로열층과 비로열층은 같은 평형이라도 입주 후 3년이 지나면 최소 10%에서 최대 40%까지 차이가 날 수 있다.

쾌적성과 접근성을 주목하라

...

여덟째, 웰빙 아파트가 뜬다.

웰빙 아파트란 앞에 말한 4세대 아파트라고 보면 된다. 핵심은 커뮤니티 시설과 조경이다.

아홉째, 강남으로 통하는 단지가 좋다.

부자가 살고 싶어 하는 지역, 최소한 부자가 관심을 보이는 지역이라면 내집마련으로 더할 나위 없이 좋다. 이런 지역은 대부분 강남권과 지리적으로 가깝거나 도로망이 발달돼 강남 진입이 쉽다. 성동구 금호동·옥수동과 용산구 한남동·이태원동 일대가 대표적인 지역이다. 경기권에서는 위례, 판교 등 2기 신도시가 대표적인 지역이다.

마지막으로 대형 평형은 쾌적성, 소형 평형은 접근성이 좋아야 한다.

40평형대 이상 대형 평형 밀집지역에서는 주거환경의 쾌적성과 정숙성을 중요시하는 반면, 20~30평형대 소형 평형 밀집지역에서는 자녀교육 여건과 통근거리 등을 더 중요시하는 경향이 있다.

남보다 한발 빨리 아파트
분양 정보를 입수하는 법

부동산 시장의 양극화는 분양 시장도 예외가 아니다. 분양 아파트가 분양가, 입지 여건, 브랜드 파워 등 한 가지 면에서라도 경쟁력을 갖추지 못하면 청약통장 가입자로부터 외면을 받게 된다.

청약통장 가입자가 남보다 빨리 경쟁력 있는 아파트 분양 정보를 입수해 궁극적으로 당첨 확률을 높일 수 있는 방법 4가지를 소개한다.

청약통장의 용도와 청약 대상 단지 결정 방법
...

첫째, 청약통장의 용도가 뚜렷해야 한다.

청약통장의 용도를 순수하게 재테크용으로 쓸 것인지, 내집마련용으로 쓸 것인지, 아니면 내집마련이지만 재테크도 할 수 있도록 활용할 것인지 명확히 해야 한다.

한 가구에 통장이 여러 개 있는 경우가 많은데, 투기과열지구에서 당첨

될 경우 재당첨 제한을 받아 나중에 사용하는 다른 통장은 1순위 자격을 갖추고 있더라도 2순위로 청약할 수밖에 없다는 것을 명심해야 한다. 따라서 한 가구에 청약통장이 2개 이상 있을 경우 용도와 용도에 따른 우선순위를 명확하게 설정하는 것이 중요하다.

둘째, 청약 대상 단지를 결정해야 한다.

투자 대상을 고를 때 막연한 관심과 집중된 관심은 결과적으로 커다란 차이를 보인다. 이는 내집마련이든 투자든 마찬가지다. 관심 단지를 고르는 방법으로 우선 시공사 브랜드별로 분류하는 방법이 있다. 예를 들어 브랜드별 분양 계획 단지를 수시로 체크하면서 지역, 평형, 분양 시기를 고려해 관심 단지로 선정하는 것이다. 또 지역을 기준으로 분양 리스트와 브랜드 등을 참고해 관심 단지로 등록하는 방법이 있다.

추가로 청약 대상 단지가 결정됐다면 뉴스 등 각종 정보를 수집한 다음 내재가치를 분석해야 한다. 이때 현장조사는 필수다.

정보를 업데이트하고, 모델하우스 직원들과 친해져라

...

셋째, 다양한 채널의 정보 네트워크를 갖춰야 한다.

분양 정보력을 높이기 위한 가장 손쉬운 방법은 신문을 활용하는 것이다. 부동산면 분양기사를 보면 분양 예정이거나 분양 중(미분양)인 분양 정보를 알 수 있다. 다만 청약 접수 일정 및 분양가는 입주자 모집공고가 나기 전에는 유동적이기 때문에 정보를 업데이트하려는 노력이 필요하다.

또 다른 방법으로는 해당 연락처로 전화해 궁금한 사항을 물어보는 것이다. 모델하우스 오픈 시기 등 기본 정보 외에 사전예약 여부 및 시기, 방법, 가오픈(프리마케팅: 정식 오픈 전 초청자를 대상으로 모델하우스를 미리 공개하는 것) 여부 등의 추가 정보를 얻을 수 있다.

인터넷에선 해당 건설사 분양 홈페이지에서 정보를 검색하거나 부동산 포털사이트, 검색 포털사이트에 있는 지역별 부동산 정보 카페 및 블로그를 활용할 수 있다.

마지막으로 인적 네트워크를 구축해야 한다.

분양 정보를 입수하기 위해 개인적으로 인적 네트워크를 구축하기란 사실 쉽지 않다. 주변에서 찾기 힘들다면 모델하우스를 찾아가보자. 모델하우스에 가면 소장을 비롯해 시공사 직원(분양대행사 직원 제외)이 많이 있다. 여기에서 분양 상담 데스크에 있는 시공사 직원을 알아두면 큰 도움이 된다. 특히 모델하우스 파견 직원은 일정기간 동안 모델하우스 현장만을 돌아다니며 근무하기 때문에 다른 모델하우스에서도 만나는 경우가 많다.

관심 단지 시공사의 모델하우스를 방문하거나 꾸준히 전화 통화를 해 인적 네트워크를 구축하고 고객(시공사 직원) 관리를 하면 미분양 계약이나 분양 정보 등을 남보다 빨리 알아낼 수 있다.

6장

**부동산
가치투자를 위한
인사이트**

9·13대책 이후
관전 포인트 5가지

우선 9·13대책에 대한 필자의 인사이트는 다음과 같다.

대출규제는 물론 양도소득세, 종합부동산세 증세 등 각종 부동산 규제 정책으로 집값이 안정되지 않는다는 것이다. 참여정부와 문재인 정부는 물론 다음 정부에서도 마찬가지다. 중국도 우리처럼 주택 시장에서 공급 감소책·수요억제책을 펴다 지금 시장의 역습을 받고 있다.

규제책의 문제점은 규제 효과가 침체기에서 나타난다는 점이다. 상승장에선 지속적으로 새 아파트 공급을 늘리면 집값이 안정된다. 하지만 도심에 공급을 막고 5년 이상 규제정책을 쏟아내면 규제의 누적효과로 인해 침체기에 하우스푸어를 양산한다. 수도권 주택 시장 2010~2012년처럼 말이다.

따라서 9·13대책은 집값 안정책이 아니라 집값 '불안정'책이다. 문재인 정부의 8번째 정책인 9·13대책까지 부동산 정책은 100% 수요억제책·공급감소책이다. 대세상승장에서는 정책도 정부도 시장을 이길 수 없다.

관전 포인트 1: 매도물량은 늘어날까?

...

9·13대책은 다주택자에게 추가로 아파트를 구입하지 말라는 것이다. 보유하고 있는 아파트를 팔라는 정책이 아니다. 규제지역, 즉 투기지역·투기과열지구·조정대상지역 내 아파트를 사지 말라는 것이다. 갭투자도 하지 말고 매물이 잠기니 더 이상 주택임대사업도 하지 말라는 것이다.

이번 9·13대책은 대부분 2018년 9월 13일 이후 취득분에게 해당된다. 대부분 소급적용되지 않는다. 이미 세팅을 끝낸 다주택자가 시장에 보유 중인 아파트를 매물로 내놓을 이유가 없다. 다주택자가 가장 부담스러워 하는 종부세율 인상안이 연내 국회에서 확정되더라도, 2019년 6월 1일 기준 소유자에게 부과된다. 납부 고지는 2019년 12월이다.

정부는 임대주택으로 등록하지 않은 다주택자에게 2019년 5월까지 팔면 인상된 종부세를 내지 않아도 되니 팔라는 신호를 줬다. 하지만 다주택자는 정부보다 두 수 위다. 종부세가 부담스러워 시장에 나올 매도물량은 양도세 중과로 인해 미미할 것이다. 2019년 6월 이후 늘어날 종부세액보다 아파트 매매가 상승액이 더 많다고 기대하는 사람이 90% 이상 될 테니 말이다.

9·13대책에서 매도물량을 늘릴 수 있는 또 다른 정책은 실거래가 9억 원 초과 고가주택을 보유한 1주택자에 대한 장기보유특별공제 강화다. 2020년 1월 이후 양도(잔금)할 경우 2년 이상 거주하지 않으면 장특공제율을 현재 10년 보유, 80%에서 15년 보유, 30%로 크게 축소시키겠다는 것이다. 2년 이상 거주하면 2020년 이후 팔더라도 종전처럼 10년 보유, 장특공제율 80%다.

그렇다면 고가주택 1주택 보유자의 선택은 무엇일까? 임대주택으로 등록하거나 2019년 12월까지 팔고 더 똑똑한 아파트로 갈아타는 것 중 하나가 아닐까?

고가주택자들은 급하게 시장에 매물을 내놓지 않고 주택임대사업자의 임대주택으로 등록하고 장기전에 나서고 있다. 예를 들어 압구정현대아파트 85타입 이하를 2018년 9월 13일까지 계약(계약금 10% 이상 송금)했고 취득 시점(잔금) 3개월 내 임대주택으로 등록하면(2018년 12월까지) 10년 임대 시 양도세 100% 면제를 받을 수 있다. 또 8년 이상 임대 시 장기보유특별공제 70%를 받을 수 있다. 장기전에 나서는 이유다.

고가주택 보유가 가능하다면 실거래가 20억 원 이하 신축을 최대한 대출받아 부부 공동명의로 매수하고 2년 거주하며 장기보유하는 것을 추천한다. 종부세 부담도 적고 양도세를 절세할 수 있는 최선의 방법이다.

관전 포인트 2: 유동성은 축소될까?

...

종부세 인상과 함께 다주택자 규제지역 추가 대출금지는 9·13대책의 핵심이다. 시장에 유동성이 축소될 것이다.

특히 입주권, 분양권 포함해 2주택 이상일 경우 투기지역, 투기과열지구, 조정대상지역 등 규제지역에선 2018년 9월 14일 이후 새로 주택담보대출(이하 주담대)을 받을 수 없다. LTV 0%다. 1주택자도 갈아타기, 즉 일시적 2주택인 경우에 한해 주담대가 가능하다. 공시가격 9억 원 초과 고가주택은 주택보유 수에 상관없이 실거주목적 외엔 주담대가 금지된다.

그런데 갭투자자 중 대출 끼고 매수하는 경우는 재개발·재건축 주택을 제외하곤 재고아파트는 많지 않다. 대부분 전세 끼고 매수하지 후순위대출까지 받아서 매수하는 경우는 고가 정비사업 주택 아니면 거의 없다.

분양권 중도금 대출, 잔금대출 등 집단대출 규제는 2018년 9월 14일 이후 입주자모집공고 또는 착공신고분부터 적용된다. 파장이 클 집단대출은 규제지역 재개발·재건축 이주비 대출이다.

규제지역 조합원 이주비는 2018년 9월 13일까지 이주비 대출 금융기관이 선정된 경우 주택 수에 상관없이 대출을 받을 수 있다. 그러나 9월 14일 이후 이주비 대출을 신청한 경우 2주택 이상 다주택자는 이주비 대출이 금지된다. 1주택자가 입주권(승계조합원)을 매수한 경우 이주비 대출을 받거나 승계 받으려면 소유권 등기 시점에서 2년 이내에 종전 주택을 처분해야 한다. 추가분담금(중도금) 대출도 똑같이 적용된다.

따라서 9·13대책 이후 이주비 대출을 받을 수 없는 입주권 소유자, 유주택자가 매물로 내놓을 가능성이 높다. 입주권은 양도세 중과도 안 되니 더더욱 그렇다. 하지만 일시적으로 매수세도 줄어들어 입주권 프리미엄이 하락할 가능성이 있다. 앞으로 투자자는 계약하기 전 반드시 입주권 이주비 대출승계 및 중도금 대출승계를 반드시 확인해야 한다.

한편 그동안 주택임대사업자는 임대주택 수에 제한 없이 LTV 최대 80%까지 사업자대출을 받아 이자만 내면 됐다. 하지만 9월 14일부터 투기지역·투기과열지구에서 추가로 주택을 구입하거나 대출을 신청할 경우 LTV가 40%로 축소된다. 공시가격 9억 원 초과 주택은 신규 주택을 구입하기 위한 주담대가 금지된다.

주택담보대출(가계대출·사업자대출 포함)을 받은 임대사업자는 투기지역에서 주택취득을 목적으로 한 신규 주담대가 전면 금지된다. 또 투기지역·투기과열지구에서 9월 14일부터 준공공 임대주택은 기금대출(주택도시기금을 통한 장단기 민간임대 매입자금 융자)을 받을 수 없다.

사업자대출이 막히면서 전세가율이 40% 이하이고 실거래가가 20억 원이 넘는 강남3구 고가아파트는 유동성 축소로 투자수요가 줄어들 것이다. 압구정 재건축 단지가 대표적이다.

2018년 10월부터 시행될 전세자금대출 규제에서 일단 무주택자는 종전처럼 전셋값의 80% 대출이 가능하기 때문에 유동성에 미치는 영향은 크지 않다. 하지만 서울 도심 아파트처럼 전셋값이 5억 원 넘는 경우 많이 이용하는 서울보증보험(SGI)도 1주택자 전세대출에 소득제한을 두지 않는 대신 주택금융공사나 주택도시보증공사처럼 다주택자 전세대출을 중단하기로 했다. 이에 따라 투자수요가 위축되고 반전세와 월세가 다시 늘어날 전망이다. 전세대출선 입주권, 분양권은 주택으로 보지 않는다.

1주택자가 전세 끼고 주택을 구입하고 9월 14일 이후 입주하기 위해 주담대를 받아 세입자에게 전세금을 돌려줄 경우 투기과열지구라도 LTV 40%까지 나온다. 하지만 2주택자는 전세퇴거자금으로 주담대는 물론 생활안정자금도 대출받을 수 없다. 다만 2주택자는 1주택 매매계약서(계약금 납입내역 포함)를 제출할 경우 전세퇴거자금으로 주담대를 받을 수 있다.

관전 포인트 3: 투자수요는 줄어들까?

...

종부세율 인상은 일시적으로 투자수요를 위축시킬 수 있다. 정부는 종부세 추가 과세 대상자를 3주택자 외에 조정대상지역 내 2주택자로 확대했다. 과표구간 3억 원 초과~6억 원 이하를 신설해 종부세율을 종전안보다 최대 1.2% 올렸다. 종부세 주택 수엔 입주권, 분양권은 포함되지 않는다.

또 공정시장가액비율을 2019년부터 5%씩 올려 2020년까지 100%로 인상하고 공시가격도 2019년부터 현실화하기로 했다. 또 다주택자의 경우 재산세, 종부세 등 보유세 인상한도를 전년도 대비 최대 300%까지 강화했다.

조정지역 내 일시적 1가구 2주택 양도세 비과세 요건 강화로 인해 1주택자 투자수요가 줄어들 전망이다. 9월 13일 이후 신규 취득하는 주택은 2년 내에 종전 주택을 매도해야 비과세 요건을 갖추게 된다. 이제 새 주택으로 이사 가더라도 종전 주택을 전세 주면 2년 계약만기를 채우고 팔기가 쉽지 않다. 또 1주택 이상자는 조정지역에서 종전 주택을 담보로 대출받기가 힘들어진 데다 1주택자가 새 주택을 조정지역에서 사면 종전 주택 2년 내 처분조건에서만 새 주택으로 주담대가 가능해 투자수요가 위축될 것이다.

임대사업자에 대한 세제혜택이 대폭 폐지됐다. 9·13대책 이후 임대주택 등록은 크게 줄어들 전망이다. 특히 서울은 말이다. 당연히 투자수요가 줄어들 것이다. 9·13대책 이전까지는 2018년 12월까지 준공공 임대주택으로 등록하고 10년 이상 임대하면 양도세를 100% 감면받을 수 있었다. 또 준공공 임대주택으로 등록해 8년 이상 임대하면 2019년부터 장특공제율 70%를 공제받을 수 있었다.

그러나 9·13대책 이후에는 양도세 100% 감면의 경우 2019년부터 폐지된다. 또 2018년 9월 13일 이후 취득분부턴 준공공 장특공제율 70% 요건이 전용면적 85m² 이하와 임대개시일 현재 주택가액 6억 원(수도권) 이하로 강화된다. 이로 인해 강남3구에선 투자수요는 물론 똘똘한 아파트로 매수해 장기보유하려는 투자수요 실수요가 줄어들 전망이다.

1주택 이상 소유 중인 임대사업자는 9월 13일 이후 임대등록 당시 기준 시가 6억 원 이하 주택을 새로 취득해 8년 준공공 임대주택으로 등록하더라도 조정대상지역에선 양도세 중과배제 혜택이 없어진다. 오히려 양도세를 중과한다. 2주택자는 10%p, 3주택자는 20%p 가산세가 붙는다. 종부세 합산배제 혜택도 조정지역에선 1주택 이상 소유 중인 임대사업자가 9월 13일 이후 임대등록 당시 기준시가 6억 원 이하 주택을 새로 취득해 8년 준공공임대로 등록하면 받을 수 없다.

임대사업자 등록을 통한 대출레버리지투자 기회가 사라지고 양도세 세제혜택도 크게 축소돼 강남3구 고가아파트 시장에서는 매수세가 위축될 전망이다.

종전 주택과 새 주택이 모두 조정대상지역 내에 있는 일시적 2주택자의 경우 양도세 비과세 요건이 2017년 8·2대책 이후 2년 거주 외에 종전 주택 매도기한이 3년 이내에서 2년 이내로 줄어들어 1주택자의 교체수요, 투자수요도 위축될 전망이다.

관전 포인트 4: 비규제지역 풍선효과 있을까?
...

수도권 비규제지역, 즉 비조정대상지역에 풍선효과가 있을까? 예를 들면 수원·용인·의왕·안양(만안구)·군포·산본·인천·송도·부천·시흥 등 비규제지역에서 말이다.

대출규제도 거의 없고 일시적 2주택 거주요건도 없다. 종전 주택도 3년 이내 매도하면 양도세 비과세 혜택을 받을 수 있다. 분양권 전매제한도 민간택지는 6개월이다. 이주비 대출규제에도 자유롭다.

풍선효과는 비조정지역 85타입 이하, 6억 원 이하 중심으로 예상된다. 다만 지금 조정지역이 아니더라도 언제든지 시장상황에 따라 조정지역이 될 수 있다. 조정지역이 될 경우 매수세가 줄어들 가능성이 높으니 주의해야 한다.

9·13대책 이후 다주택자의 추가 대출이 힘들어지면서 실수요자 중심으로 똘똘한 아파트로 내집마련하거나 갈아탈 가능성이 높다. 따라서 갭투자가 몰린 수도권 외곽 구축은 특히 매수세가 줄어 매매가가 하락할 가능성이 높다. 향후 조정지역이 되더라도 원하는 시점까지 보유하고 매도하는 데 자금 등에 문제가 없는지를 확인하고 매수해야 한다.

풍선효과는 일시적이고 제한적일 수밖에 없다. 그 이유는 지금과 같은 상승장이 2023년까지 지속될 가능성이 높기 때문이다. 그렇다면 수도권 전역이 조정대상지역은 물론 투기과열지구로 지정될 수 있다. 2009년 노도강(노원·도봉·강북) 몰락을 명심해야 한다. 당신이 매수한 아파트가 2020년대 버전 '노도강'이 될 수 있다.

비조정지역이라고 하더라도 핵심지역 정비사업 신축(입주권)이 아니라면 매수에 신중해야 한다.

관전 포인트 5: 그래서 집값은 어떻게 될까?

...

현재로선 매도물량이 늘어날 가능성이 없다. 매도물량이 추가로 나오게 할 정책은 1주택자가 장기보유한 고가주택과 조정지역 내 임대주택으로 등록하지 않은 다주택자 주택뿐이다. 매도물량 증가를 기대하긴 힘들다.

따라서 집값 하락폭은 크지 않을 전망이다.

9·13대책 이후에도 정부는 정부대로, 시장은 시장대로 흘러갈 것이다. 다만 투자수요에게 정밀타격을 가하는 규제책인 만큼 이후에는 무주택자, 1주택자, 일시적 2주택자 등 실수요자가 매매 시장을 주도할 것이다.

9·13대책 이후 매도물량도 적고 매수자도 줄어든 조정장세가 시작될 것이다. 하지만 2018년 2월처럼 1억~2억 원씩 하락할 가능성은 낮다. 매도자와 매수자 모두 움츠리는 관망세가 당분간 짙어질 전망이다. 9·13대책 효과도 길어야 6개월이겠지만 말이다.

내집마련 또는 교체수요라면 이번 조정장세에 똘똘한 아파트(수도권 핵심입지 정비사업 입주권 4세대 아파트)로 내집마련하거나 갈아타는 절호의 기회로 삼아야 한다.

9월 부동산 대책과
2019년 폭등장 가능성

대출규제를 통해 추가로 아파트를 매수하는 것을 차단한 9·13대책과 서울 신규 아파트 공급부족을 해결하기 위한 미니 신도시 5곳을 조성하는 9·21대책 이후, 수도권 주택 시장은 어떻게 움직일 것인가?

　최근 인상 깊게 읽은 글을 소개할까 한다. 9월 부동산 대책 이후 수도권 아파트값 움직임을 예측할 수 있는 좋은 글이라 생각된다.

주택 시장 인사이트를 위한 추천 글

...

먼저 2015년 이후 서울 아파트값이 오르는 근본적인 원인을 지적하는 것으로, 김두얼 명지대 경제학과 교수의 글 '단순한 사실과 단순한 논리'다.

　최근 부동산 가격 폭등과 관련해서 제가 중요하게 생각하는 단순하지만 중요한 장기추세는 다음 두 가지입니다.

① 2000년대 동안 우리나라 인구는 계속 증가했습니다. 여기에 더해서, 서울 자체는 몰라도 수도권 인구가 크게 줄어들었다는 증거는 본 적이 없습니다.

② 2000년대 초중엽 우리나라의 일인당 GDP는 2만 달러였고, 2018년 현재 3만 달러입니다. 소득이 50%나 늘었으니, 당연히 더 좋은 집을 얻고 싶어 하는 사람들이 엄청나게 늘었습니다. 여기에 인구도 늘었으니 더 말할 나위가 없습니다.

그러면 이러한 소득 및 인구 증가가 창출한 수요에 맞는 수준으로 '질 좋은' 집이 늘어났을까요? 저는 그러지 못했다고 생각합니다. 이처럼 수요 증가가 공급보다 높으니까 가격이 오르는 것은 당연합니다.

여기에 더해서 많은 증거들은 우리나라의 불평등이 지난 20년간 증가한 것을 보여줍니다. 바꾸어 말하면 '질 좋은' 주택에 대한 수요 증가는 소득 및 인구 증가 속도보다 훨씬 컸다는 뜻입니다. 중요한 것은 2008년 금융위기 이후 다른 나라들과는 달리 우리나라 경제는 지난 10년 동안 꾸준히 성장했다는 점입니다. 과거보다 성장률이 낮아진 점만 보지 마시고, 10년 동안 연평균 3~4% 증가를 유지했다는 점을 고려할 필요가 있습니다.

결국 현재 우리나라 주택수요가 큰 것은 저금리나 투기수요 이전에, (경제성장에 따른) 소득 및 인구 증가라는 아주 단순한 두 가지 사실로부터 시작한다고 생각합니다.

두 번째 글은 교보증권 건설부동산 백광제 연구원의 9·13대책에 대한 코멘트다. 이 글을 읽고 앞으로 1~2개월 조정장세(매매가는 소폭 하락하는 반면 전셋값은 소폭 상승하면서 매매 거래량이 감소하는 장세)를 거쳐 2019년 폭등장이 올 가능성이 높다는 우려가 커졌다.

> 이번 대책이 부동산 시장에 미칠 단기 하방 압력은 크지 않을 것으로 전망. 주택 가격 상승에 대한 정부의 문제 인식이 매물 부족까지 확대된 부분은 긍정적이나 주택 시장 안정 대책이 매물 부족 해소보다 투기 수요 근절에 집중된 것은 다소 아쉬운 부분.
>
> 고강도 대출 규제로 신규 투기 수요를 막은 것은 주택 가격 상승률 둔화에 도움, 하지만 서울 지역 주택 가격 상승의 근본 원인은 재정비 멸실에 따른 절대 공급부족으로 판단.
>
> 도심 공급부족 해소를 위해서는 ① 도심 내 신규 공급 확대, ② 다주택자 매물 유도 등이 필요. 이번 대책에 ① 도심 내 규제 완화를 통한 공급 확대책이 포함되어 있음에도 불구, 세부 내용 부족으로 실현 시기, 공급 지역 및 규모를 확인할 수 없어 신규 공급 확대 효과를 기대하기 어렵고, ② 투기지역 양도세 중과 효과 등이 종부세 상향 효과보다 커 서울 도심 다주택자·임대사업자의 매물 잠김 현상이 지속될 것으로 판단.
>
> 따라서 이번 대책이 다주택자 매물 증가에 따른 주택 가격 하락으로 이어지기는 어려울 것으로 판단.

2019년 폭등장 가능성이 높아지고 있다

...

17년 안팎으로 주기가 반복되는 주택 시장 사이클에서 공급부족과 유동성장세가 만나면 집값은 폭등한다. 또 2017년부터 시작된 인플레이션은 일정기간 동안(기준금리가 3%대 진입해 유동성파티가 끝날 때까지) 아파트 등 자산가치를 끌어올릴 것이다.

수도권 아파트값 폭등을 진정시키기 위해 대출 규제, 보유세 인상, 정비사업 규제와 같은 부동산 대책은 단기효과에 그친다는 것은 이미 시장에서 입증됐다. 집값이 오르든 내리든 중장기 집값 안정책은 지속적인 신규 아파트 공급이다.

도심 정비사업을 가로막고 서울 외곽에 신도시를 조성해 아파트 공급을 확대하겠다는 것은(그것도 임대주택 중심) 질 좋은 아파트를 원하는 서울 소득 4, 5분위 주택수요를 분산시키기에는 역부족이다. 수도권 원도심 정비사업을 통해 스카이라운지, 수영장, 사우나, 광폭주차장, 공기정화시스템 등을 갖춘 4세대 아파트를 많이 공급해야 한다.

정부는 지금 역주행하고 있다. 특히 도심 매물은 강제로 잠가놓게 하고 서울 외곽 미니 신도시 5곳으로 서울 등 수도권 집값을 안정시키겠다는 것이다.

신도시 유력 후보인 광명시흥지구(9만 가구)와 하남 감북지구(2만 가구)는 과거 토지주의 반대로 보금자리지구에서 해제된 경력이 있다. 광명시흥지구는 부지는 신도시급이지만 입지상 서울 대체 신도시로 부족하다. 철도망(역세권)을 해결해야 할 것이다. 수도권 서남권의 대체 신도시일 뿐이다. 또 강남 대체 신도시 후보로 유력한 감북지구의 경우 부지가 100만 평으로 말 그대로 미니 신도시인 데다 토지주의 반대가 심하다. 설령 추진된다고 해도 토지보상 과정에서 시간을 많이 허비할 것이다.

지난 2011년 아파트 첫 분양 이후 아직도 분양이 끝나지 않은 2기 신도시인 위례신도시의 재판이 될 가능성이 높다. 이번 정부에서 첫 분양은 사실상 불가능하다. 계획대로 추진된다면 9호선 보훈병원역과 가까워 강동권(강동구·하남·미사강변도시 등) 아파트값 안정에는 도움이 될 수 있다고 본다.

수도권 집값을 안정시키기 위해선 미니 신도시 5곳 추가 조성을 추진하되 우선순위를 아직도 개발 중인 2기 신도시의 완성에 두는 것이 좋다. 수도권 아파트 수요를 분산시키는 중단기 대책이 될 수 있다.

위례를 비롯해 김포한강, 파주운정, 화성동탄2, 인천검단, 양주옥정, 평택고덕 등 2기 신도시에 광역교통망(전철망·도로망)을 완벽하게 갖추는 데 집중해야 한다. 이와 함께 자족시설(관공서·기업 등) 및 기반시설(학교·도서관·공원·상권 등)을 하루빨리 마무리해야 한다. 송도국제도시도 수도권 서남권 대체 신도로 GTX B노선 조기 착공 등 정부 차원에서 지원이 필요하다.

2018년 9월 이후 수도권 주택 시장 관전 포인트는 '무주택자의 내집마련', '1주택자의 추가 매수(일시적 2주택 양도세 비과세 혜택을 노린 투자)', '1주택자와 일시적 2주택자의 갈아타기 수요', 그리고 '현금(5억 원 이상) 동원력이 있는 투자수요가 얼마나 유지될 것인가?' 하는 점이다. 9·13대책 이후 시장참여자들은 심리적으로 크게 위축되지 않았다. 매도자들은 호가를 소폭 낮출 뿐이고 매수자는 급매물을 찾아 당분간 거래중단 가능성이 높다.

한편 9월 대책 이후 수도권 아파트 시장의 트리거(방아쇠)는 이번에도 강남3구 아파트가 될 것이다. 강남3구의 수급 움직임에 따라 요동칠 가능성이 크다. 시장에 나올 공급물량은 이미 결정돼 있으니 수요가 관건이다.

강남3구 주택 시장에선 10월 이후 멸실주택과 이주비 유동성장세를 동반하는 재건축 이주가 본격적으로 시작된다. 강남3구 재건축 이주의 트리거는 반포권이 될 것이다. 그중에서도 이르면 12월부터 이주가 시작될 반포주공1단지 1, 2, 4주구(2,090가구, 이사비 포함 2조 1,500억 원)가 될 것이다. 이어 한신4지구(2,898가구)가 연내 관리처분인가를 받고 2019년 1~6월 이주예정이다.

잠실권에선 미성크로바(1,350가구)의 이주가 2019년 상반기부터 시작될 예정이다. 이웃한 잠실진주(1,507가구)도 10월 관리처분인가를 받고 2019년부터 이주가 시작될 것이다. 서초구에선 2018년 9월 관리처분인가를 받은 방배13구역(2,911가구)도 2019년에 이주가 시작될 것이다. 따라서 9·13대책이 발표된 지 4개월이 지나는 2019년 1월부터 강남3구 매매·전세 시장이 요동칠 가능성이 높다.

9·21 공급확대책이 시장에 주는 영향은 매우 제한적이다. 마용성 거주자자가 신도시로 이주할까? 강남3구 거주자가 신도시로 이주할까? 더욱이 수도권 공공택지 전매제한을 최대 8년(수도권 투기과열지구는 대부분 5년)으로 강화해 매매시장은 입주 후 2년이 지나야 형성될 것이다. 불가능하지만 만약 준신도시에서 2021년에 분양한다 하더라도 매매거래는 2028년 이후에나 가능할 것이다.

서울 아파트를 사려는 사람은 많다. 서울 아파트는 전국구다. 해외교포는 물론 일본인 중국인도 있다. 현금 부자들은 여전히 강남3구 아파트 시장에 돈을 투입시키고 있다. 강남3구에서 쏟아질 이주비도 다시 강남3구 아파트 시장에 유입될 것이다.

9·13대책 이후 수도권 주택 시장은 거의 완벽하게 매물이 시장 아래로 잠기고 있다. 2018년 9월 13일까지 취득(계약)한 아파트는 대출 규제

와 임대사업자 세제혜택 폐지를 소급 적용하지 않아 매물 잠김이 가속화되고 있다. 더욱이 2019년 수도권(서울·인천·경기) 아파트 입주물량은 18만 가구로 2018년(23만 가구)보다 5만 가구가 줄어든다. 수도권 아파트 인허가실적도 감소세다. 갈수록 분양물량은 물론 입주물량이 감소한다는 것을 의미한다.

2019년 수도권 주택 시장을 안정시키려면 한시적 양도세 중과 완화 등으로 매물 부족을 해소해야 한다. 그렇지 않으면 2019년 폭등장(연간 아파트값 20% 이상 상승) 가능성이 높아질 것이다.

수서역세권 2019년
토지보상의 의미

서울 동남권(강남4구) 개발호재는 대부분 예측 가능한 호재라는 점에서 차별화돼 있다. 창동역세권이나 수색역세권이 민자 유치 등의 문제로 언제 착공될지 알 수 없는 예측 불가능한 호재라는 점과 대조적이다. 동남권 개발호재 중에서 으뜸은 삼성역 영동대로 지하공간 개발호재가 될 것이다. 이에 버금가는 호재가 바로 수서역세권 개발호재다.

최근 집값에 영향을 미치는 여러 개발사업 발표가 지연되고 있는 반면 수서역세권 개발은 2018년 1월 수서역세권 공공주택지구 지구계획이 국토교통부 승인을 받았다. 즉 2018년 착공해 2021년 완공이라는 대장정이 정식으로 시작됐다는 것이다. 수서역세권 공공주택지구 11만 7천 평과 2차로 개발계획인 수서차량기지 6만 1천 평을 합하면 총 18만 평에 달하는 강남구 금싸라기 땅이다.

수서역 공공주택지구에는 오는 2021년까지 철도 광역환승센터를 중심으로 업무·상업·주거시설이 들어선다.

수서역은 우선 수서고속철도(SRT)를 비롯해 지하철 3호선과 분당선, GTX A노선(파주~삼성)과 연결되는 삼성동탄간 급행철도(2021년 12월 개통 예정)와 수서광주선(예정)까지 총 5개 철도노선이 정차한다. 여기에 예타를 추진 중인 위례과천선도 들어설 가능성이 매우 높은 상황이다. 지난 2016년 12월 개통한 SRT는 연간 방문객이 1,200만 명에 달한다.

수서역세권 공공주택지구는 수서동과 자곡동 일대 11만 7천 평에 공동주택 6만 7,449m²(17.5%), 업무·유통·상업시설 용지 4만 4,490m²(11.5%), 복합커뮤니티시설 6,385m²(1.7%), 주차장 용지 2,358m²(0.6%), 철도 용지 10만 2,208m²(26.4%), 공원·녹지 8만 7,628m²(22.7%), 학교 용지 1만 624m²(2.7%), 도로 6만 5,248m²(16.9%) 등이 개발된다. 공동주택은 행복주택 1,910가구를 비롯해 2,530가구가 건설된다. 학교 용지엔 중학교가 신설된다.

여기서 주목해야 할 것은 바로 자족시설인 업무·유통시설 용지다. 수서차량기지 복합개발구역과 합치면 13만 평에 육박해 19만 평인 판교테크노밸리에 조금 못 미친다. 다만 수서역세권은 판교와 달리 고밀도로 개발돼 상주기업 임직원은 8만 명 안팎으로 비슷할 것으로 예상된다. 서울 동남권에서도 입지가 뛰어나 고소득 벤처기업이나 대기업 입주를 쉽게 예측할 수 있다.

오는 2025년 전후로 '영동대로, 잠실종합운동장 등 국제교류복합지구 - 양재R&CD - 과천지식정보타운 - 복정역 스마트복합시티 - 판교테크노밸리 - 판교2,3테크노밸리'로 이어지는 동남권 테크노벨리 벨트가 구축될 전망이다.

수서역세권 공공주택지구의 업무·유통·상업시설 용지엔 업무시설, 지식산업센터, 벤처기업 집적시설, 소프트웨어 진흥시설 등이 들어선다. 유통시설인 백화점 입점 여부도 관전 포인트다. 또 2019년부터 시작될 토지보상금 3천억 원이 어디로 유입될지도 주목된다.

이에 따라 수서택지개발지구와 세곡지구, 세곡2지구, 강남지구 등 보금자리지구는 물론 송파대로변 가락·방이-문정·장지-위례-복정역 아파트 등 부동산에 대형 호재가 될 것이다.

분양가 통제에도
집값이 상승하는 이유

동일 생활권 아파트 시장에서 공급되는 아파트 분양가는 중요하다. 정부는 높은 분양가가 주변 아파트값을 끌어올린다는 생각을 갖고 있다. 그럼 분양가를 내리면 주변 아파트값이 내려갈까?

아파트 시장에서 매수심리는 변화무쌍하다. 수급, 경기, 금리, 정부 규제책(대출·전매제한 등) 등에 따라 등락을 거듭한다. 대세상승장에서도 말이다. 지난 2016년, 2017년 강남3구 봄 분양 시장에서 경험했듯이 대세상승장에서 분양가는 큰 의미가 없다. 분양가가 낮든 높든 결과적으로 시세 추이는 같다.

2016년 3월 말 분양한 개포동 래미안블레스티지의 경우 2018년 10월 기준 84타입 분양권 프리미엄이 8억 원 이상이다. 총 투자비가 21억 원 이상이다. 분양 당시에는 분양가 13억 5천만 원이 비싸다고 했지만 결과적으로 아주 싼 셈이었다. 그런데 만약에 분양가를 12억 원에 했다고 지금 분양권 시세가 19억 원이 됐을까? 아니면 15억 원에 했다고 25억 원이 됐을까? 분양가가 얼마든 분양권 시세는 21억 원 이상이었을 것이다.

과거 2006년 판교 동시분양에서도 비슷한 경험을 했다. 참여정부는 판교 청약 과열을 진정시키기 위해 동시분양을 하고 원가연동제(분양가 상한제)와 채권입찰제를 적용했다. 하지만 청약 시장은 과열됐고 결과적으로 '판교 로또'가 됐다. 채권입찰제는 적용하지 않고 분양가 상한제만 적용했던 위례 역시 마찬가지다.

그럼 결과적으로 분양가가 올라 주변 아파트값이 오르는걸까? 아니면 주변 아파트값이 올라 분양가가 오르는 걸까?

아파트값은 생물처럼 살아 움직인다. 물론 살아 움직이는 동인은 집값 상승 기대심리다. 집값 상승 기대심리가 높다면 실수요는 물론 투자수요도 몰려 재고아파트값이 오른다. 이럴 때 분양가를 낮춘다고 주변 아파트값이 안정되지 않는다. 반대로 집값 상승 기대심리가 낮다면 아무리 분양가를 싸게 공급하더라도 미분양이 발생하게 되고 주변 집값도 약보합세를 유지할 것이다.

고분양가 관리지역으로 지정된 서울이나 과천에서는 마포프레스티지자이(염리3구역), 디에이치자이개포(개포8단지), 과천위버필드(과천주공2단지) 등 정비사업 일반분양가를 놓고 주택도시보증공사(HUG)와 조합, 조합과 시공사, 조합과 조합원 간에 의견이 충돌했다.

하지만 분양가가 낮게 나오든 높게 나오든 결과(입주 시점 시세)는 똑같다는 것이다. HUG가 아무리 분양보증을 무기로 분양가를 통제하려고 해도 말이다. 다만 분양가를 낮추면 조합원 이익이 줄어들고 로또 청약으로 당첨자의 이익이 늘어날 뿐이다.

예를 들어 분양가 통제로 마포프레스티지자이 84타입을 8억 7천만 원

(상한가 기준)에 일반분양한다고 치자. 필자의 예측이 틀릴 수 있겠지만 한번 예측해보겠다. 84타입뿐만 아니라 59타입과 119타입도 분양가가 시세(마포래미안푸르지오 84타입 12억 원대)보다 낮게 분양된다면 2만 명 이상 청약할 것이다. 그러면 청약가점 커트라인은 60점도 불안하고 65점 이상 돼야 안정권이 된다. 실제로 2018년 4월 5일 1순위 청약 결과 청약자 수는 1만 5천 명에 달했다. 84B타입의 경우 가점 커트라인이 무려 70점이었다.

마포프레스티지자이 완판 후 마포 공덕 아파트 시장은 안정될까? 전혀 그렇지 않다. 낙첨자들은 당첨받지 못한 것을 아쉬워하면서 마포 공덕 신축이나 구축 재개발 입주권 매수세로 돌아설 것이다. 마포프레스티지자이, 마포자이3차, 북아현뉴타운 등의 매수세가 늘어날 것이다. 결국 주변 아파트값을 끌어올린다. 2016년 래미안블레스티지, 2017년 개포래미안포레스트처럼 말이다.

이처럼 정부가 분양가를 낮춰 아파트값을 안정시키려고 하지만 당첨 로또로 분양 시장이 과열되면서 동일 생활권 신축, 구축 아파트값을 끌어올릴 것이다. 집값 상승 기대심리가 계속된다면 말이다.

사족을 덧붙이자면, 계획경제도 아닌 시장경제에서 민간 사업시행자인 조합(조합원)이 투자해서 벌이는 정비사업의 분양가를 완판 수준으로 끌어올려 조합원 이익을 극대화하는 것은 당연하다. 그런데 정부가 분양가를 통제해 조합원 이익을 구매력이 있는 청약통장 1순위자(불특정 다수)에게 넘기라고 하는 것은 분명 잘못이다. 이는 정비사업의 사업성·수익성을 악화시켜 정비사업을 하지 못하게 만들 것이다. 그러면 결국 시장의 역습(신규 아파트 공급물량 급감으로 인한 가격 급등)을 받게 된다.

전세레버리지투자의 기본은
전셋값이다

전세레버리지투자에서 기본은 전셋값이다. 2016년 이후 전세가율(매매가 대비 전셋값 비율) 하락기로 접어들어 전셋값이 안정화되면서 '기본'이 더욱 중요해지고 있다. 전셋값이 안정된 이유는 단순하다. 전세수요가 줄어든 반면 전세공급물량이 늘어났기 때문이다.

전세수요가 줄어든 데는 집값 상승 기대심리가 치솟으면서 세입자가 대거 내집마련을 했기 때문이다. 반면 전세공급물량은 늘어나고 있다. 수도권 외곽 중심으로 입주물량이 2019년까지 증가세다. 또 재고아파트의 전세물량도 늘어나고 있다. 주택임대사업자와 전세레버리지투자자가 보유한 아파트의 전세물량도 계속 공급되고 있다.

이처럼 전셋값은 철저히 수급 논리에 따라 등락한다. 매매가는 현재가치에 미래가치가 반영되지만 전셋값은 현재가치만 반영되기 때문이다. 100% 실수요 시장이다.

전셋값 안정기에 전세레버리지투자를 할 때는 보유기간 동안 전셋값이 하락하지 않고 소폭이라도 꾸준히 우상향할 수 있는 아파트를 선택해야 한다. 가장 손쉬운 방법은 국토교통부 실거래가를 통해 2016년 이후 전셋값 추이를 파악하는 것이다.

전셋값이 안정되기 시작한 2016년 이후에도 전셋값이 올랐다는 것은 무슨 의미일까? 실수요자가 전셋집을 꾸준히 선택하고 있다는 것이다. 직주근접 가치가 높은 역세권은 기본 중의 기본이다. 또 학군, 커뮤니티 시설, 상권, 공원 등 주거 인프라를 기본으로 갖춰야 한다.

전세수요는 대부분 전셋값이 비싼 곳에서 싼 곳으로 이동한다. 따라서 도심에서 외곽으로 이동하는 게 대부분이다. 반포·잠원 세입자가 흑석동·상도동으로, 방배동 세입자가 사당·이수로 이주하는 것처럼 말이다.

전세레버리지투자자는 보유기간 동안 '대체재(지금 살고 있는 전셋집보다 싸거나 신축인 입주 아파트·오피스텔)'를 체크해야 한다. 동일 생활권 내 입주물량은 전셋값에 큰 영향을 미친다. 수도권에서 정비사업 이주수요와 입주물량에 따라 서로 영향을 주는 대체재 지역은 다음과 같다.

옥수동 vs. 금호동	성수동 vs. 행당동
흑석동·사당동 vs. 방배동	마곡지구 vs. 김포한강신도시
한강신도시 vs. 일산 등 고양신도시	미사강변도시 등 하남 vs. 강동구
판교 vs. 위례	

미사강변도시가 입주할 때 강동구 고덕동, 둔촌동 아파트 전셋값이 일시적으로 하락했다. 위례 입주물량이 많았던 2015~2016년에 판교 전셋값이 약보합세를 보였다. 반대로 성수동이 재개발 사업으로 멸실주택이

늘어나면 이주수요로 성수동, 행당동 전셋값이 오를 것이다.

한편 2016년부터 매매우위 시장이 시작되면서 전셋값 상승폭보다 매매가 상승폭이 훨씬 크다. 흑석한강센트레빌1차 84A타입의 매매와 전셋값의 추이를 살펴보자.

흑석한강센트레빌1차 실거래가는 2016년 내내 7억 5천만 원 안팎을 유지했다. 하지만 2016년 11월에 8억 원(6층), 2017년 3월에 8억 원(3층)을 기록하더니 2017년 12월에는 10억 2,800만 원(19층)으로 사상 처음으로 10억 원을 돌파하며 '10억 원 클럽'에 가입했다. 2018년 1월엔 10억 5천만 원(2층)으로 또다시 전고점을 돌파했다. 이후 8월에 13억 2천만 원으로 최고가를 갱신했다.

반면 전셋값은 소폭 상승했지만 꾸준히 우상향했다. 2016년 이후 전셋값은 6억 원대 초반에서 7억 원 선까지 올랐다. 이에 따라 매매가와 전세값의 갭도 지난 2년간 1억 5천만 원에서 3억 원 이상으로 벌어졌다.

이제 수도권에서 신도시 공공택지를 제외하고 2년마다 전세 재계약을 하면서 1억 원 안팎 오른 전셋값을 현금화하거나 반전세로 전환하는 시대가 종말을 고하고 있다. 이제 2년 후 재계약 시점에 전셋값 하락(또는 일시적 공실)으로 자금을 추가 투입하지 않으려면 최소한 5천만 원 안팎 오를 수 있는 아파트에 전세레버리지투자를 해야 한다. 즉 흑석한강센트레빌1차와 같은 아파트에 투자해야 한다.

실거주 집주인과
세입자의 황금비율은?

2017년 수도권 아파트 시장은 시세분출로 인해 매매가와 전셋값 갭이 크게 벌어졌다. 수원 광교신도시도 갭이 2016년 1억 원대에서 2018년 들어 3억 원 이상으로 벌어졌다. 아파트값 상승 기대심리가 크게 낮아지는 침체기(하락기)가 오지 않는 한 상승장에서 전세를 끼고 아파트를 사는 전세레버리지투자는 사라지지 않을 것이다. 우리나라에만 존재하는 전세제도가 사라지지 않는 것처럼 말이다.

2016년 이후 수도권 아파트 시장이 매매우위 시장이 되면서 전셋값이 하향안정화를 보이고 있다. 이에 따라 전세레버리지투자자에게 투자기간 동안 전셋값 우상향 여부가 중요한 선택요인이 되고 있다. 전셋값이 우상향하려면 당연히 실수요자, 즉 세입자의 전세수요가 많아야 한다. 예를 들어 입주단지에서 전세수요보다 많은 공급물량(전월세물량)이 한꺼번에 쏟아질 경우 동일 생활권 아파트 전셋값은 일제히 일시적으로(전월세물량이 소진될 때까지) 하락한다.

전셋값이 안전하게 우상향하는 전세레버리지투자처를 찾을 때, 단지 내 집주인과 세입자의 황금비율은 얼마일까? 필자는 실거주하는 집주인이 70% 안팎, 세입자가 30% 안팎일 때 황금비율이라고 생각한다. 실거주하는 집주인이 적정 수준으로 공급물량(매물)을 조절하고(공급초과 가능성을 억제하고) 세입자가 매매수요로 돌아서는 손바뀜이 이상적이다. 집주인의 실거주 비중이 높을수록 침체기에 하방경직성이 강하다. 다만 집주인의 실거주 비율이 지나치게 높으면, 예를 들어 90% 이상이면 상승장에서 손바뀜(거래량)이 적어 모멘텀이 약해질 수 있다.

지난 2017년 8월 3일 이후 취득한 경우 실거주 2년 요건을 충족해야 양도세 비과세 혜택을 받을 수 있어 집주인의 실거주 비중은 더욱 중요해졌다. 신축의 경우 입주 2년이 지나는 시점에 양도세 비과세를 받고 매도하는 집주인의 실거주 비중도 관심을 가져야 할 것이다.

집주인의 실거주 비중은 전세레버리지투자는 물론 분양권 투자에서도 중요하다. 입주 이후 전세를 주고 계속 보유하려는 장기투자자라면 더욱 그렇다. 집주인의 실거주 비중은 실수요층을 의미한다. 실수요층이 수급을 좌우하기 때문인데 이때 실수요층의 양보다 질이 더 중요하다. 단지 가격이 싸서 몇 년 살다 떠나려는 집주인이 많다면 어떻게 되겠는가?

수요의 질은 상승장에서 아파트값을 강하게 끌어올린다. 초·중학교를 다녀야 할 자녀가 있는 30~40대 직장인이 학군수요로 인해 매수하고 이주한다면 5년 이상 장기거주를 의미해 수요의 질이 높아진다. 학군수요는 2018년 이후 수요의 질에 큰 영향을 미칠 전망이다. 2018년부터 자사고·특목고의 학생 우선선발권 폐지로 과거 강남 8학군(강남구 대치동·일원동·역삼동·삼성동, 서초구 반포동·서초동·방배동) 등 일반계 명문고가 몰려 있는 지역의 아파트는 매매가와 전세값이 동반상승 중이다.

학군수요 다음으로 직주근접성이 수요의 질에 큰 영향을 미친다. 직주근접 가치가 높은 아파트는 구매력이 높은, 즉 소득 수준이 높은 사람이 매수할 가능성이 높기 때문이다. 대기업 사옥이 많은 종로·광화문 등 4대문이 대표적이다. 판교테크노밸리, 상암디지털미디어시티, 마곡지구 등 고소득 직장인이 많은 기업이 몰려 있는 지역은 실수요의 질이 높다. 직주근접성은 물리적 거리보다 전철망이 결정적으로 작용한다. 서울지하철 중에선 최근 5, 6, 7호선이 직주근접성이 좋아져 역세권 프리미엄이 높아지고 있다.

그럼 실거주 집주인이 얼마나 살고 있는지 어떻게 알 수 있을까? 국토교통부 실거래가 전월세 거래건수(신고 의무사항이 아님)로 추정할 수 있다. 또 지은 지 10년 안팎인 아파트라면 인테리어 리모델링 공사를 거쳐 입주하는 세대 수를 파악하는 방법도 있다. 장기 실거주 집주인이 많다는 것을 의미하기 때문이다. 물론 중개업소에게 물어보는 게 가장 편하기는 하다.

2019년 조정장세설에 대한
인사이트

미래 예측은 신의 영역이다. 최근 2019년에 수도권 주택 시장에 조정장세가 올 것이라고 예측하는 전문가들이 많다. 인구학자 해리 덴트는 지난 2012년에 우리나라 집값이 2~3년 내 반 토막 날 것이라고 했다. 그리고 2018년엔 인구 절벽으로 우리나라 집값이 20% 이상 하락한다고 했다.

2019년에 과연 조정장세가 올 것인가, 오지 않을 것인가? 이러한 예측보다 중요한 것은 매매포지션이라고 생각한다. 예를 들어 10년을 내다보고 재건축 아파트를 샀다면 일시적인 조정장세는 큰 의미가 없다. 롱포지션이라면 조정장세에서 버티면 되는 것이다. 시간싸움에 이기면 된다.

또 무주택자가 내집마련을 하거나 1주택자나 일시적 2주택자가 매도하고 갈아탄다면 실제로 2019년에 조정장세가 오더라도 문제될 게 없다. 2018년에 사서 2019년에 팔 사람은 없을 것이다. 특히 실수요자라면 말이다. 최소한 5년 이상 보유하며 거주할 것이다.

만약 1주택자나 일시적 2주택자가 2019년에 갈아타려는데 조정장세가 왔다면 내재가치가 떨어지는 아파트를 싸게 팔고 내재가치가 더 높은 아파트를 싸게 사면 된다. 반대로 조정장세가 오지 않고 상승장이 계속된다면 비싸게 팔고 비싸게 사면 될 것이다.

다만 보유 아파트를 2019년에 팔아서 현금화해야 하는데 조정장세가 왔다면 손실을 보게 될 것이다. 이때 가장 좋은 방법은 2019년까지 기다리지 말고 목표 매도가에 도달했다면 올해라도 주택매매 시장 성수기(1~2월, 9~10월)에 매도하면 된다. 아니면 조정장세가 끝날 때까지 버티다 매도해야 할 것이다.

다시 정리하면 2019년에 꼭 매도할 생각이 아니라면 2019년 조정장세 예측은 무시해도 좋다. 예측하지 말고 대응하라. 대응하면서 다음과 같은 상황에 대한 인사이트를 키워라.

- 지금 국내 경기는 경기사이클에서 어느 위치에 있는가?
- 수도권 아파트 시장 유동성장세는 언제 끝날까?
- 표준지 공시지가가 왜 재개발 지분 가격을 끌어올릴까?
- 기본형 건축비 급등이 신축·구축 아파트값에 미치는 영향은 무엇일까?
- 참여정부에서 2003~2006년(2004년 조정장세) 안전진단 강화, 재건축 초과이익환수제, 조합원 지위 양도금지 등 재건축 규제가 집중됐는데도 불구하고 왜 수도권 아파트값(특히 서울 강남 재건축 단지)은 급등했을까?
- 다주택자 양도세 중과는 왜 아파트값을 급등시켰을까?
- 대구는 왜 1년 6개월 만에 조정장세를 멈추고 반등했을까?
- 부산 조정장세는 언제까지 지속될 것인가?

개인적으로 수도권 아파트 시장은 매물량(재건축 아파트, 분양권 등)을 극단적으로 줄여놓은 상황이므로 2021년까지 1년 이상 조정장세가 올 가능성은 낮다고 본다. 국지적으로는 올 수도 있겠지만 말이다.

오히려 인지도 높은 A급 입지의 신축 아파트는 2019년에 입주하거나 입주 2년차를 맞는다면 시세분출할 가능성이 높다. 다주택자 양도세 중과 등 문재인 정부의 부동산 규제책이 완화되지 않는 한 전셋값이 하락해도 매매가는 우상향할 것이다.

한남뉴타운
2023년 입주시세는?

재개발·재건축 강의를 준비하면서 한남뉴타운 재개발 아파트가 입주하면 시세는 얼마나 갈지, 또 강북권 재개발 사업의 '빅2'인 성수전략정비구역과 한남뉴타운 중 입주시세는 어디가 더 높을지 생각해본 적이 있다.

한남뉴타운은 가다 서다를 반복하며 계단식 상승이 계속되고 있다. 가격이 오르고 지분이 작은 다세대는 매물이 거의 없어 초기투자비는 10억 원 이상이다. 재건축 규제에 따른 풍선효과(부동산 가격의 이중성)까지 겹쳐 투자수요가 강남에서 한남으로 넘어오고 있다. 한남뉴타운 대지지분 시세는 한남5구역의 경우 평당 1억 2천만 원을 넘어 1억 5천만 원으로 향하고 있다.

재개발·재건축 등 정비사업에 투자할 때 핵심은 '입주시세를 얼마로 볼 것인가'다. 물론 사업 속도와 사업성·수익성 분석은 기본이다. 2017년 건축심의를 통과한 한남3구역은 이르면 2018년 하반기에 사업시행인가를 추진 중이다. 사업 속도는 5구역, 2구역, 4구역 순으로 빠르다. 그렇다면 2023년 이후 한남뉴타운 입주시세는 얼마나 갈까?

입주시세를 예측하려면 비교대상 아파트를 우선 찾아야 한다. 그리고 입지가치(내재가치)가 입주 시점에 어느 수준까지 시세에 반영될 것인가를 따져봐야 한다. 비교대상 아파트로 용산·반포·옥수·이촌동 등을 많이 꼽는다. 1차로 반포 신축, 2차로는 개포 신축과 비교하는 게 타당하다고 본다. 한남더힐은 80평형이 주력 평형이라 중소형이 절반 이상인 한남뉴타운의 비교대상으론 적합하지 않다.

반포 신축 대장주인 아크로리버파크의 경우 84타입은 2018년 11월에 실거래가 31억 원을 기록했다. 비로열층은 24억 원 안팎 수준이다. 평당 7천만 원을 넘어서 9천만 원을 넘어섰다. 개포동 래미안블레스티지 분양권은 84타입이 21억 원을 넘어섰다. 평당 6,400만 원 수준으로, 2019년 2월 입주 시점엔 최소한 23억 원 이상이 될 것이다.

한남뉴타운의 미래가치는 여러 단점(경사지·학군 등 주거 인프라 취약, 중소형 위주 등)에도 불구하고 매우 높다. 용산 개발중심축의 배후주거지이자 신흥부촌이 될 가능성이 높다. 특히 신분당선 연장선 중 동빙고역(가칭)이 한남5구역 한강중학교 앞에 들어서고, 추가로 신설추진 중인 보광역(가칭)이 3구역과 4구역 사이 보광로(세븐일레븐 보광점 사거리)에 들어선다면 지하철 강남 접근성이 크게 좋아질 것이다.

용산국제업무지구 마스터플랜을 비롯해 용산민족공원(80만 평), 신분당선 연장선과 GTX B노선 용산역 신설, 캠프킴 등 미군 부지 개발, 동부이촌동 리모델링 및 재건축 등 대형 호재가 2019년부터 본격화될 예정이다.

한남뉴타운 입주시세는 반포 신축 대비 70~80% 수준으로 예측한다. 또 개포의 90% 이상으로 예상한다. 반포주공1단지(1·2·4주구)를 재건축한 디에이치클래스트가 2022년 입주한다면 84타입 시세는 평당 1억 원 안팎으로 예측한다. 래미안블레스티지는 평당 8천만 원 안팎이다. 따라서 한남뉴타운(한남3구역)의 2023년 이후 84타입 입주시세는 평당 6,700만 원, 23억 원 안팎으로 예측한다. 한강조망이 되면 25억 원 이상으로 예측한다.

왕십리뉴타운에서
배우는 투자교훈

2016년 하반기부터 시작한 강의에서 전세레버리지투자로 서울 도심권에서 많이 추천하는 신축이 바로 왕십리뉴타운 텐즈힐이다. 수강생 중 한 분이 텐즈힐 84타입을 매수했다고 해서 기억에 남는다.

서울에서 정비사업 중 재건축은 강남3구가 시세를 주도하고 있지만 재개발은 도심 재개발이 주도하고 있다. 강북에서 84타입 기준 10억 원 클럽에 가장 먼저 도달한 단지도 재개발 아파트였다. 물론 10억 원 클럽 '회원'도 강북 재개발 아파트가 절대다수를 차지한다.

왕십리뉴타운은 길음, 은평과 함께 지난 2002년 시범사업으로 선정됐다. 2006년 사업이 시작됐지만 아파트 착공까지 사업 속도는 매우 더뎠다. 2011년 1, 2구역(텐즈힐)이 착공되고 미분양, 할인분양 등 우여곡절을 겪었다. 2014년 텐즈힐 2구역을 시작으로 2015년 텐즈힐 1구역, 2016년 3구역 센트라스 등 총 5,700가구가 입주했다.

텐즈힐 입주 전후로 10년 만에 대세상승장이 오면서 매매가도 우상향했다. 2015년 4월 입주 후 미분양 후유증으로 존재감이 없던 텐즈힐 1구역은 입주 2년이 되던 2017년 4월 이후 상승세를 타기 시작했다. 그해 8·2대책 이후 일시적으로 주춤하다 10월 이후 시세분출이 시작됐다. 2018년 8월 텐즈힐 1구역 84A타입의 실거래가는 11억 2천만 원을 기록했다. 2013년 8월 분양 당시 분양가 6억 500만 원 대비 프리미엄만 5억 원 넘게 붙은 셈이다.

그럼 시범사업 뉴타운 중 은평뉴타운과 길음뉴타운은 어떤가?

길음뉴타운에서 길음뉴타운 9단지 래미안(2010년 입주) 84B타입의 경우 지난 2007년 분양가가 4억 5천만 원(일반분양분이 없어 24평형 분양가로 추산)이었다. 84B타입은 2018년 7월에 실거래가 7억 6천만 원을 기록했다. 매물가를 8억 원으로 계산하면 분양가 대비 3억 5천만 원 오른 셈이다. 11년 남짓 기간 동안 말이다.

은평뉴타운은 중소형 대장주인 박석고개힐스테이트1단지 84A타입의 경우 2018년 5월 실거래가 6억 9,200만 원을 기록했다. 2008년 분양가가 3억 5천만 원이었으니 10년 동안 3억 4천만 원 정도 프리미엄이 붙은 셈이다.

서울 뉴타운 시범사업에서 배우는 성공투자 교훈은 다음과 같다.

- 서울 뉴타운도 성공투자하려면 도심을 지향하고 외곽을 지양해야 한다.
- 왕십리뉴타운처럼 도심 업무밀집지역으로 통근(도로망·전철망)이 편할수록 아파트값 상승폭은 크다. 도로망·철도망을 통한 직주근접성은 학군보다 중요하다.
- 뉴타운 인근에서 일어나는 모멘텀(상승동력)도 집값 상승에 중요하다. 왕

십리뉴타운의 경우 옥수·금호 신축 상향여과 현상과 행당·성수·뚝섬 정비사업 및 개발호재가 모멘텀이다.

- 학군·상권·공원·병원 등 주거 인프라는 집값이 비쌀수록, 상승폭이 클수록 빠르게 구축된다.

- 집값도 땅값처럼 인구유입(특히 30~40대 직장인), 개발호재, 인프라(도로·전철 등 SOC) 3박자를 갖추면 크게 상승한다.

- 왕십리뉴타운을 교훈 삼아 앞으로 5년간 시세상승폭이 클 것으로 예상되는 서울 뉴타운을 살펴보면 흑석뉴타운, 전농답십리뉴타운·청량리균형발전촉진지구, 수색증산뉴타운, 신길뉴타운 순이다.

표준지 공시지가 상승이
부를 트리거

2018년 2월 말 발표한 2018년 전국 표준지 공시지가 10년 만에 상승률 최고치를 기록했다. 전국은 6.0%, 수도권은 5.4%(서울 6.9%) 상승했다. 공지시가가 오르면 단독주택은 물론 공동주택 공시가격도 오르기 마련이다. 집값은 결국 땅값이니 말이다.

표준지 공시지가 상승으로 토지·주택의 종합부동산세·재산세 등 보유세 폭탄이 현실화되고 있다고 한다. 공시지가 인상은 보유세 인상으로 이어져 매매가가 하락하고 전월세는 상승할 것이라고 예측한다. 하지만 이는 금리가 오르면 집값이 내린다는 단순 논리와 같다. 금리가 집값 상승 기대심리에 비해 높다면, 금리 인상에도 불구하고 유동성파티가 지속된다면 집값은 오르게 마련이다. 물론 수급도 중요하다.

마찬가지로 보유세를 인상했다고 집값이 무조건 내려가는 게 아니다. 보유세 인상폭보다 집값이 더 오른다는 기대심리가 높다면 보유세가 오르더라도 집값은 하락하지 않고 오른다. 2000년대 참여정부 시절 대세상승장에서 경험한 바 있다.

상승장에선 보유세가 올랐다고 해서 보유하고 있던 아파트를 매물로 내놓지 않는다. '못난이'가 아니라면 말이다. 오히려 전월세를 인상해 세입자에게 리스크를 헤지한다. 만성적인 공급초과 지역이라면 불가능하지만 서울 등 수도권 핵심지역은 가능하다.

2018년 표준지 공시지가가 10년 만에 가장 많이 올랐지만 2006년에 비하면 소소하다. 2006년 수도권 표준지 공시지가는 무려 20.7% 상승했다. 서울에선 강남3구가 재건축 단지 급등으로 인해 25.4~37.8% 급등했다. 표준지 공시지가가 오르면 재개발·재건축 등 정비사업 내 대지 지분 시세도 오른다. 감정평가액도 오른다. 또 감정평가액이 오르면 조합원에게 주는 이주비(서울 감평가액 대비 40%)도 늘어난다.

표준지 공시지가가 오르면 정비사업 일반분양가는 물론 택지 조성원가가 올라 공공택지 아파트 분양가도 오른다. 서울 정비사업의 경우 분양가에서 땅값이 차지하는 비중이 60% 이상이다. 건축비도 오른다. 상승장에선 아파트를 많이 지으니 주택 시장이 호황이다. 분양가 상한제 주택에 적용되는 기본형 건축비가 오르고 공공임대의 표준건축비도 오른다. 아무리 분양가를 규제해도 땅값이 오르고 원자재·인건비 등 건축비가 오르면 분양가는 오르게 돼 있다. 분양가를 규제할수록 분양 시장은 로또 시장이 된다.

한편 2018년 토지보상액은 16조 원 이상이다. 2006년에는 토지보상액이 29조 원에 달했다. 2018년은 절반 이상이 수도권(36곳, 8조 8천억 원)에 몰렸다. 평택브레인시티, 고양장항지구, 과천주암지구, 구룡마을, 수서역세권 등이 토지보상에 들어간다. 토지보상은 표준지 공시지가를 기준으로 한다. 따라서 표준지 공시지가가 오르면 토지보상액도 늘어난다.

그럼 늘어난 토지보상액과 정비사업 이주비는 어디로 갈까? 상승장에서는 토지보상액의 40% 이상이 토지·아파트 등 부동산으로 유입된다. 수도권은 50% 이상으로 봐야 할 것이다. 2006년처럼 2018년에도 토지보상이 몰린 인근 토지와 아파트 가격이 급등할 것이다. 수서역세권 토지보상금은 어느 곳으로 흘러갈까? 과천주암지구 보상금은 또 어느 곳으로 흘러갈까?

공시지가가 오르면 재산세·종부세도 오른다. 땅값·집값(특히 정비사업)도 오른다. 전월세도, 사무실 임대료도 상승한다. 대세상승 중인 수도권 주택 시장에서 표준지 공지지가 인상은 트리거(방아쇠)가 될 수 있다. 토지보상금까지 늘어나면 그럴 가능성이 더욱 높다.

결국 싼 게
비지떡이다

"싼 게 비지떡"이란 말은 부동산 투자에서도 통하는 말이다. 규제가 집중된 2018년 1월 이후 강남권에 조정장세가 오면서 투자수요는 투자금이 적고 규제가 덜한 외곽으로 향하고 있다. 하지만 어느 순간 조정장세가 아닌 대세하락장이 오면 가장 먼저 하락하고 가장 오랫동안 혹독한 하락기를 견뎌야 하는 것이 바로 외곽 아파트다. 2010~2013년처럼 말이다.

재건축을 규제하니 재개발 시장이 뜨겁다. 서울은 서북권에서 동북권으로, 인천·경기는 광명, 성남에서 수원, 고양, 인천 등 외곽으로 재개발 투자수요가 몰리고 있다. 재고아파트도 마찬가지다. 특히 경기 남부권의 경우 분당이 선도하고 이어 판교와 위례로 상승열기가 확산됐다. 이어 광교, 용인 수지구·기흥구와 화성 동탄2신도시 등 외곽으로 확산되고 있다.

대세상승장에선 언제나 강남 부자들이 강남 재건축 단지를 선제매수하고 수도권 중산층이 뒤늦게 추격매수를 한다. 이때 상승세가 외곽으로 확산된다. 갭(매매가-전셋값)이 벌어지면서 상대적으로 투자금이 적은 수도권 외곽의 재개발 지분이나 재고아파트(전세레버지투자)에 투자수요가 늘어나기 마련이다. 하지만 이런 추격매수는 신중해야 한다. 매도 시점에 매수자를 찾기 어려울 가능성이 높기 때문이다. 최악의 경우 손절매를 해야 한다.

지금은 대세상승장이라 매도자우위 시장이다. 수도권 대부분 지역에서 팔고 싶으면 언제든지 팔 수 있다. 추격매수자는 언제든지 팔 수 있다는 생각으로 외곽 아파트를 매수한다. 하지만 대세상승장이 끝나고 침체기나 하락기가 온다면 어떻게 될까? 주택 시장엔 투자수요는 사라지고 내집마련 실수요자만 남는다. 한마디로 매수자우위 시장이 온다.

여기서 매수자란 직장에 다니는 30~40대 무주택자나 1주택자를 말한다. 전세나 반전세를 살고 있는 무주택자가 대표적이다. 강남3구로 예를 들면 84타입을 기준으로 10억 원 안팎에 전세를 살고 있는 사람들이 매수자로 돌아설 가능성이 높다. 마포구나 성동구라면 7억 원 안팎의 고가 전세입자가 될 것이다. 동탄2신도시로 예를 들면 3억 원 안팎에 전세를 살고 있는 사람들이다.

지금 추격매수하는 투자자라면 4~5년 보유 뒤 팔 때 실수요가 얼마나 있을까에 대해 심층분석을 해야 한다. 한마디로 매도 시점에 실수요가 풍부할지 따져야 한다. 매도자우위 시장에서도 실수요가 풍부하려면 입지 가치가 높아져야 한다. 매도자우위 시장에선 수급이 가장 중요하다. 공급(입주물량)보다 수요가 많아야 한다. 수요가 매수 시점보다 매도 시점에 늘어나면 이상적이다.

무엇보다 직주근접성에 초점을 맞춰야 한다. 개발호재 중에선 전철망·도로망·자족시설 등 인프라 개선이 직주근접 가치를 높여줘 실수요가 늘어난다. 다음으로 초·중학교 학군 경쟁력이 있어야 한다. 이어 상권·공원·관공서 등 주거 인프라가 좋아져야 한다. 이주철거를 시작해 신축이 늘어날 정비사업 지역도 희소가치가 높아져 좋은 투자처다.

다주택자 양도세 중과 이후엔 더더욱 역발상 투자를 해야 한다. 외곽이 아닌 도심에서 급매물을 적극적으로 잡아야 한다. "싼 게 비지떡"이란 걸 명심하자.

전셋값 하락에
겁먹지 마라

2018년 들어 수도권 전셋값이 하락세다. 4월 초에는 잠실엘스 33평형 전세가 7억 원대로 나오기도 했다.

일반적으로 전세수요는 7월까지 감소세를 보이다 8월부터 가을 성수기가 시작되면서 점차 늘어난다. 참고로 연중 전세 시장 최대 성수기는 계약일 기준 1~2월이다. 그다음이 9~10월이다. 최근 전셋값 하락을 집값 하락 시그널로 오판하는 경우가 많다. 하지만 부동산 투자의 기본에 충실한 사람은 지금 전셋값 하락(물론 일시적)이 당연하다고 생각할 것이다.

전셋값이 하락한다는 건 수요보다 공급이 많다는 것이다. 그럼 왜 전세공급이 많을까? 매매거래량 급증이 전세물량 증가로 이어졌기 때문이다. 2018년 3월 서울 아파트 매매거래량은 전년 동기 대비 2배를 웃돌며 역대 최고를 기록했다. 2017년 8·2대책 이후 9월부터 거래량이 증가하기 시작했다. 실수요는 물론 전세를 끼고 아파트를 사는 전세레버리지투자가 크게 늘었다.

특히 2018년 1월 31일부터 시행된 신DTI, 3월 26일부터 시행된 DSR 등 대출규제가 시행되기 전 거래량이 크게 늘었다. 이들이 매수한 아파트 중 실거주하지 않는 아파트는 대부분 전세물건으로 시장에 나왔다. 또 대세상승장에서 자본차익을 노리는 전세레버리지투자가 늘어나면서 월세가 줄어들고 전세비율이 다시 늘어나고 있다.

더욱이 다주택자 양도세 중과로 주택임대사업자 등록이 늘어나면서 전세물량이 일시적으로 늘어났다. 앞으로도 서울 중심으로 수도권에선 다주택자가 보유하는 85타입 이하 매물이 전세 시장으로 유입될 것이다. 8년 이상 준공공임대를 하면 매매가액에 상관없이 장기보유특별공제를 70% 받을 수 있기 때문이다.

2017년 10월 이후 수도권 아파트값이 급등하면서 똘똘한 아파트를 미리 사두는 사람이 늘었다. 예를 들어 무주택자가 전세자금대출을 받아 전세를 살면서 남은 자금으로 전세 끼고 아파트를 사두는 것이다. 그러면 전세물량이 한 가구 늘어나는 셈이다. 수도권에서 자가점유율(내집에 거주하는 가구의 비율)과 자가보유율(거주에 상관없이 전국에 주택을 보유한 가구의 비율)이 5% 안팎 차이가 나는 이유다. 물론 자가보유율이 더 높다.

언론에서 많이 언급하는 수도권 외곽 입주물량 증가가 서울 전셋값 하락에 미치는 영향은 미미하다. 물론 동일 생활권에 위치한 수도권 외곽 아파트 전셋값에는 큰 영향을 미칠 것이다.

그렇다면 전세수요는 어떨까? 고가 전세입자가 매매수요로 돌아선 게 전셋값 하락에 결정적 요인은 아니라고 본다. 2018년 3월 이후 전세 시장 비수기를 맞아 전세수요가 줄어든 반면 전세물량은 갑자기 늘어나 전세수요가 줄어든 것처럼 보일 뿐이다. 특히 다주택자 양도세 중과 전인

3월 말까지 잔금 조건으로 전세를 끼고 매수한 사람들이 시간에 쫓겨 전셋값을 낮춘 이유도 크다. 따라서 이번 수도권 아파트 전셋값 하락은 일시적일 가능성이 높다. 그리고 필자의 예측대로 전세수요가 늘어난 8월 이후 전셋값은 다시 상승세로 돌아섰다.

양도세 중과, 조합원 지위 양도금지 등 각종 규제로 시장에서 매물이 사라지고 있다. 매물이 사라지고 거래량이 급감하면 추가로 시장에 공급될 전세물량은 입주물량 외엔 없다. 2017년 3월 입주한 고덕래미안힐스테이트(3,658가구) 전셋값 추이를 확인해보라. 59타입 전셋값은 입주 시점에 4억 원에도 못미쳤지만 1년이 지난 지금은 5억 원 이상이다.

서울 분양물량 증가는
멸실주택 증가다

하나의 사안을 두고 인사이트에 따라 행동도, 결과도 크게 달라진다. 부동산 투자도 마찬가지다. 서울에 분양물량이 쏟아지면 한쪽에선 2~3년 후 입주물량이 쏟아지니 전셋값은 물론 매매가도 하락할 가능성이 높다고 한다. 다른 한쪽에선 공급부족이 해소되지 않은 상황에서 일시적으로 입주물량이 늘어난다고 매매가는 하락하지 않는다고 한다. 전셋값도 일시적으로 하락할 수 있지만 입주 2년이 지나면 최소한 1억 원 이상 오른다고 예측한다.

필자의 인사이트는 이렇다. 2018년 4월 기준 서울에 분양물량이 늘어나는 것은 투자자 입장에선 호재로 봐야 한다. 참여정부에서 서울 재건축 단지를 집중규제하면서 그 여파로 MB정부 때 정비사업 분양물량이 급감했다. 그런데 집값은 상승하지 않고 하락했다. 글로벌 금융위기의 영향을 받는 데다 MB정부의 보금자리주택 분양물량과 판교·광교 등 2기 신도시 입주물량이 2010년 이후 쏟아졌기 때문이다.

2010년 이후 지방은 부산, 대구를 중심으로 상승장이 시작되면서 신규 주택공급이 꾸준히 늘어났다. 반면 수도권은 주택 시장이 침체돼 신규물량이 2014년까지 줄었다. 이제 MB정부의 보금자리주택도 없고 참여정부의 2기 신도시도 사라지고 있다.

2013년 이후 글로벌 주택 시장 호황기가 시작되면서 박근혜 정부 집권 후반기인 2015년부터 강남을 시작으로 수도권 대세상승장이 시작됐다. 이에 따라 정비사업이 살아나면서 멸실주택도 점차 늘어났다.

2010년대 들어 서울 멸실주택 수는 매년 2만 가구 안팎에 머물렀다. 2010년 1만 2천 가구, 2011년 2만 2천 가구, 2012년 1만 9천 가구, 2013년 2만 가구, 2014년 2만 2천 가구, 2015년 2만 5천 가구를 기록했다. 하지만 2016년엔 4만 2천 가구를 넘어섰다. 이 같은 추세는 서울시에서 이주 시기를 늦춘다고 해도 2020년까진 계속될 것이다.

공공택지 신규 주택 공급이 제로에 가까운 서울에서 신규 아파트 공급 물량의 90% 이상은 재개발·재건축 등 정비사업에서 나온다. 서울 아파트 인허가 물량은 2016년 2만 5천 가구로 2008년 이후 가장 적었다. 하지만 2017년에는 7만 5천 가구로 급증했다. 이는 서울에서 2016년부터 멸실주택이 급증하고 있다는 의미다. 특히 2017년 재건축 초과이익환수제를 피한 아파트나 2018년 1월 23일까지 사업시행인가 신청을 한 재개발구역이 2020년까지 서울 멸실주택 수를 크게 늘릴 것이다.

정비사업의 경우 관리처분인가 이후 6개월 지나면 이주를 완료하고 철거를 시작한다. 이어 6개월 이상 철거가 이뤄지면 기존 주택은 멸실주택이 된다. 철거가 완료되면 신축 아파트는 사업승인(건축허가)을 받아 인허가 실적에 잡힌다. 이어 사업승인을 받고 2~3개월 안에 착공계를 제출한다. 착공을 하면 통상 1~2개월 안에 일반분양을 한다.

따라서 서울 정비사업 일반분양물량이 늘어난다는 것은 1~2년 전에 멸실주택 수가 증가했다는 것이다. 재개발은 순공급(새 아파트-멸실주택)이 줄어들고 재건축도 증가분이 미미하다.

우리나라는 자가점유율, 실질주택보급률(주택 수/가구 수), 인구 1천 명당 주택 수 모두 선진국 중에서 가장 낮은 수준이다. 서울은 더욱 낮다. 즉 서울에 주택이 부족하다는 의미다. 낡은 주택이 너무 많고 새 아파트가 부족하다. 서울 300만 가구 중 준공된 지 30년 이상 된 주택은 37만 가구, 15~30년 된 주택은 80만 가구에 달한다.

새 아파트 공급이 부족한 서울 핵심지역에서 순공급은 크게 늘어나지 않고 상향여과 현상이 강한 정비사업 분양물량만 늘어나면 멸실주택도 늘어나 아파트값은 우상향할 수밖에 없다. 당분간 신축 희소가치가 높으니 더더욱 우상향할 것이다.

양도세 중과 시대, 주택 시장 핵심 수요

2018년 4월 조정대상지역 다주택자 양도세 중과가 시행되면서 수도권 주택수요가 줄어들 것이라고 한다. 다주택자들은 팔 건 팔고 증여할 건 증여하고 장기보유할 건 장기보유하기로 하고 잠그기에 들어갔다. 그래서 투자수요도 크게 줄어들 것으로 예상한다. 즉 매물량도 줄었지만 매수세도 줄어 집값은 하락할 것이라고 생각하는 사람이 의외로 많다.

과연 그럴까? 그렇지 않다. 지금처럼 대세상승장에서 집값 상승 기대심리가 높게 유지되는 한 매수세는 줄어들지 않는다. 거품이 생길 때까지 늘어난다. 시장에 공급불량이 넘칠 때까지 늘어난다. 특히 악성새고 물량인 미분양이 급증할 때까지 늘어난다.

양도세 중과 시대에 수도권 주택 시장에서 아파트를 살 수 있는 유효수요는 얼마나 될까? 구체적인 숫자를 알아내긴 불가능하지만 추정할 수는 있다. 먼저 유효수요란 마음만 먹으면 언제든지 아파트를 살 수 있는, 구매력 있는 수요를 말한다. 지난 2014~2016년처럼 전셋값이 지나치게 올라 대출을 받아 매매수요로 돌아선 게 유효수요다.

이처럼 무주택 전세가구가 대표적인 유효수요다. 2016년 기준 수도권에서 무주택 전세가구는 206만 가구에 달한다. 물론 주택종류별·지역별 전셋값도 천차만별이라 206만 가구 모두를 유효수요로 보긴 어렵다. 서울 기준으로 자기자본 전세금이 4억 원 이상인 전세입자는 유효수요라고 할 수 있다.

최소한 2020년까지 수도권 아파트 전셋값은 보합세를 보일 가능성이 높다. 또 전세가율(전셋값/매매가)이 대세하락기로 돌아서고 대출규제가 강화되면서 전세입자의 주택 구입이 쉽지 않다. 강남3구 신축 아파트는 전세가율이 40%대로 낮아졌다.

참고로 주택산업연구원은 지난 2012년 수도권 주택 시장에서 무주택 전세가구 212만 가구 중 자가 전환이 가능한 유효수요를 29만 8천 가구(전세가구의 14%)로 추정했다. 무주택 전세가구는 당분간 재고아파트 시장보단 분양가 통제로 로또 시장으로 변질된 분양 시장으로 몰릴 가능성이 높다. 청약가점이 50점 이상 되는 무주택자들은 문재인 정부에서 분양 시장에 기웃거릴 가능성이 높다. 계속 전세로 살면서 말이다. 따라서 양도세 중과 시대에선 전세가구보다 1주택가구(일시적 2주택가구 포함)가 유효수요로 영향력이 있다. 특히 20년 이상 노후아파트가 급증하는 수도권에선 더욱더 그렇다.

반면 1주택가구는 지역이동이나 평형이동 또는 구축에서 신축으로 갈아타는 교체수요가 늘어날 것이다. 양도세 중과 시대에 유효수요의 주력이 될 것이다. 수도권에서 1주택가구는 494만 가구에 달한다.

1주택자는 양도세 비과세로 기존 주택을 팔고 똘똘한 주택으로 갈아탈 가능성이 높다. 지금처럼 일시적 매수자우위 시장에선 말이다. 돈의 가치가 떨어지고 자산가치가 높아지는 인플레이션 시대엔 중대형 수요가 늘어난다. 84타입 기준 매매가가 10억 원이 넘었다면 40평형대 신축을 매수할 가치가 있다.

다주택자 양도세 중과는 수요를 억제하는 대표적인 규제책이다. 그러나 수요를 억제한다고 실수요 투자수요가 줄어들진 않는다. 일시적으로 위축될 뿐이다. 집값 상승 기대심리는 어느 때보다 높다. 대기수요, 유효수요가 많다는 것이다. 수도권 주택 시장에서 유효수요는 최소 50만 가구에서 최대 100만 가구로 본다. 하지만 공급은 부족하다. 특히 부족한 신규 주택을 꾸준히 공급해야 하지만 문재인 정부는 정비사업을 규제해 앞으로 공급물량은 들쑥날쑥할것이다.

2018년 4월 기준으로 전세물량이 쌓인 건 대출, 양도세 중과 등 규제책으로 2017년 10월부터 2018년 3월까지 매매거래량이 급증했기 때문이다. 즉 다주택자의 유효공급(전세물량)이 늘어났기 때문이다. 성수기가 되면 소진될 것이다.

유효수요는 언제든지 매수세로 돌아설 가능성이 크다. 분양 시장 비수기로 접근할수록 가능성은 높아질 것이다. 참여정부 2005~2006년에 양도세가 중과되고 전세가율은 40%대였지만 수도권 아파트값은 폭등했다. 왜였을까? 각자 고민해보기 바란다.

보유기간이 투자처와
매수 타이밍을 결정한다

조정장세엔 주택 시장에 대한 인사이트가 매우 중요하다. 조정장세를 대세하락의 전조로 본다면 매수하지 않을 것이다. 또 매도 타이밍을 서두를 것이다. 하지만 조정장세를 일시적으로 본다면 보유기간이 투자처와 매수 타이밍을 결정한다.

본론으로 들어가기 전에 언급해둔다. 2018년에 찾아온 조정장세는 일시적일 가능성이 높다. 다주택자 양도세 중과에도 불구하고 비수기인 4월에 저가매물이 거래되고 있다. 특히 재건축 초과이익환수제를 피한 재개발 단지는 2018년 1월 23일까지 사업시행인가 신청으로 재개발 조합원 지위 양도금지(관리처분인가~소유권이전등기)를 피한 단지를 중심으로 매수세가 꾸준하다.

지난 2016년과 2017년에는 겨울 조정장세에 저가매물이 소진되면서 봄에 반등세로 돌아섰다. 2018년에도 6월 지방선거 이후 조정장세를 끝내고 7월부터 다시 반등하기 시작했다.

조정장세만 되면 생각나는 사례가 있다. 벌써 2년 전이다. 상담을 의뢰한 고객이 2016년 8월쯤에 잠실주공5단지 34평형을 매수해도 되느냐고 물었다. 5년 이상 보유할 생각이면 매수하라고 했다. 그리고 고객은 14억 8천만 원에 매수했다. 그런데 그해 11·3대책이 나오고 13억 원대까지 매매가는 급락했다. 하지만 2017년 8·2대책 직전에는 15억 원을 넘었고, 8·2대책 직후 14억 원까지 하락했지만, 9월에 다시 15억 원을 넘어서 12월엔 19억 원까지 육박했다. 이후 2018년 1월 중순 강남발 조정장세가 시작되면서 1억 원 이상 빠져 5월 기준으로 최저가매물은 17억 9천만 원이다.

잠실주공5단지는 다른 재건축 단지처럼 조정과 상승을 반복하며 우상향했다. 하지만 우상향보다 중요한 것은 투자자의 보유기간이다. 투자자가 5년 이상 장기보유할 생각이었기 때문에 2016년 4월 이후 단기급등과 재건축 초과이익환수제 리스크, 사업 속도 불투명에도 불구하고 매수했다. 11·3대책 이후 조정장세에도 흔들리지 않았다. 5년 이상 보유할 생각이었으니 말이다. 투자자가 잠실주공5단지 34평형을 5년 이상 보유한다면 2021년 이후 매도 여부를 검토할 것이다.

입지가치가 워낙 뛰어나니 사업 속도에 따라 가격은 꾸준히 우상향할 것이다. 국제설계공모가 끝났으니 정비계획 변경안이 고시되면 바로 건축심의를 추진할 것이다. 이어 2018~2019년에 사업시행인가를 위한 총회, 사업시행인가 신청, 사업시행인가, 관리처분인 총회, 관리처분인가 신청, 관리처분인가 등을 추진할 것이다.

사업시행인가 후 조합원 지위양도가 금지되지만 사업 속도에 따라 매매가가 우상향할 것이다. 더욱이 2016년 1월 신임 조합장이 평당 4천만 원을 장담한 일반분양가는 이제 5천만 원도 가능해졌다. 일반분양물량이 1,800가구가 넘으니 조합의 사업성과 조합원의 수익성은 언급할 필요도 없다.

조정장세인 지금 5년 이상 장기보유할 생각이라면 투자처는 많다. 재건축 초과이익환수제를 피한 아파트는 가장 안전한 투자처다. 재개발도 마찬가지다. 염리3구역, 행당6구역, 흑석7구역처럼 입지가치가 뛰어나다면 조합원 지위 양도금지 대상이라도 매수할 가치가 있다. 또 매매가와 전셋값 갭이 벌어졌지만 희소가치가 뛰어난 신축이라면 전세레버리지투자도 추천한다.

거듭 말하지만 조정장세를 일시적으로 본다면 보유기간이 투자처와 매수 타이밍을 결정한다.

미국 집값은
왜 이자율 상승에도 오를까?

국내 언론사 부동산 기사 중 반드시 비판받아야 할 뉴스가 있다. 바로 미국 금리 인상이 계속되면 머지않아 국내 집값이 하락할 것이라는 뉴스다. 미국 금리 인상은 시차를 두겠지만 결국 국내 금리 인상으로 이어져 대출이자가 늘어나 집값을 하락시킨다는 것이다. 이런 단순무식한 논리를 따를 경우 무주택자는 물론 투자자들도 자산 축적의 기회를 놓칠 가능성이 높다.

그럼 미국 주택 시장은 금리 인상으로 집값이 하락했을까? 3%대인 주택 모기지 이자율이 2016년 하반기부터 급등하기 시작했는데 집값이 하락했을까? 미국 30년 고정금리 모기지 이자율은 2018년 4월 마지막 주 기준 4.58%로 2013년 8월 이후 최고치다. 미국은 2015년 12월 이후 금리 인상기에 돌입했음에도 불구하고 주택 가격은 2016년에 2007년 1월 전고점을 돌파했다. 2014~2015년 사이 주택 시장에 조정장세가 있었지만 2016년 하반기부터 대출이자가 급등하는 시기에 집값은 상승하기 시작했다.

미국 주택 시장은 국내 주택 시장과 수요와 공급에서 유사한 면이 많다. 과거도, 현재도, 그리고 미래도 한미 주택 시장은 시차를 두고 동조화될 것이다.

지난 2007년 서브프라임 사태 이후 신규 주택공급물량이 2012년까지 급감했다. 2013년부터 공급물량이 늘어나고 있으나 여전히 공급부족에 시달리고 있다. 주택 공실률(미분양률)은 2016년 2분기에 6.7%까지 떨어져 1993년 이후 최저 수준이다.

미국은 2016년부터 30~40대 중심으로 무주택자의 내집마련이 급증하고 있다. 특히 1980년생 밀레니얼세대(에코세대와 비슷)가 기록적인 월세 임대료 상승에 내집마련을 서두르고 있다. 높아진 주택 월세 임대료가 주택수요를 증가시켜 매매가를 끌어올리고 있다.

- 미국처럼 금리가 오르면 월세가 올라 매매가를 끌어올린다.
- 미국은 2010년대 금리 인상기를 맞아 집값이 우상향하고 있다. 과거에도 금리 인상기에는 금과 주택 등 실물자산 수익률이 높았다.
- 경기회복을 전제로 한 금리 인상기엔 일자리와 실질소득이 증가하면 주택수요도 늘어나 집값은 우상향한다.
- 금리 인상기엔 가계소득 상승 속도보다 대출이자와 주택 가격 상승 속도가 더 빠르다.
- 미국의 2010~2013년처럼 신규 주택공급물량(착공건수)이 급감하면 경기 회복기 이후 집값은 상승하기 시작한다.
- 신규 주택공급이 부족하면 신축 희소가치가 높아져 구축보다 최대 5억 원

이상 매매가가 높다.

- 원자재 가격, 유가가 상승해 인플레이션이 발생하면 주택 등 실물자산
  은 상승한다.

아직 국내는 금리 인상기가 본격적으로 시작되지 않았다. 하지만 이미 2018년 4월 말 주택 공시가격이 큰 폭으로 올랐고 이에 앞서 다주택자 양도세 중과가 시행됐다. 또 최근 9·13대책으로 보유세 인상도 현실화했다. 금리 인상과 마찬가지로 전월세를 끌어올릴 것이다. 이어 매매가도 끌어올릴 것이다.

미국도 그렇지만 우리도 주택 시장 수요에서 일자리가 중요하다. 특히 제4차 산업 일자리가 말이다. 임대료가 급등하면 기업은 사옥을 도심에서 외곽으로 이전한다. 이에 따라 임직원들도 외곽으로 이주한다. 따라서 일자리가 늘어날 예정이고 아직 전셋값이 싼 지역의 신축 아파트에 전세레버리지투자를 한다면 높은 수익률을 기대할 수 있다.

민영아파트 85타입 이하
특별공급 43%의 부작용

정부가 집값을 안정시키기 위해 주택 시장을 규제하면 긍정적인 효과도 있지만 부작용이 따르기 마련이다. 분양 시장에서 대표적인 규제책은 고분양가 관리지역의 분양가 통제, 중도금 대출규제, 분양가 상한제, 투기과열지구 100% 청약가점제, 전매제한 등을 꼽을 수 있다.

2018년 5월 수도권 주택 시장은 조정장세에도 불구하고 분양 시장이 뜨거웠다. 분양 시장이 뜨거운 이유는 '로또분양'을 양산하는 분양가 통제 때문이다. 주택도시보증공사(HUG)가 분양보증을 무기로 최근 1년간 공급된 분양가보다 110% 이상으로 분양가를 책정하지 못하게 하고 있다. 고분양가 관리지역인 과천의 경우 과천주공 1, 6단지나 과천지식정보타운이 분양가 통제로 분양 시기를 늦추고 있다.

이미 2017년 8월 착공한 과천주공1단지(과천더퍼스트클래스 푸르지오써밋)는 평당 3,300만 원 이상으로 분양하기 위해 후분양이 유력하다. 과천지식정보타운도 후분양제 시범지역으로 지정된다는 이야기까지 나오고 있다.

민간이 짓는 아파트 분양가를 민간이 정하지 못하고 정부가 결정하는 것은 분명 잘못이다. 아파트 시장가격(실거래가)을 무시하고 최근 분양가에 맞추는 반시장적이고 비정상적인 주택정책은 결국 시장의 역습을 받을 것이다. 분양가 통제로 로또분양이 되니 정부는 투기과열지구, 조정대상지역을 확대 지정했다. 분양권 전매를 강화하고 중도금 대출규모를 축소하거나 금지시켰다. 또 투기과열지구에서 분양가가 9억 원이 넘는 아파트는 특별공급 대상에서 제외했다. 특별공급 분양권 전매제한 기간도 5년으로 강화했다.

정부는 투기과열지구 85타입 이하 100% 가점제에 따라 당첨 기회가 사라진 30대를 위해 2018년 5월 4일부터 신혼부부(혼인기간 7년 이내) 특별공급물량을 기존 10%에서 20%로 2배 늘렸다. 이에 따라 민영아파트 85타입 이하 특별공급물량은 전체 분양물량의 43%(노부모 3%, 다자녀가구 10% 등)에 달한다. 특별공급비율을 43%로 늘림으로써 초래될 부작용은 크게 3가지다.

우선 특별공급의 불법 전매가 크게 늘어날 것이다. 특히 투기과열지구는 자기자본이 분양가의 40%까지 필요한데 전매제한 기간을 5년으로 강화함으로써 자금력이 떨어지는 특별공급 수분양자의 불법 전매가 늘어날 것이다. 더욱이 전세가율 하락으로 입주 시 전세금 또는 대출로 잔금은 물론 중도금 대출을 상환하지 못한다면 입주대란이 일어날 것이다. 또 특별공급 청약자가 청약 단계부터 자금력을 갖춘 사람과 연결됨으로써 주택법에서 말하는 주택 시장 교란의 가능성이 높다. 분양가 통제에 따른 로또분양으로 분양 시장이 과열될수록 심해질 것이다.

서울 등 수도권에선 2020년 전후까지 반포잠원·방배·잠실·개포 등 서울을 비롯해 과천·광명·성남·안양·수원 등에서 정비사업 분양물량이 급증할 것이다. 도심 핵심입지에서 분양물량이 쏟아지면 분양 시장은 더욱 교란될 것이다.

마지막으로 85타입 이하 일반공급 분양물량이 종전 67%에서 2018년 5월부터 57%로 줄어들어 청약경쟁률이 높아지고 가점 커트라인이 높아질 것이다. 이에 따라 분양 시장은 더욱 과열될 것이다.

이미 2006년 참여정부 시절 판교신도시 분양에서 경험했듯이 분양 시장이 로또 시장이 되면 낙첨자 투자자의 인근 재고아파트 매수세가 늘어나 후폭풍이 몰아칠 것이다. 참여정부는 2006년 5월 강남구, 서초구, 송파구, 양천구, 신도시 분당, 평촌, 용인 등 7곳을 '버블세븐지역'으로 지정했다. 문재인 정부도 분양 시장이 로또 시장이 돼 후폭풍이 주변 지역으로 확산된다면 참여정부처럼 '버블세븐지역'을 지정할 것인가? 아니면 채권입찰제를 부활할 것인가?

나쁜 부동산 뉴스에 역발상 투자하라

필자가 15년 전부터 부동산 가치투자를 주창하면서 자주 언급한 게 바로 역발상 투자다. 하지만 역발상 투자는 누구나 시도할 수 있는 투자가 아니다. 리스크를 최소화시키는 데 급급하다면 역발상 투자는 현실적으로 실행하기 힘들다.

그럼 누가 역발상 투자를 할 수 있을까? 역발상 투자에 성공하려면 투자할 때 압박을 좋아해야 한다. 위험을 감수하면서, 위험을 관리하면서 경제적 자유를 달성하겠다는 의지가 강한 사람이여야 한다. 쉽게 말해 공격적인 투자자여야 한다.

역발상 투자를 할 수 없는 사람에게는 조정장세에도 하방경직성이 강한 도심 역세권 20평형대 이하 소형 아파트가 가장 안전한 투자처가 될 수 있다.

역발상 투자는 조정장세와 같은 매수자우위 시장에서 빛을 발한다. 예를 들어 잠실 구축이 3억 원이 하락했다는 기사를 보고 적극적으로 매수하는 것이다.

최근 고객 중 하나가 올림픽공원이 조망되고 2018년 10월 개통되는 9호선 3단계 연장선 한성백제역(올림픽공원남4문사거리)이 도보권인 A단지 45평형 로열동호수를 급매로 잡았다. 바로 이런 사람이 역발상 투자에 적합한 사람이다. 그는 4년 이상 보유하고 매도할 생각이며 일시적 전셋값 하락은 충분히 감수할 수 있는 리스크라고 판단했다.

역발상 투자는 언론에서 나오는 부동산 뉴스와 거꾸로 투자하는 것이다. 주택 시장에 대한 어두운 전망(나쁜 뉴스)이 쏟아질 때가 역발상 투자하기 가장 좋은 때다. 특히 나쁜 뉴스에 영향을 많이 받는 50~60대가 내놓은 저가매물을 적극적으로 매수해야 한다.

이와 관련해 『부자 아빠 가난한 아빠』의 저자인 로버트 기요사키의 말을 인용한다.

재테크를 하는 사람들은 모두 뉴스에 민감하다. 일반인들은 경제와 관련된 나쁜 뉴스에 민감하다. 나쁜 일이 일어나고 있는 것에 대한 두려움 때문에 직장에서 잘리지 않기 위해 발버둥치게 되고 별 볼 일 없는 투자 대상에 투자하는 악순환을 낳게 된다. 그리고 불만족한 상태의 삶에 집착하곤 한다. 그 결과로 더 큰 손해를 보기 쉽다.

성공한 투자자 역시 뉴스에 민감하다. 특히 나쁜 뉴스에 민감하다. 이들은 좋은 뉴스가 아닌 나쁜 뉴스를 찾아다닌다. 호경기일 때 다른 업종에서 나쁜 뉴스와 거래건을 찾아 돌아다니며 낮은 가격이지만 가치 있거나 성장 추세에 있는 투자 대상을 물색한다.

성공적인 투자자가 되려면 나쁜 경제 뉴스의 두려움을 흥분으로 전환하여야 한다. 당신이 두려움보다는 흥분으로 사는 것을 배울 수 있다면, 삶은 더 재미있고, 활력차고, 만족스러울 것이다. 나는 나쁜 뉴스를 더 많이 들을수록, 더 행복해진다. 나에게는, 호경기든지 불경기든지 행복해지고 부자가 되는 것이 삶을 사는 훌륭한 방법인 것이다.

나쁜 뉴스에 대한 두려움을 극복하고 흥분으로 살 수 있어야 역발상 투자를 할 수 있다. 초기투자비가 적다고, 상대적으로 덜 올랐다고 수도권 외곽 변두리 아파트를 매수하지 마라. 나쁜 뉴스가 지배하는 지금, 도심 핵심입지 신축 아파트 저가매물을 잡는 역발상 투자를 해야 한다. 최후의 승리자가 되려면 역발상 투자를 해야 한다.

입주물량 증가는 전셋값 하락의 필요조건이다

동일 생활권에서 입주물량이 늘어났을 때 투자자가 가지는 잘못된 편견이 있다. 바로 입주물량이 늘어나면 전셋값이 하락한다는 것이다. 나아가 매매가도 하락할 가능성이 높다는 것이다. 2018년 들어 수도권 아파트 전셋값 하락세를 마치 입주물량이 늘어나서 하락한 것처럼 오판한다. 그렇다고 필자가 입주물량이 전셋값에 아무런 영향을 주지 않는다고 주장하는 것은 아니다.

입주물량은 전셋값 하락의 필요조건일 뿐이다. 입주물량은 생활권 내 아파트 전셋값을 하락시키는 여러 가지 요인 가운데 하나일 뿐이다. 입주물량이 늘어나면 무조건 전셋값이 하락한다는 충분조건이 아니라는 것이다. 여기서 입주물량은 생활권 내 아파트는 물론 오피스텔과 다세대 등 '아파트 대체재'를 포함한다. 또 입주한 지 2년이 돼 전세계약이 만기되는 신축 아파트도 포함한다.

예를 들어 2018년 2월과 3월부터 각각 입주를 시작한 성동구 금호동

e편한세상신금호와 힐스테이트서울숲리버, 그리고 6월 말 입주가 시작된 서울숲리버뷰자이로 인해 주변 아파트 전셋값은 약세를 보이고 있다. 그럼 전셋값은 언제까지 약세를 보일까? 상승장에서 입주물량에 따른 전셋값 하락은 일시적이다. 서울에선 아무리 길어도 6개월 안팎이다. 입주물량이 5천 가구가 넘더라도 1년이 지나면 전세물량이 소진돼 전셋값은 회복된다. 그리고 입주하고 2년이 지나면 중소형 전셋값은 1억 원 안팎 상승한다.

다주택자 조정대상지역 양도세 중과로 인해 2017년 10월부터 2018년 3월까지 서울 아파트 매매거래량이 급증하면서 입주기간이 2월 28일부터 5월 31일까지였던 e편한세상신금호의 전세물량도 일시적으로 크게 늘어났다. e편한세상신금호의 입주 시기와 겹치면서 인근 아파트의 전셋값은 3월에 59타입은 4억 원대, 84타입은 5억 원대까지 하락했다. 하지만 5월 말 실입주율이 80%를 넘어서면서 6월 기준으로 전셋값은 59타입이 5억 5천만 원 안팎, 84타입은 6억 원 이상까지 회복됐다. 매매가는 물론 하락하지 않고 강보합세다. 59타입 10억 원 안팎, 84타입은 12억 원 안팎이다.

여기서 중요한 포인트는 수도권에서 입주물량이 전셋값 하락에 미치는 영향력이 지역에 따라, 입지에 따라 천차만별이라는 것이다. 물론 입주물량도 중요하다. e편한세상신금호는 서울 도심 역세권 대단지이기 때문에 30~40대 직장인 수요(특히 30대)가 많다. 여러 악재에도 전셋값 하락기간이 2개월로 짧았다. 상향여과 현상이 뚜렷한 도심 정비사업 입주 아파트일수록 그렇다.

반면 실입주율 증가속도가 더딘 수도권 외곽은 그렇지 못하다. 특히 입주하려는 실수요자보단 입주 전 되팔려는 가수요나 입주 후 전세를 주려는 갭투자자가 많으면 e편한세상신금호의 입주장과는 양상이 달라진다. 시장에 쏟아진 전세물량이 소진되는 데 1년 이상 걸리기도 한다.

더욱이 실수요층이 얇은 수도권 외곽 입주 아파트는 입주대란 가능성이 높아질 것이다. 8·2대책에 따라 잔금대출 규제(투기지역·투기과열지구 LTV 30~40%, 조정대상지역 LTV 50~60%), 신DTI로 인해 입주 시점에 중도금 대출 상환자금과 잔금을 마련하지 못하는 사례가 늘어날 것이다. 전세입자도 못 구하고 매도도 못하면 입주대란이 발생한다. 결국 매매가와 전셋값이 동반하락한다.

분양권 시장에 가수요가 많을수록, 갭투자자가 많을수록, 수도권 외곽일수록, 비역세권일수록, 30~40대 직장인 매매·전세 수요가 적을수록 입주장에서 쏟아지는 전세물량은 생활권 내 전셋값을 하락시키는 핵심 요인이 될 수 있다.

부동산 투자는
타이밍일까, 방향일까?

흔히 투자는 타이밍이 더 중요하고 떨어지는 칼날을 잡아야 한다는 측과 투자는 방향이 더 중요하다는 의견이 맞설 때가 많다. 결론부터 말하자면 부동산 투자에서는 타이밍과 방향 모두 중요하다. 특히 상승장에선 내재가치에 집중해 입지가치 모멘텀(상승동력)이 강한 아파트를 사야 한다는 것이다. 퀀텀점프(대약진)까진 아니더라도 한 단계 이상 아파트값 평당가를 끌어올릴 수 있는 지역을 공략해야 한다. 동작구 흑석뉴타운이나 마포구 아현뉴타운처럼 말이다. 이보다 더 중요한 것은 시장을 낙관하고 내재가치가 높은 부동산을 저가매수해 장기보유하는 가치투자를 하는 것이다.

지난 2006년 수도권 아파트에 투자한 사람은 손절매를 하지 않았다면 '잃어버린 10년'을 감내해야 했다. 가치투자의 핵심인 안전마진을 확보하지 않고 고가매수했다는 게 가장 큰 패착이다. 안전마진이란 아파트값이 아파트의 내재가치(입지·희소가치·수익가치·미래가치·정책·경기 등)보다 낮을 때 그 차이를 말한다.

　2010년 이후 수도권 주택 시장에서 안전마진이 가장 큰 시점은 2012년 또는 2013년이다. 문제는 안전마진이 큰 시점도 결국 지나가야 알 수 있다는 것이다. 안전마진을 알 수 있다면 정확히 무릎에서 사서 어깨에 파는 게 가능할 것이다.

　부동산 가치투자를 위해 아파트를 살 때 가장 중요한 것은 매수가다. 비싸게 사지 말고 싸게 사야 한다. 안전마진을 확보한 적정가에 사야 한다. 적정가로 사야 수익률이 높은 것은 물론 침체기나 일시적 조정장세가 왔을 때 버틸 수 있는 힘이 강해진다. 예를 들어 잠실주공5단지 34평형을 2017년 8월 14억 원에 산 사람이 2018년 1월 18억 원에 산 사람보다 조정장세에 버티는 힘이 강할 것이다.

　그러나 낮은 가격, 저평가된 아파트를 찾는 데 집착해선 매수 타이밍을 번번이 놓치게 마련이다. 2018년에 공급과잉 등으로 대세하락한다는 뉴스나 전문가의 말을 믿고 매수하지 않은 부동산 개미들이 대표적인 경우다. 또 투자자 스스로 저평가된 아파트를 찾기란 매우 어렵다. 그런 이유로 매입단가를 낮춰 아파트를 살 수 있는 2가지 방법을 추천한다.

　첫 번째 방법은 미분양·미계약 아파트를 사는 것이다. 분양 아파트를 원가로 사는 것이다. 분양 시장이 뜨거워질수록 미계약 물량을 내 것으로 만드는 게 힘들어지고 있지만 적극적으로 매수할 가치가 있다. 모델하우스 오픈 이전부터 공을 들여야 한다. 1층이라도 내재가치가 높다면 매수해야 한다.

　두 번째 방법은 신문·방송 등 언론에 노출되기 전에 아파트를 사는 것이다. 언론에 노출되기 전에 살 수 있는 아파트론 재개발·재건축 등 정비사업 입주권이 대표적이다. 2018년 일반분양을 하는 재개발구역은 연초부터 언론에 노출된다. 언론에 노출되면 투자수요에 실수요까지 몰려 단기급등하는 경우가 많다. 2019년 또는 2020년에 일반분양하는 정비사업을 매수하는 것을 추천한다.

매수 타이밍은 사업시행인가를 받고 시공사 선정 또는 조합원별 감정평가액이 통보 시점 이후로 잡는 게 좋다. 사업시행인가 후 일반분양까지 3~4년이 걸린다. '관리처분-이주철거-착공-일반분양' 등 사업단계마다 수익률이 극대화되는 시점이다. 보수적인 투자자라면 정비사업이 일반분양하기 2~3년 전 또는 이주하기 1년 전에 인근 구축 아파트를 전세레버리지투자 하는 것을 추천하다.

마지막으로 상승장에서 규제책 발표 뒤 일시적으로 조정장세가 와 3~4개월 매수자우위 시장이 유지될 때 수도권 핵심입지, 즉 내재가치 높은 아파트를 저가매수하는 것이다.

인구가 줄어드는데
왜 서울 집값은 오를까?

서울 인구가 지난 2010년 이후 감소세다. 2017년 말 기준 7년간 45만 5천 명이 줄었다. 2016년엔 1천만 명이 무너졌다. 하지만 서울 아파트 시장은 2013년 하락세를 멈추고 2014년 회복기를 거쳐 2015년 대세상승장이 시작됐다. 인구는 계속 감소했는데 말이다.

서울 인구가 감소한 것은 주택수요가 줄어들어서가 아니다. 가구 수 대비 공급물량이 부족하기 때문이다. 새 아파트가 제때 공급되지 않고 있기 때문이다.

서울 거주자가 살고 싶어 하는 새 아파트(학세권·역세권·직주근접성·몰세권·병세권 등 주거 인프라를 갖춘 도심)가 충분히 공급되지 않아 어쩔 수 없이 서울 외곽으로 이주하는 것이다. 외곽으로 이주하더라도 직장 등 생활권은 여전히 서울인 경우가 많다. 따라서 서울에 새 아파트 공급이 늘어나면 서울 인구는 다시 늘어날 것이다.

서울 주택 수급 밸런스는 주택보급률(주택 수/일반가구 수)보단 자기 집에 살고 있는 가구의 비율인 자가점유율로 가늠할 수 있다. 자가점유율은 주거의 질과 양을 모두 포함한 개념이다. 주택보급률이 큰 의미가 없는 이유는 2018년 양적인 주택 시장에서 질적인 주택 시장으로 패러다임이 바뀌고 있기 때문이다. 자신이 살고 싶은 아파트는 남들도 살고 싶어 하기 때문에 쏠림 현상은 갈수록 심해질 것이다. 생활권별 차별화는 물론 단지별·평형별 차별화도 심화될 것이다.

2017년 서울 자가점유율은 42.9%에 불과하다. 전국 57.7%, 서울 포함한 수도권 49.7%에 비해서도 크게 낮다. 서울 자가점유율은 선진국에 비해 20%p 이상 낮다. 즉 서울 사람이 살고 싶어 하는 주택공급이 부족하다는 것이다.

정부는 상승장에선 언제나 서울 사람들이 살고 싶어 하는 서울 도심에 신규 주택공급을 억제한다. 집값 상승을 부추긴다는 이유로 말이다. 오는 2023년 이후 재개발·재건축 등 서울 정비사업은 참여정부처럼 올스톱 될 가능성이 높다. 이미 조합설립인가 전후 초기 재건축 단지는 초과이익환수제로 사업이 지연되고 있다.

거듭 말하지만 서울은 주택수요가 줄어서 인구가 줄어드는 것이 아니다. 공급이 줄어서 인구가 줄어드는 것이다. 김포·수원·파주의 인구가 늘어나는 것은 수요가 늘어나서가 아니다. 광교·한강·운정 등 신도시에서 공급(입주물량)이 늘어나 인구가 늘어나는 것이다.

따라서 서울에 새 아파트 공급물량을 늘리면 인구는 늘어난다. 서울 새 아파트 공급은 대부분 정비사업이 맡고 있다. 하지만 순공급물량(새 아파트 입주물량-멸실주택 수) 증가 효과가 크지 않다. 더욱이 상승장에선 규제책의 타깃이 돼 새 아파트 공급이 차단된다.

서울 자가점유율은 지난 1995년 이후 20년 이상 40%대 초반에 머무르고 있다. 자가점유율도 낮은데 서울에서 2020년까지 멸실주택이 급증한다면 주택 시장은 어떻게 반응할까? 독자들이 판단할 일이다.

환율이 급등하면
집값은 폭락할까?

최근 원달러 환율이 요동치면서 환율 급등으로 집값이 폭락하는 날이 머지않았다고 주장하는 사람들이 있다. 환율이 지속적으로 하락하고 원화가 강세면 부동산 경기가 좋아져 집값이 오른다고 한다. 반대로 환율이 상승하고 원화 약세면 집값이 하락한다고 주장한다. 환율이 집값에 선행하고 집값은 일정한 시차를 두고 환율의 추세를 따라간다고 한다.

환율은 집값과 직접적인 관련은 없다. 간접적으로 영향을 줄 뿐이다. 또 환율이 경기 펀더멘털(기초체력)에 영향을 주려면 지속적인 추세가 중요하다.

환율은 경제의 방향을 알려줄 뿐이다. 즉 원달러 환율이 하락하는 추세라면 한국 경제가 좋아지고 있다는 의미다. 반대로 환율이 상승하는 추세라면 경기가 나빠지고 있다고 보면 된다. 2000년대처럼 수출이 잘돼 경상수지 흑자규모가 커지고 외국인 투자자금이 지속적으로 유입돼 원달러 환율이 하락한다면 유동성이 늘어나 집값은 오를 가능성이 높다. 반면 경상수지 적자규모가 커지고 외국인 투자자금이 빠져나가 환율이 상승한다면 유동성이 줄어들어 집값이 하락할 가능성이 높다.

　과거의 역사를 보면 1997년 IMF 외환위기처럼 한국 경제에 위기가 닥쳤을 때, 글로벌 금융위기가 왔을 때 환율이 급등했다. 외환위기 이후 수도권 아파트값은 1999년부터 가격이 회복되기 시작해 2000년부터 급등했다. 2001년부터 2007년까지, 글로벌 금융위기가 올 때까지 원달러 환율은 1,400원대에서 900원대까지 7년 내내 하락세였다. 따라서 '환율 하락＝집값 상승'이 맞았다.

　2007년 미국발 글로벌 금융위기 이후 환율은 2008년, 2009년 급등했으나 2010년 이후에 하향안정세를 보였다. 2009년 3월 1,597원으로 고점을 찍고 2014년까지 5년간 지속적으로 하락했다. 수도권 집값의 경우 2013년 5월 바닥을 찍고 2014년 회복기를 거쳐 2015년 대세상승장이 시작됐다. 이때도 '환율 하락＝집값 하락'이었다.

　반면 2014년 9월부터 2016년 2월까진 환율이 상승했다. 그해 12월까지 등락을 거듭하다 2017년부터 하락세가 뚜렷했다. 2018년 4월엔 1,054원을 기록했다. 환율 상승기인 2015~2016년에도 수도권 아파트값은 계단식 상승을 계속해왔다.

　집값은 환율보단 수급, 정책, 금리, 통화량에 따라 좌우된다. 그중에서도 수급이 가장 중요하다. 문재인 정부는 2017년 5월 집권 이후 공급과 수요를 모두 억제하는 정책을 펴고 있다. 다주택자 양도세 중과, 대출규제에 보유세 인상까지 더해져 시장에 나오는 매물량은 늘고 수요는 줄어 집값이 하락할 것이라고 주장하는 사람이 있다. 하지만 필자는 그렇게 생각하지 않는다. 보유세가 오른다고 다주택자가 매물을 내놓지 않을 것이다. 1주택자도 마찬가지다. 수도권 아파트 시장은 사고 싶은 아파트, 거주하고 싶은 매물량이 줄어든 반면 수요는 감소하지 않고 있다. 수요자의 갈증은 심해지고 있다. 보유세가 오르면 세입자의 전월세값에 전가될 것이다.

그리고 원달러 환율 하락은 이제 시작이다. 유가 상승, 원자재 가격 상승으로 인플레이션을 동반해 화폐 가치가 하락하면(약달러) 환율은 2년 이상 하락한다고 본다. 물론 그 때문에 집값이 상승한다고 주장하는 것은 아니다. 부동산 가치투자자라면 환율로 집값을 예측하기보다는 수급, 내재가치 등 펀더멘털에 더 집중해야 한다.

인서울이 아니라
인도심이다

사람을 만나도 겉모습만 보면 안 되듯 주택 시장을 바라볼 때도 순진하게 액면 그대로를 받아들여선 안 된다. 부동산 투자에서 "인서울에 투자하라"는 말이 대표적이다. 여기서 인서울은 글자 그대로 서울시 25개구에 속한 아파트를 말하는 것이 아니다. 필자가 생각하는 인서울이란 인도심이다. 서울 도심 A, B급 단지와 서울 도심 접근성이 좋은 인천·경기권 A급 단지를 말한다.

구체적으론 서울 인도심은 3도심, 7광역 중심으로 보면 된다. 가격으론 인도심 A급 단지를 기준으로 한다면 2018년 8월 기준으로 84타입 매매가가 서울 도심은 10억 원 이상, 서울 도심 영향권과 경기권은 8억 원 안팎, 인천(송도)은 5억 원(6억 원) 안팎이 되는(될) 단지일 것이다. 인서울에 집착해 입지가치가 C급인 서울 아파트를 살 것인가, 인서울은 아니지만 서울 도심 접근성이 좋은 인천·경기권 A급 단지를 살 것인가?

2018년 수도권 주택 시장은 양적인 시장에서 질적인 시장으로 바뀌었다. 서울 도심이 아니라면 입주 5년 안팎의 신축을 사야 한다. 정비사업으로 신축이 될 주택을 사야 한다. 신축의 희소가치는 정비사업 규제책으로 문재인 정부 다음 정부에서 정점에 이를 것이다. 현재 사업시행인가를 받은 재개발·재건축 등 정비사업이 가장 모멘텀(상승동력)이 높은 투자상품이다.

대구 주택 시장이 1년 6개월 조정장세를 벗어나 수성구 등 원도심 신축부터 반등했다. 조정장세인 부산도 2019년이 될지 2020년이 될지 모르겠지만, 최우선적으로 반등할 지역은 연제구·동래구·중구 등 중부산 신축이 유력할 것이다. 이에 앞서 서울 등 수도권도 6개월 남짓 조정장세가 끝나고 2018년 8월 기준으로 반등 중인 '진앙지'는 압구정·대치 등 강남3구다. 지금은 인서울 C급을 사면 안 된다. 서울 인도심 A, B급 또는 인도심 영향권 인천·경기권 A급 단지를 사야 한다.

문재인 정부 이후 개발(역세권 환승역센터, 정비사업, GTX 등)이 집중되고 있는 강남4구 등 서울 동남권은 물론, 기업입주·도로망·전철망으로 확대되는 서울 동남권 배후주거지, 경기권을 최우선적으로 주목해야 한다. 다음으론 중구·종로구·용산구 등 도심권과 도심권 접근성이 좋아지는 인천·경기권에 주목해야 한다. 영등포구·강서구·양천구·동작구 등 서남권, 성동구·광진구·동대문구 등 동북권, 은평구·마포구·서대문구 등 서북권은 3도심과 7광역 중심으로 옥석을 가려 인도심 A, B급 단지에 투자해야 한다.

다시 한 번 강조하지만 인서울이 아니라 서울 인도심 및 서울 인도심 배후주거지에 투자해야 한다.

네이버 카페는
부동산 투자에 도움이 될까?

부동산으로 성공투자를 하는 사람은 누구일까? 돈이 많은 사람, 책으로 부동산 공부를 열심히 하는 사람, 열심히 강의 듣는 사람, 전문가라는 사람에게 상담받고 투자하는 사람, 빅데이터를 잘 분석하는 사람, 요즘 유행하는 단체로 임장을 자주 가는 사람, 네이버·다음 등 포털 부동산 카페에서 열심히 정보를 수집하는 사람 등 다들 성공투자를 위해 다방면으로 노력을 거듭한다.

모든 사람에게 통하는 성공투자 비법은 없다. 다만 매일 쏟아지는 뉴스, 전문가 코멘트, 부동산 카페 글을 보고 투자한다면 성공투자와 거리가 멀어진다는 것을 알아야 한다. 장세에 휩쓸려 매매 타이밍을 번번이 놓칠 확률이 높다.

예를 들어 훌륭한 부동산 재테크 책을 10번 정독했다고 투자에 성공할 수 있을까? 네이버 부동산 카페도 마찬가지다. 하루에도 수십 번씩 들락거린다고 성공투자를 할 수는 없다. 강남3구 등 부동산 부자들은 네이버 부동산 카페 활동에 왜 소극적일까? 아니 왜 활동하지 않을까?

필자는 부동산 자산 50억 원이 넘는 사람 중 네이버 등 포털사이트 부동산 카페를 통해 부동산 부자가 된 사람을 보지 못했다. 부동산 부자 중 네이버 카페에서 활동하는 사람도 보지 못했다. 그럼 네이버 부동산 카페에 매일 들락거리는 사람은 누구일까?

필력을 자랑하고 싶은 사람이거나 자신이 보유한 아파트를 띄우려는 사람, 최근 주택을 구입해 시장 움직임에 관심이 높은 사람, 조금이라도 아파트를 싸게 사려는 무주택자, 그리고 2019년 또는 2020년 가격 폭락을 기다리는 사람들이 대부분일 것이다. 한마디로 부동산 부자와 거리가 있는 사람들이다. 똘똘한 아파트를 여러 채 갖고 있는 부동산 부자들은 네이버 부동산 카페 활동에 소극적이다. 이들이 나이가 많아 모바일 인터넷에 익숙하지 않기 때문만은 아닐 것이다.

부동산 부자들은 부동산으로 부자 되는 법을 경험으로 알고 있다. 부자들은 투자에 신중하되 투자를 결정했다면 신속하게 결정한다. 남에게 의견을 물어보되 이는 자신의 결정이 옳다는 것을 확인하는 요식절차일 뿐이다. 부자들은 자기주도하에 조용히 사서 조용히 판다.

최대의 수익을 올리기 위한 부동산 가치투자의 과정은 우리 인생과 닮았다. 누가 대신 인생을 살아주지 않듯 누가 대신 부동산 투자를 해주지 않는다. 해줘서도 안 된다. 부동산 가치투자는 독고다이다. 홀로 자신에게 맞는 투자 원칙을 세워라. 투자 원칙을 세울 때 자신에게 맞는 멘토(책 또는 전문가)를 만나면 도움이 된다. 이어 투자 원칙에 따라 자신이 잘 아는 지역의 투자처를 찾아 실행으로 옮기면 된다. 그리고 인내와 자제력으로 4년 이상 장기보유하다 매도하면 된다.

부동산 가치투자는 배우자를 고르는 것과 같다. 평생 같이 할 배우자를 고르듯 평생 보유하고 싶은 부동산을 고르는 것이다. 부동산으로 최후의 승리자가 되고 싶다면, 평균 수익률이 아닌 최고의 수익률을 올리고 싶다면 네이버 부동산 카페를 멀리하라. "가난한 사람은 포털사이트에게 물어보기를 좋아한다." 알리바바 마윈 회장의 말이다.

다주택자 매물이 잠기면
왜 집값은 폭등할까?

다주택자 매물이 잠겼던 2005~2006년에 우리는 수도권 아파트값 폭등을 경험했다. 대세상승장에서 다주택자 매물이 잠기면 왜 집값은 폭등할까?

다주택자를 공공의 적으로 삼을 경우 주택 시장은 왜곡된다. 이어 정부와 중산층 이하 서민은 시장의 역습을 받게 된다. 부동산 투자의 역사가 그렇다. 다주택자는 주택 시장에서 전월세 임대주택의 핵심 공급원이다. 상승장에서 추가로 주택을 구입함으로써 전월세물량을 지속적으로 공급해줘 임대 시장을 안정시키는 데 기여한다. 또 하락장에서는 미분양을 구입함으로써 주택 시장 연착륙에 기여한다.

이처럼 다주택자는 주택 시장에서 공급원이자 수요자다. 그러나 참여정부나 문재인 정부처럼 상승장에서 다주택자를 공공의 적으로 삼을 경우 주택 공급에 악영향을 미치게 된다. 즉 다주택자 매물이 시장에서 사라진다. 1주택자 매물도 사라진다.

다주택자 매물이 잠기는 것은 바로 조정대상지역 다주택자 양도세 중과 때문이다. 동결효과로 인해 시장을 왜곡시킨다. 동결효과란 양도세 중과로 인해 다주택자가 주택을 양도하지 않고 계속 보유해 매물이 잠기게되는 것을 말한다. 지금까지 다주택자 양도세 중과는 중장기는 물론 단기에도 집값을 안정시킨 적이 없다. 규제책으로 이른바 '3개월 효과'라는 초단기 미봉책에 그쳤을 뿐이다. 그러면 양도세 중과는 왜 집값을 안정시키는데 효과가 없을까?

정부는 다주택자에게 양도세를 중과하면 기대수익률이 낮아져 추가 매수를 억제해 집값이 하락할 것으로 기대한다. 하지만 시장은 정부가 원하는 방향과 정반대로 흘러간다. 9·13대책 이후에도 마찬가지일 것이다.

양도세 중과에도 집값이 하락하지 않는 이유는 수요가 감소하지만 공급도 감소하기 때문이다. 집값이 하락하려면 시장 매도물량이 양도세 중과 시점 수준으로 유지되거나 늘어나야 한다. 하지만 매도물량이 오히려 감소한다. 참여정부 시절처럼 문재인 정부에서도 2017년 8·2대책에 이어 2018년 9·13대책으로 양도세 중과, 대출규제로 매도물량이 거의 완벽하게 잠기고 있다. 2019년 들어서면 매도물량은 고갈될 것이다. 1~2월은 연중 매매거래가 가장 많은 극성수기임에도 불구하고 말이다.

또 다주택자의 아파트 추가 구입을 막으면 유효수요가 줄어들어 건설사는 미분양 리스크를 줄이기 위해 분양물량을 줄여나간다.

양도세 중과로 인한 수요 감소폭보다 공급 감소폭이 더 클 경우 집값은 상승한다. 정부가 원하는 대로 아파트를 팔고 추가 매수를 하지 않고 현금으로 보유할 다주택자가 얼마나 있을까? 초등학교 6학년이라도 2018년 10월 수도권 주택 시장에서 수요 감소폭보다 공급 감소폭이 훨씬 크다는 것을 쉽게 알 수 있을 것이다.

더욱이 수도권 멸실주택은 2018년부터 2020년까지 역대급으로 급증한다. 또 수도권 아파트 인허가 실적도 규제책에다 공공택지 고갈로 2016년부터 감소세로 돌아섰다.

9·13대책 이후 대출규제와 양도세 중과로 주택 시장에 매도물량이 고갈되고 전셋값 상승폭이 커진다면 시장은 어떻게 반응할까? 필자는 매매가 폭등(연간 20% 상승)에 한 표를 던지겠다.

서울 아파트 공급물량과 가격에 대한 팩트

9·13대책 이후 수도권 주택 시장 앞날이 불확실해졌다. 수많은 억측이 난무했다. 필자가 알고 있는 아파트 공급물량과 가격에 대한 팩트를 정리해본다.

- 분양가 원가공개, 분양가 상한제 등 주택건설사에게 아파트 분양가에 대한 스트레스를 주면 건설사는 아파트 공급물량을 줄인다. 양질의 4세대 아파트 공급을 담당하는 민영아파트 공급물량이 감소한다. 4세대 아파트를 공급하는 정비사업도 규제책에다 분양가 하방압력으로 사업성 수익성이 떨어져 사업 속도가 늦어지게 돼 서울 신규 아파트의 핵심 공급원인 정비사업 공급물량(인허가 실적)도 줄어든다.
- 참여정부처럼 서울 강남3구를 타깃으로 정비사업을 규제하면 아파트 공급물량은 3~4년 뒤 급감한다. 참여정부가 정비사업 규제를 본

격적으로 시작한 2004년에 서울 아파트 인허가 실적은 5만 8천 가구에 달했다. 그러나 규제의 누적효과로 4년 뒤인 2008년엔 2만 2천 가구, 2009년엔 2만 6천 가구로 반 토막이 났다. 결국 급감한 아파트 인허가 실적은 입주 시점인 6년 뒤 2015년 이후 시장의 역습을 받는다. 시장의 역습이란 서울 신규 아파트 급감에 따른 아파트값 폭등을 말한다.

- 아파트 인허가 실적에서 인허가란 공공택지·민간택지의 경우 사업승인(착공과 분양하기 직전 사업절차)을 받은 건설가구 수를 말한다. 정비사업에선 사업시행인가를 의미한다. 택지와 정비사업 간 입주 시점 차이가 최대 3년 이상 날 수 있다. 정비사업 인허가 실적 기준이 사업시행인가라는 점은 매우 중요한 의미를 담고 있다. 상승장에선 사업성이 좋아 서울의 경우 대부분 6년 안팎이면 '관리처분인가-이주철거-착공-준공'을 거쳐 입주하게 된다. 진정한 의미로 아파트 공급물량, 즉 재고아파트가 된다.

- 정비사업 공급물량이 신규 아파트 공급물량의 80% 이상을 차지하는 서울에선 인허가 실적의 추세가 매우 중요하다. 인천·경기 등 수도권도 공공택지가 고갈되면서 정비사업이 갈수록 공급물량에서 차지하는 비중이 높아지고 있다.

- 서울 아파트 인허가 실적을 보면 다행히 2010~2013년 4년간 4만~5만 가구를 오가며 다소 늘었다. 하지만 이는 정비사업 물량이 아니라 MB정부의 작품인 세곡2지구·내곡지구·우면지구 등 보금자리지구 아파트가 사업승인을 받아 공급됐기 때문에 늘어난 것이다. 서울 아파트 인허가는 이후 2만~4만 가구를 오가다 2017년 7만

5천 가구로 정점을 찍는다. 재건축보다는 신길뉴타운·흑석뉴타운·수색증산뉴타운·이문휘경뉴타운·장위뉴타운 등 대규모 재개발구역이 대거 사업시행인가를 받았기 때문이다. 2008년 MB정부 이후 박근혜 정부 2014년까지 7년간 지속된 정비사업 규제완화의 누적효과가 컸다. 물론 2015년 이후 수도권 아파트 시장 상승장이 큰 몫을 했다.

- 8월까지 2018년 서울 아파트 인허가 실적은 1만 5천 가구에 그치며, 전년 동기 대비 급감하고 있다. 1년 누적물량으론 2017년 12월에 정점을 찍고 감소세가 뚜렷하다.

- 반면 2018년 8월 기준 사업시행인가를 받고 미착공된 서울 정비사업 인허가 실적(누적)은 10만 6천 가구에 달한다. 인천·경기 포함 수도권 전체로 보면 2018년 이후 매년 10만 가구 이상 주택이 멸실되고 이주수요가 발생하고 있다. 이주비 유동성장세도 발생할 것이다.

- 국토교통부 말대로 서울 신규 주택수요를 매년 5만 5천 가구로 치자. 그런데 주택(비아파트 포함) 준공물량에서 멸실주택을 뺀 순공급물량을 보면 2015년 3만 9천 가구, 2016년 4만 4천 가구, 2017년 2만 가구(준공 7만 가구-멸실 추정 5만 가구)로 매년 서울에서 필요한 신규 주택 5만 5천 가구에 턱없이 모자란다. 양질의 아파트 순공급이 갈수록 줄어들고 있다는 의미다.

- 최근 관심이 높은 것은 서울 아파트 입주물량이다. "송파헬리오시티가 입주하면 매매가와 전셋값이 하락한다?" 이미 매매가는 우상향하고 있으니 예측은 틀렸다. 상승장에선 경기가 가라앉기 전까지 좀처

럼 매매가는 하락하지 않는다. 강남3구는 더욱 그렇다. 관건은 전셋값이다. 전세계약이 본격적으로 시작될 11월 이후 판가름 날 것이다. 10월 초 추세는 84타입 상한가 기준 전셋값은 7억 5천만 원을 돌파하고 8억 원에 육박하고 있다. 7월보다 1억 원 이상 올랐다. 7월 이후 강남 입주 아파트 전셋값은 입주지정일 마감이 다가올수록 상승했다. 신반포자이 84타입의 경우 입주 2개월 전인 5월에 9억 5천만 원에도 전세계약이 이뤄졌다. 10월엔 11억 원을 넘었다.

- "송파헬리오시티는 입주물량 급이 다르다"는 말은 어떤가? 전체 9,510가구 중 행복주택(임대 1,401가구)을 빼면 집주인 입주비율은 50%, 4천 가구 정도로 보고 있다. 나머지 50%, 4천 가구 중 전월세 비율을 8 대 2로 계산하면 3천 가구 안팎이 전세물량으로 나올 것으로 보인다. 잠실 미성크로바(1,350가구)가 11월 중순부터 이주하고 잠실진주(1,507가구)도 2019년 1월 이후 이주예정이다.

- 마지막으로 전세공급물량 팩트다. 다주택자의 갭투자가 늘면 전세 물량이 시장에 늘어나니 전셋값은 하향안정된다. 다주택자인 주택임 대사업자의 임대등록 아파트가 늘어나면 역시 같은 이유로 전셋값이 안정된다. 그러면 서울 등 수도권 아파트 전셋값은 왜 8월부터 상승 폭이 커졌을까? 스스로 답을 생각해보길 바란다. 생활권 내 아파트 입주물량이 일시적으로 늘어나면 전셋값은 하향안정된다. 입주물량 소진 속도는 서울의 경우 3개월 안팎이다. 송파헬리오시티의 경우 6개월 안팎이 걸릴 것으로 보인다.

- 최근 5년간 누적입주물량이 증가하고 투자수요·가수요가 많은 입주 물량이 많을수록, 도심 외곽일수록 전셋값 하락폭이 크다. 매매가도

하락할 가능성이 높다. 부산·대구처럼 매매가와 전셋값이 동반하락하는 조정장세가 올 수 있다. 그러면 수도권도 부산·대구처럼 입주물량 증가로 1년 이상 조정장세가 올까?

벌집순환모형 주택 시장 전망은
왜 틀릴까?

주택 시장 움직임, 어려운 말로 부동산 경기 변동을 전망할 때 벌집순환모형(Honeycomb Cycle Model)을 많이 활용한다. 최근 모 언론사에서 벌집순환모형에 따라 서울 집값이 머지않아 4국면 침체기를 맞을 것이라고 전망했다.

필자도 과거엔 벌집순환모형으로 주택 시장을 예측하기도 했다. 하지만 지금은 신뢰하지 않는다. 벌집순환모형이 1년 이내 단기 예측이나 특정 기간, 특정 지역에 주택 시장을 전망할 때는 유효할 수 있다. 하지만 벌집순환모형을 통한 주택 시장 전망은 왜 번번이 틀릴까? 필자는 국내 주택 시장이 틀릴 수밖에 없는 태생적인 한계를 안고 있다고 판단한다. 바로 주택거래량을 왜곡시키는 부동산 정책 때문이다.

벌집순환모형이란 주택 시장이 경기사이클, 비탄력적인 신규 주택공급 시차(Lags), 재고주택수요와 공급에 따라 주택 거래량과 가격 움직임의 6국면(Turning Point)이 벌집모양의 시계 반대방향으로 순환한다는 것이다. 6국면 주기는 8~12년(평균 10년)으로, 국면별 소요 기간은 평균 1년 6개월로 알려졌다.

벌집순환모형은 요스 얀선(Jos Janssen) 등이 네덜란드 주택 시장을 대상으로 한 연구 결과 논문에서 나온 것이다(1994년). 네덜란드 4개 도시를 대상으로 벌집모양의 주택경기순환을 검증한 결과 에인트호번과 엔스헤데 2개 도시에서 벌집모형으로 순환했음을 발견했다.

국토연구원의 '한국 주택 시장과 벌집순환모형의 관련성에 관한 연구'에 따르면 특정한 기간에서만 한국 주택경기가 벌집순환모형에 가깝게 순환하고 있다고 했다. 특정한 기간은 1998년의 IMF와 2008년 미국발 글로벌 금융위기 전후다. 한마디로 외생변수(경제대란 등)로 인해 주택 시장에 큰 변동이 있을 때만 벌집순환모형 전망이 유효했다는 것이다.

국내 주택 시장은 통상 집값과 거래량이 양(+)의 상관관계가 있어 벌집모양으로 순환하지 않는다. 하지만 금융위기와 같은 특별한 상황, 즉 침체했다가 회복하는 격변기엔 벌집모양으로 순환이 일어난다는 것이다. 따라서 경기 변동을 감안하지 않은 상태에서 한국 주택 시장 거래량과 가격의 관계가 벌집모양을 따라 순환한다고 보기 어렵다는 결론을 내렸다.

여기에 필자의 의견을 추가하면 벌집순환모형에서 핵심은 거래량이라고 생각한다. 하지만 국내 주택 시장은 참여정부와 문재인 정부에서 보듯 상승장(벌집순환모형의 1, 2국면)에서 강도 높은 규제책으로 인해 거래량이 계절적 성수기·비수기에 상관없이 '급증-급감-거래절벽' 등으로 변동폭이 크다.

LTV, DTI, DSR 등 대출규제를 비롯해 투기지역, 투기과열지구, 조정대상지역으로 선정된 규제지역을 통해 주택수요를 차단한다. 또 조정대상지역 다주택자 양도세 중과, 투기과열지구 재건축 조합원 지위 양도금지, 재건축 초과이익환수제, 안전진단 강화 등 정비사업 규제, 전매 금지, 분양가 상한제, 후분양제 등으로 공급을 감소시킨다.

정부의 지나친 규제는 결국 주택 시장을 왜곡시킨다. 왜곡된 시장에서 규제책에 따라 거래량과 가격이 요동치는데 벌집순환모형 전망이 맞으면 비정상적이다.

대세상승장, 규제강화시대엔 '1국면 회복기(가격 상승, 거래량 증가)-2국면 활황기(가격 상승, 거래량 감소)-3국면 침체진입기(가격 보합, 거래량 감소)-4국면 침체기(가격 하락, 거래량 감소)-5국면 불황기(가격 하락, 거래량 증가)-6국면 회복진입기(가격 보합, 거래량 증가)' 순서로 벌집모양으로 순환하지 않는다. 건너뛰거나 특정 국면이 장기간 진행되는 경우가 번번이 발생한다.

벌집순환모형에선 주택 시장을 1, 2차 시장으로 구분한다. 1차 시장 수요자는 유주택자가 보유한 주택을 매도하지 않고 주택을 추가로 매수하는 경우다. 또 무주택자가 생애 처음으로 내집마련하는 경우다. 1차 시장 공급자는 다주택자가 추가로 주택을 매수하지 않고 보유 주택을 시장에 매도하는 경우다. 또 아파트를 지어 시장에 공급하는 주택건설사가 대표적이다. 물론 공공분양·공공임대를 공급하는 공공기관도 포함된다. 1차 수요자는 새로운 수요를, 1차 공급자는 새로운 공급을 만든다. 이때 수요량과 공급량의 차이에 따라 거래량과 가격이 결정된다.

2차 시장은 수요자가 공급자이고, 공급자가 수요자가 된다. 1주택자가 기존에 보유한 주택을 매도하고 다른 주택으로 갈아타는 경우다. 수요도 늘지 않고 공급도 늘지 않는다. 2차 시장은 정상적이라면 가격 움직임보다 거래량 움직임이 크다.

기본적으로 주택 시장은 2차 시장의 1주택자(유주택 세대 수의 73%)가 거래량과 가격을 주도한다. 다만 1주택자가 동시에 팔고 사기가 어려워 일시적 1가구 2주택이 되는 경우가 많다. 상승장에선 집값 상승 기대심리로 2주택자가 늘어난다.

또 상승장에선 1주택자가 추가 주택 구입에 나서면서 2주택 이상 다주택자가 되는 경우가 많다. 우리나라에선 전세라는 전 세계 유일의 제도로 대출규제를 하더라도 전세레버리지투자를 통해 다주택자가 되기 쉽다. 2015년에 서울 아파트 전세가율이 70% 되면서 전세수요가 매매수요로 전환하고 전세레버리지투자 수요가 늘어나면서 가격이 급등했다.

2017년 8·2대책과 2018년 9·13대책으로 인해 1차 시장에서 다주택자가 추가로 주택을 매수하는 것을 차단했다. 1주택자도 주택담보대출은 물론 중도금 대출을 주담대 수준으로 규제함으로써 아파트 분양을 받기 힘들다. 무주택자를 제외하고 1, 2차 시장 수요를 막아놓았다.

공급도 마찬가지다. 1차 시장에서 재고주택 핵심 공급원인 다주택자에게 양도세 중과로 매도하지 못하게 했다. 또 신규 주택의 핵심 공급원인 건설사도 중도금 대출규제, 분양가 상한제, 후분양제, 정비사업 규제 등으로 인해 신규 아파트 공급을 어렵게 만들었다. 이처럼 규제책으로 1, 2차 주택 시장에서 수요와 공급을 차단한 상태에서 벌집순환모형 전망이 무슨 의미가 있겠는가? 참여정부나 문재인 정부처럼 규제강화로 왜곡된 주택 시장에선 벌집순환모형 전망이 틀리는 게 당연하다.

A연구원이 벌집순환모형을 통해 부산 부동산 시장 전망을 했지만 크

게 빗나갔다. 2015년에 6국면 회복진입기를 지나 2016년 1국면 회복기에 진입한다고 했는데 조정대상지역 전매제한, 대출 등 규제책과 누적입주물량이 겹치면서 2017년 4국면 침체기로 건너뛰었다.

규제수위가 높았던 참여정부에서도 B연구원은 벌집순환모형으로 2003년 수도권 주택 시장은 3국면 침체진입기를 전망했으나 정반대로 10·29대책에도 불구하고 2국면 활황기였다.

C연구원도 2004년 4국면 침체기 진입 후 2005년부터 5국면 불황기가 장기간 지속될 것으로 전망했으나 2005년은 아시다시피 수도권 집값은 반등하며 1국면 회복기를 맞았다. D연구소도 2005년 주택 시장은 4국면 침체기를 전망했으나 1국면에 진입했다.

분양가 규제가 불러올
시장의 역습

민간택지 분양가 상한제가 아직 시행되고 있지 않지만 문재인 정부는 2018년부터 서울·과천·하남·광명 등을 고분양가 관리지역으로 지정해 분양가를 통제하고 있다.

주택도시보증공사(HUG)는 지난 2017년 3월부터 선분양제 분양보증을 무기로 정비사업 등 민간택지 민영아파트 분양가를 통제하고 있다. HUG는 분양 단지 평균 분양가가 인근 아파트의 평균 분양가 또는 평균 매매가의 110%를 초과하지 못하도록 분양가를 통제한다.

HUG의 분양가 통제는 2019년 이후 갈수록 '분양 시장=로또 시장'이 되어가는 상황에서 심각한 후유증을 겪을 것이다. 분양가 통제로 서울 대어급 분양 단지의 입주 프리미엄은 적게는 3억 원, 많게는 10억 원까지 예상된다.

서울 정비사업 중 강북에선 길음1구역 롯데캐슬 클라시아, 청량리4구역 청량리 롯데캐슬 SKY-L65, 수색9구역 DMC SK뷰, 사당3구역 푸르지

오, 증산2구역 자이, 흑석3구역 자이, 홍제1구역 푸르지오, 홍제3구역 홍제역 효성해링턴플레이스 등이 2019년에 분양될 예정이다. 방배그랑자이(방배경남), 서초그랑자이(서초무지개), 개포그랑자이(개포주공4단지), 상아2차래미안, 둔촌주공 등이 2019년에 줄줄이 분양예정이다.

2005년처럼 집값 상승 기대심리가 높은 상황에서 분양가 통제로 아파트를 분양할 경우 판교발 후폭풍이 재현될 것이다. 판교발 후폭풍이란 원가연동제(분양가 상한제와 비슷), 채권입찰제로 분양가를 통제했음에도 2005~2006년 판교신도시 분양 시장이 과열되면서 후폭풍으로 분당, 용인, 평촌 등 주변 집값을 급등시킨 것을 말한다. 분양가 통제가 집값을 안정시키는커녕 오히려 집값을 급등시킨 것이다.

정비사업 일반분양물량에 분양가 통제를 가해 조합원과 건설사의 이윤을 실수요인지, 가수요인지도 모르는 수분양자(당첨자)에게 넘겨주라는 것은 반시장적이다.

분양가 통제의 심각한 후유증은 로또 시장 후폭풍으로 그치지 않는 데 있다. 바로 주택공급 감소로 이어진다는 것이다. 그리고 시장의 역습, 인서울·인도심 집값 급등으로 이어진다는 것이다. 참여정부는 2005년 이후 원가연동제, 공공택지 분양가 원가공개, 공공택지 분양가 상한제에 이어 2007년 9월 민간택지 분양가 상한제를 전면 시행하며 분양가 통제 수위를 높였다.

참여정부 시절 서울 아파트 인허가 실적을 보면 규제정책의 누적효과가 적었던 2003년에는 8만 3천 가구에 달했다. 그러나 2004년 4만 9천 가구, 2005년 4만 4천 가구, 2006년 3만 가구, 2007년 5만 가구, 2008년 2만 2천 가구, 2009년 2만 6천 가구로 공급물량이 눈에 띄게 감소했다.

참여정부의 아파트 분양가 통제에 따른 후유증(서울 도심 아파트 분양물량 급감)은 2005년 하반기부터 시작돼 2009년 상반기까지 지속됐다. 그리고 서울 아파트값은 2005년과 2006년 급등했다.

참여정부에 이어 집권한 MB정부도 서울 도심 정비사업보단 보금자리주택으로 신규 아파트를 공급했다. 따라서 서울 도심 신축 희소가치는 갈수록 높아졌다. 참여정부와 MB정부의 거듭된 패착으로 2015년 분양가 통제 10년 만에 시장의 역습이 시작됐다. 2018년 하반기에 84타입 기준 강북 15억 원, 강남 30억 원 시대를 열었다. 물론 재개발·재건축 정비사업 신축 단지가 말이다.

문재인 정부 들어 분양가 통제는 민간택지 분양가 상한제, 분양가 원가공개 등 갈수록 강도가 높아지고 있다. 여기에 안전진단 강화, 재건축 초과이익환수제, 정비사업 조합원 지위 양도금지까지 정비사업은 이중, 삼중 규제가 가해지고 있다. 결국 2023년 이후 분양물량은 급감할 것이다. 갈수록 서울 아파트는 늙어가고 제2의 시장의 역습 가능성은 높아지고 있다.

상승장에서도 하락장에서도 실패하지 않는
오윤섭의 부동산 가치투자

초판 1쇄 발행 2018년 10월 30일
초판 7쇄 발행 2019년 3월 15일

지은이 오윤섭
펴낸곳 원앤원북스
펴낸이 오운영
경영총괄 박종명
편집 최윤정 · 김효주 · 채지혜 · 이광민
마케팅 안대현
등록번호 제2018-000058호(2018년 1월 23일)
주소 04091 서울시 마포구 토정로 222 한국출판콘텐츠센터 306호(신수동)
전화 (02)719-7735 | 팩스 (02)719-7736
이메일 onobooks2018@naver.com | 블로그 blog.naver.com/onobooks2018
값 18,500원
ISBN 979-11-89344-20-7 03320

※ 잘못된 책은 구입하신 곳에서 바꿔 드립니다.
※ 이 책은 저작권법에 따라 보호받는 저작물이므로 무단 전재와 무단 복제를 금지합니다.

이 도서의 국립중앙도서관 출판예정도서목록(CIP)은 서지정보유통지원시스템 홈페이지(http://seoji.nl.go.kr)와
국가자료공동목록시스템(http://www.nl.go.kr/kolisnet)에서 이용하실 수 있습니다.(CIP제어번호: CIP2018032328)

※ 원앤원북스는 독자 여러분의 소중한 아이디어와 원고 투고를 기다리고 있습니다.
   원고가 있으신 분은 onobooks2018@naver.com으로 간단한 기획의도와 개요, 연락처를 보내주세요.